Considerações
sobre a Educação
seguidas de
Pedagogia Infantil

Impresso no Brasil, agosto de 2012

Título original: *Propos sur l'Éducation*
Copyright © Presses Universitaires de France

Os direitos desta edição pertencem a
É Realizações Editora, Livraria e Distribuidora Ltda.
Caixa Postal: 45321 · cep: 04010-970 · São Paulo, SP, Brasil
Telefax: (5511) 5572-5363
e@erealizacoes.com.br · www.erealizacoes.com.br

Editor
Edson Manoel de Oliveira Filho

Gerente editorial
Gabriela Trevisan

Preparação de texto
Dida Bessana

Revisão
Denise Roberti Camargo e Cristiane Maruyama

Capa e projeto gráfico
Mauricio Nisi Gonçalves / Estúdio É

Diagramação e editoração eletrônica
André Cavalcante Gimenez / Estúdio É

Pré-impressão e impressão
Edições Loyola

Reservados todos os direitos desta obra.
Proibida toda e qualquer reprodução desta edição
por qualquer meio ou forma, seja ela eletrônica ou mecânica,
fotocópia, gravação ou qualquer outro meio de reprodução,
sem permissão expressa do editor.

Considerações sobre a Educação *seguidas de* Pedagogia Infantil

Alain

Tradução
LÍLIA LEDON DA SILVA

Sumário

Nota ao Leitor 7
Preâmbulo 9

CONSIDERAÇÕES SOBRE A EDUCAÇÃO 11

PEDAGOGIA INFANTIL 169

DOCUMENTOS 269

Nota Bibliográfica 283
Índice Analítico de Considerações sobre a Educação 289

Nota ao Leitor

 A presente edição anexa às Considerações sobre a Educação *a* Pedagogia Infantil, *preparação redigida por Alain, de um curso ministrado no Colégio Sévigné. Esse texto garantirá melhor apreensão das* Considerações, *uma vez que explicita sua coerência doutrinária e seu embasamento filosófico. Na parte de Documentos estão disponíveis também algumas páginas inéditas, extraídas do* Journal *[Diário] de Alain e de* Souvenirs sans Égards *[Lembranças sem Condescendência].*

 As datas em cada consideração, partindo da indicação manuscrita feita em seu próprio exemplar pela sra. Morre-Lambelin, a quem se deve esta coletânea, possibilitará situá-lo no conjunto da produção de Alain. Um anexo especifica as diversas publicações e coletâneas em que consta cada consideração.

Robert Bourgne

Preâmbulo

Quem observa as naturezas individuais logo chega à ideia de que cada uma delas se desenvolve segundo sua lei interna, como uma macieira, que não pode dar ameixas. Essa ideia que se apoia tão firmemente no aspecto exterior, e também nas reações do humor tão constantes em cada um, tão diferentes de um para outro, essa ideia é verdadeira, mas não é verdadeira sozinha. Não se muda uma natureza, no sentido de que um terá a sua maneira de ser caridoso, afetuoso, corajoso; o outro, uma outra maneira de sê-lo. Assim, a educação não deve ter por objetivo dar a um os sentimentos do outro. Como a escrita, ela é própria a cada um, embora o modelo seja comum; as mesmas ideias, as mesmas palavras, não o mesmo traço. Mas qualquer escrita pode veicular uma boa máxima. Deve-se dizer a mesma coisa desses traços de natureza, que são invencíveis, mas que, ao mesmo tempo, não são absolutamente rebeldes à educação verdadeira que é tão somente desenvolvimento. Há no ser humano o pensamento que é universal. Por exemplo, a geometria. Assim, essa contradição que vocês querem ver entre o ideal humano dos sentimentos e a natureza estritamente individual, essa contradição não é exterior ao indivíduo, está alojada nele. A cada instante está nele, com determinação. Em cada um a natureza humana comum se concretiza por meios que são próprios dele; cada um tem sua maneira de reter e até de compreender. E o que é preciso notar, é que o valor humano universal, num Descartes, não exclui de maneira alguma a natureza individual. Desenvolvimento algum é mais interior e original do que o desse homem, que é, entretanto, justamente por isso, um modelo para todos e um bem comum. Só é útil o que é inimitável, porque ali encontramos o modelo do espontâneo e o exemplo da possível salvação. Justamente porque Descartes absolutamente jamais abdicou. Esse lábio grosso PENSA.[1]

Alain

Colégio Sévigné, 6 de junho de 1921

---

[1] Alusão ao aspecto físico de Descartes e a duas fábulas de La Fontaine, uma mencionando o próprio Descartes (*Discours à Mme. de La Sablière* [Discurso à Sra. de La Sablière]), a outra o "lábio grosso" de *Le Paysan du Danube* [O Camponês do Danúbio].

CONSIDERAÇÕES SOBRE A EDUCAÇÃO

I

Pessoas jogavam *Palavras Cruzadas* de tabuleiro, jogo conhecido; trata-se de formar palavras com as letras disponíveis; essas combinações excitam a atenção de modo prodigioso; a extrema facilidade dos probleminhas de três ou quatro letras envolve a mente num trabalho bastante cansativo; bela oportunidade de aprender palavras técnicas e ortografia. Assim, eu dizia comigo, é muito fácil de captar a atenção da criança; construam-lhe uma ponte dos jogos dela até as ciências de vocês e ei-la em pleno trabalho sem saber que está trabalhando; depois, pela vida afora, o estudo será um descanso e uma alegria, propiciado por meio desse hábito da infância, ao passo que a recordação dos estudos, para a maioria, é como um suplício. Eu ia, pois, desenvolvendo essa ideia encantadora em companhia de Montaigne, mas a sombra de Hegel falou mais alto.

A criança, disse essa Sombra, não gosta de suas próprias alegrias de criança tanto quanto vocês pensam. Em sua vida imediata, sim, ela é plenamente criança, e contente em ser criança, mas por vocês, não por ela. Em pensamento, ela rejeita de imediato seu estado de criança; ela quer se fazer de homem; e nesse ponto ela é mais séria que vocês; menos criança que vocês, que se fazem de crianças. Pois o estado de homem é belo para quem caminha rumo a ele, com todas as forças da infância. O sono é um prazer de animal, sempre cinza e um tanto sombrio; mas nele logo se fica perdido; resvala-se nele; mergulha-se nele, sem a menor volta a si próprio. Eis o melhor. É, sem dúvida, o puro prazer da planta e do animal; é o puro prazer do ser que não supera nada, que não se alça acima de si. Só que ninar não é instruir.

Ao contrário, disse essa grande Sombra, eu quero que haja algo como um fosso entre a brincadeira e o estudo. O quê? Aprender a ler e a escrever com um jogo de letras? A contar com avelãs, em uma atividade de símio? Eu estaria mais propenso a recear que esses grandes mistérios não pareçam difíceis o bastante, nem majestosos o bastante. O imbecil diverte-se com tudo; pasta as belas ideias de vocês; masca-as; zomba delas. Esse selvagem disfarçado de homem me amedronta. Um pouco de pintura, enquanto brinca, algumas notas de música, interrompidas sem mais, nem menos, de forma descompassada, sem o lado sério da coisa. Uma conferência sobre o elemento rádio, ou a telegrafia sem fio, ou os raios X, a sombra de um esqueleto, um fato curioso. Um pouco de dança, um pouco de política, um pouco de religião. O Incognoscível em seis palavras. "Eu sei, eu já entendi", diz o idiota. O tédio lhe conviria melhor; dele, ele talvez escapasse; mas nesse jogo com letras ele fica sentado e bastante ocupado, sério a seu modo, e feliz consigo mesmo.

Mais me agrada, disse a Sombra, mais me agrada na criança essa vergonha de homem quando ela vê que é hora do estudo e que se quer ainda fazê-la rir. Eu quero que ela se sinta bem ignorante, bem longe, bem abaixo, bem criancinha por si mesma; que busque ajuda na ordem humana; que se forme no respeito, pois se é grande pelo respeito e não pequeno. Que ela conceba uma grande ambição, uma grande resolução, por uma grande humildade. Que ela se discipline e se faça, sempre no esforço, sempre em ascensão. Aprender dificilmente as coisas fáceis. Depois disso, pular e gritar, segundo a natureza animal. Progresso, disse a Sombra, por oposições e negações.

II

Já me aconteceu de ter de responder a um questionário de uma pesquisa de pedagogia. Pelo menos serve para dar um bom pontapé no sistema de instruir divertindo. Lamento perturbar homens muito bons e eminentemente sensatos. Mas o que se há de fazer? Os pedagogos são crianças comportadas; eles não conhecem a potência das paixões. O homem é um animal; e o homem superior é talvez mais animal que um outro; noto nele uma força que é disciplinada, mas que continua sendo força. Isso me leva a entender que é o animal que pensa, condição que ninguém pode evitar. Em compensação, os grandes modelos permitem avaliar a imensa distância entre o animal e o homem. Eu sei como se adestram cães, e que o adestramento mais perfeito faz que pareçam mais cães do que nunca. Quanto melhor eu os governar, mais eles serão cães.

Portanto está totalmente fora de questão domesticar os filhotes de homens, nem que seja para seu próprio bem. Pelo contrário, é preciso deixar em suas mãos sua própria aprendizagem, o que significa fortalecer neles a vontade. Pois não há outro valor humano senão esta última. E não tenho de maneira alguma o projeto de habituar o homem aos barulhos repentinos, como se faz com os cavalos das guardas. Resumindo, tudo que for acostumamento na educação me parece desumano. Em outras palavras, a experiência que interessa me parece mortal para o espírito. Temos mil exemplos disso. Os selvagens se interessam pelo que se refere à caça e à pesca, às mudanças do tempo, às estações, aos sinais das estações; entretanto, vemoso quanto são supersticiosos e crédulos; é que o acostumamento os governa. Eles sabem muito bem atirar com arco e seguir um rastro, mas também acham que um encantamento, isto é, um esconjuro de palavras, leva à morte. Eles viram os efeitos, temem as causas; nisso reconheço o movimento do animal que teme o chicote; pega-se o chicote e ele já começa a gemer; ele acredita em si; ele acredita nos movimentos animais que o acostumamento produz, e assim está plenamente seguro de que a mera visão do chicote causa dor. O selvagem é dominado da mesma forma e ingênuo da mesma forma; ele acredita que o mero olhar de um feiticeiro estragará um dia de caçada e, porque acredita nisso, o constata; pois quem está seguro de não acertar no bicho, não o acertará. Esse tipo de armadilha, com suas mil formas, é o que explica o inacreditável estado de barbárie e de furor de que mal acabamos de sair; de que a criança, com toda certeza, absolutamente não saiu, pois nasce completamente nua e carrega todas as paixões em seu saco de pele.

O imenso perigo e a urgência, ainda e desde sempre premente, de tirar a humanidade da barbárie próxima mandam que se vá direto ao objetivo humano. É preciso que a criança conheça o poder que ela tem de se governar, e primeiro que não creia em si; é preciso que também tenha o sentimento de que esse trabalho em si mesma é difícil e belo. Não direi apenas que tudo que é fácil é ruim; direi até que o que se crê ser fácil é ruim. Por exemplo, a atenção fácil absolutamente não é a atenção; ou então digamos que o cão que espera o açúcar presta atenção. Consequentemente, eu não quero qualquer vestígio de açúcar; e a velha história da taça amarga cuja borda foi untada de mel me parece ridícula.

Preferiria amargar a borda de uma taça de mel. Mas não é necessário; os verdadeiros problemas são de início amargos de se experimentar; o prazer virá para aqueles que tiverem vencido o amargor. Portanto, não prometerei o prazer, mas estabelecerei como meta a dificuldade vencida; pois tal é a isca que convém ao homem, e é só por essa via que ele conseguirá pensar em vez de saborear.

Toda a arte está em graduar as provações e em medir os esforços; pois o cerne da questão é dar à criança uma elevada ideia de sua potência e de ampará-la com as vitórias; mas não é menos importante que essas vitórias sejam árduas e obtidas sem qualquer ajuda externa. O defeito do que é interessante por si mesmo é que não é penoso se interessar por aquilo, é que não se aprende a se interessar por aquilo por vontade própria. Eis a razão pela qual eu desprezo até a linguagem floreada, que é uma forma de facilitar a atenção. E a criança deve não só ser capaz de vencer o tédio e a abstração, como também deve saber que ela é capaz disso; é isso que se deve enfatizar, pois se trata de aplicar à cultura do espírito os princípios que não se pode esquecer quando se ensina ginástica. Tentem esse método duro e verão imediatamente uma bela ambição, uma ambição de espírito que os cães não têm.

III

Crianças que nasceram e se criaram num meio burguês imitam as conversas e a polidez, convidam a sentar-se, acompanham até a porta na saída, cumprimentam e não têm a menor dificuldade de fazer isso. Isso porque nessas situações as coisas quase não são nada, e as pessoas são quase tudo. Os filhos de acrobatas, sobre o tapete do circo, tentam elevar o corpo apoiando-se na cabeça ou dar um salto mortal, coisas em que a opinião não interfere em nada, pois a gravidade se encarrega de corrigir brutalmente o desajeitado; que os pais intervenham ou não, é sempre como se a criança fosse surrada a cada erro. Esses dois métodos produzem duas espécies de homens, duas espécies de estima, duas espécies de glória. Um filho de virtuose faz de conta que toca, que é aplaudido, que agradece, que fala com os príncipes; é a parte fácil do ofício; mas ele não pode fingir diante do violino ou do piano. Em consequência é preciso forçá-lo frequentemente; e muitos artistas foram levados à precisão e ao compasso à base de reguadas. Considerando-se os resultados do prisma dos valores humanos, bem se percebe que falta alguma coisa na educação toda feita de doçura. Montaigne era despertado ao som de instrumentos; não era o meio de produzir um músico. O homem só conta com aquilo que ele consegue por si de acordo com o método severo; e os que recusam o método severo nunca valerão nada.

Não que eu seja a favor das pauladas. Pierre Hamp, no belo livro em que nos apresenta a história de seus ofícios, conta que um pequeno confeiteiro, por algum tropeço perdoável ou não, recebe imediatamente na cabeça uma pancada com uma espátula, uma pancada que dói. Não é possível saber se a rapidez e a precisão dos movimentos saem ganhando ou perdendo com um procedimento desses; muitos dirão que com os homens ocorre situação semelhante à desses cavalos generosos que se arrebentariam para ultrapassar o que corre a seu lado, mas que de qualquer forma é necessário fazer um grande esforço se for para conseguir meio metro a mais no mesmo tempo. O boxeador será talvez ainda mais rápido na parada se o golpe for real e se, por uma fração de segundo, o nariz sangrar ou seu olho ficar roxo. E não se deveria concluir que então a vontade dele se tornou escrava e que isso é o melhor; pois é o próprio boxeador aprendiz que quer que o golpeiem para valer e que seus erros sejam castigados pela força e não pela opinião. O método da força decerto incorreu em excessos. Locke, em seu tratado de pedagogia, recomenda uma surra bem dada para o garotinho mentiroso. O que falta aqui? Falta que a própria criança mentirosa peça para ser surrada. Chegamos ao ponto. É necessário que a criança opte por si mesma pela dificuldade e se recuse a ser auxiliada ou poupada. Crianças assim não só existem, como são o mais comum.

O que sustenta a criança não é amor pelo jogo, pois, a cada minuto, ela se livra de um amor pelo jogo; é passar da camisola de bebê às calças curtas; passa-se toda a infância tentando esquecer a criança que se era na véspera. O crescimento não significa outra coisa. E a criança não deseja nada além de não ser mais criança. Ambição que se desmancha incessantemente diante da atração pelo jogo; eis por que o jogo contínuo nunca está isento de lamento nem de tédio. A criança pede socorro. Ela quer ser arrancada do jogo; ela não consegue arrancar-se por si mesma, mas o quer por si; é o começo e como que o germe de sua vontade. Eis a razão pela qual, preservando das bordoadas o que merece ser preservado, não se deve recear desagradar-lhe, deve-se até mesmo recear agradar-lhe. Ela gosta do que é fingimento, mas também o despreza. Se você a ajudar a contar, ela acatará a ajuda e se alegrará, pois é criança; mas se não a ajudar, se, ao contrário, esperar friamente que ela se ajude, e marcar o erro sem a menor condescendência, é nessa hora que ela reconhecerá seu verdadeiro amigo, que não lisonjeia, que não trapaceia. Quanto à severidade, os próprios números, que são impiedosos, se encarregarão disso. É assim que será honrado como deve sê-lo o mestre de valor.

IV

Quando uma pessoa diz, depois de muitas outras, que é preciso agradar às crianças, e que esse é o verdadeiro meio de instruí-las, deixa-se passar. Mas eu não gosto muito desse beicinho dengoso, nem desse mestre bajulador. Deparei, sentado à carteira da escola, um professor decerto afetuoso e que sabia interessar seu jovem público; posso até me arriscar a dizer que gostávamos dele. Ora, ele nunca conseguiu controlar uma certa desordem que provinha sobretudo, eu me lembro bem, de sinais indiscretos de aprovação. E isso chegava prontamente ao tumulto, pelas forças da juventude e pelas leis da multidão, que se agita à maneira dos elementos naturais. Tirei daí uma espécie de regra do ofício, que é: é necessário interessar, concordo, mas é necessário não querer interessar, e sobretudo é necessário não mostrar que se quer. Essa regra vale também para o orador; e em todas as artes ela torna a aparecer, embora esteja então profundamente oculta. O trabalho do ator não é agradar? Sim, mas há diferentes modos de agradar: e o difícil é fazer que os homens afinal sintam agrado por aquilo que num primeiro momento não agrada.

O ofício de dirigente de homens, tomando-o no grau que se quiser, esconde não poucas astúcias. Esses atores que inventaram representar de costas para o público acharam que um certo ar de indiferença às vezes serve para fazer a atenção se alçar a um nível conveniente, e para levar os espectadores à descoberta de um tipo de prazer cuja existência sequer concebiam. A arte do músico, se escutei bem, não começa por agradar, mas a bem dizer por forçar. No início lisonja demais no som se torna ofensiva. Há também uma arquitetura aduladora, e um abuso de guirlandas de rosas. Sinto que o homem é um animal orgulhoso e difícil. E nesse ponto a criança é mais homem que o homem. Uma criança mimada é uma criança empanturrada de lisonjas e de prazeres satisfeitos. O que ela quer então, e o que quer o homem? Ela almeja o difícil e não o agradável e, se ela não puder manter essa atitude de homem, ela quer que a ajudem nisso. Ela pressente outros prazeres além dos que correm à altura dos seus lábios; ela quer primeiro se erguer até vislumbrar outra paisagem de prazeres; finalmente ela quer que a elevem criando-a;[1] tem-se aí uma belíssima expressão.

Uma belíssima expressão cujo sentido é plenamente apreendido pela criança no movimento natural de crescer que é o dela. No nível da criança, pense nisso, você já não interessa senão o seu ser de ontem; ela se apequena então um pouco para que você possa lhe agradar; mas cuidado com o desprezo. O que há de temível no desprezo é a dose de desprezo por si mesmo que ele encerra, desprezo pelo si ultrapassado. Assim é o progresso da criança; se ela o fizer sem você, você não passará de um animador. E nada é mais desprezado do que o animador. "Para essa criança de ontem, diz a criança consigo mesma, meus jogos já são mais do que suficientes."

É por isso que não credito muito nessas lições divertidas que são uma espécie de prolongamento das brincadeiras. São devaneios de gente bem-intencionada que não aprendeu o ofício. Obviamente é melhor ter uma noção das causas; mas o ofício instrui mais rude e rusticamente. O sino ou o apito marcam o fim dos jogos e a volta a uma ordem mais severa; e a prática ensina que é preciso haver não uma passagem insensível, mas, muito ao contrário, uma mudança total e de aparência muito clara. A atenção se eleva de um grau; ela não procura mais algum prazer para lamber, como fazem os cães; ela não é mais gulodice;

---

[1] No original, *élever*, que tem o duplo significado de elevar e de criar, educar. (N. T.)

tornou-se privação, paciência, espera que volta os olhos acima de si. A atenção do cão não é a atenção.

V

Não confio muito nesses jardins de infância e outras invencionices por meio das quais se quer instruir divertindo. Tal método já não é excelente nem para os homens. Eu poderia citar gente que passa por instruída e se chateia com La Chartreuse de Parme [A Cartuxa de Parma] ou com Le Lys dans la Vallée [O Lírio do Vale]. Eles só leem obras cujo valor fica em segundo plano e onde tudo está arranjado para agradar à primeira vista; mas, ao se entregarem a prazeres fáceis, eles perdem um prazer mais elevado que teriam conquistado com um pouco de coragem e de atenção.

Não há experiência que eleve melhor um homem do que a descoberta de um prazer superior, que ele teria ignorado para sempre se não tivesse primeiro se esforçado um pouco. Montaigne é difícil; é que se deve antes conhecê-lo, orientar-se por ele, encontrar pontos de referência; só então se consegue descobri-lo. A mesma coisa ocorre com a geometria mediante montagem de cartolinas; isso pode agradar, mas os problemas mais rigorosos dão também um prazer bem mais intenso. Assim é que o prazer de ler uma obra ao piano não é absolutamente perceptível nas primeiras lições; é necessário primeiro aguentar o tédio. Eis por que você não pode fazer a criança experimentar as ciências e as artes como se experimentam frutas cristalizadas. O homem se forma pelo penar; seus verdadeiros prazeres, ele tem de merecê-los. Ele tem de dar antes de receber. É a lei.

O ofício de animador é solicitado e bem pago, e, no fundo, secretamente desprezado. O que dizer desses jornais semanais insípidos, cheios de figuras, em que todas as artes e todas as ciências são postas ao alcance do mais distraído dos olhares? Viagens, o elemento rádio, aeroplanos, a política, a economia, a medicina, a biologia, há de tudo, é só se servir; e os autores tiraram todos os espinhos. Esse débil prazer chateia; tira o gosto das coisas da mente, que primeiro são rígidas, conquanto deliciosas. Citei há pouco dois romances que quase não são lidos. Quantos prazeres ignorados, e como cada um poderia ofertá-los a si desde que tivesse um pouco de coragem! Ouvi contarem de uma criança por demais amada que tinha ganhado de presente um teatro de marionetes no início do ano; ela se instalava na primeira fila como um espectador de carteirinha, enquanto a mãe dava duro para manipular os personagens e inventar as histórias. Seguindo um esquema desses, o pensamento ganha peso feito ave de engorda. Prefiro um pensamento magro, que caça sua presa.

Principalmente às crianças, que têm tamanho frescor, tamanha força, uma curiosidade tão ávida, não quero que se dê a noz assim descascada. Toda a arte de instruir consiste, ao contrário, em fazer que a criança empreenda esforços e se alce ao estado de homem. Não é ambição que falta aqui; a ambição é o propulsor do espírito da criança. A infância é um estado paradoxal em que se sente que não se pode ficar; o crescimento acelera imperiosamente esse movimento de se superar que, em seguida, perderá muito de sua velocidade. O homem feito tem de se dizer que em certo sentido ele é menos sensato e menos sério que a criança. Sem dúvida há uma frivolidade de criança, uma necessidade de movimento e de barulho; é a parte que toca aos jogos; mas é preciso também que a criança se sinta crescer, quando passa da brincadeira ao trabalho. Bem longe de torná-la insensível, gostaria que essa bela passagem ficasse marcada e fosse solene. A criança ficará agradecida a você por tê-la forçado; e o desprezará por tê-la mimado. O aprendiz está num regime melhor; ele experimenta a seriedade do trabalho, mas, pelas próprias necessidades do trabalho, é mais bem formado quanto ao caráter, não quanto à mente. Se se aprendesse a pensar como se aprende a soldar, se veria o povo rei.

Ora, assim que nos aproximamos dos pensamentos reais, ficamos todos submetidos a essa condição de receber primeiro sem compreender, e por uma espécie de devoção. Ler é o verdadeiro culto, e a palavra cultura vale como um aviso para nós. A opinião, o exemplo, o rumor da glória nos colocam na disposição adequada. Mas a beleza ainda é melhor. É por isso que estou bem longe de achar que a criança deva compreender tudo que lê e recita. Vamos lá, pegue La Fontaine, isso mesmo, de preferência Florian; pegue Corneille, Racine, Vigny, Hugo.

Mas isso é muito forte para a criança? Puxa, é exatamente o que espero. Ela será tomada primeiro pela harmonia. Escutar em si próprio as coisas belas, como uma música, é a primeira meditação. Semeie sementes genuínas, e não areia. Que elas vejam os desenhos de Da Vinci, de Michelangelo, de Rafael, e que ouçam Beethoven em seu berço.

Como se aprende uma língua? Pelos grandes autores, não de outra forma. Pelas frases mais amarradas, mais ricas, mais profundas e não pelas tolices de um manual de conversação. Aprender primeiro e ouvir depois todos esses tesouros, todas essas joias com triplo segredo. Não vejo como a criança poderia se elevar sem admiração e sem veneração; é nisso que ela é criança; e a virilidade consiste em superar esses sentimentos, quando a razão desenvolve infinitamente toda a riqueza humana, primeiro pressentida. A criança tem em alta conta a idade viril; é, contudo, necessário que essa própria esperança seja superada. Nada é belo demais para essa idade.

VI

Dois juízos errados em todas as nossas tentativas. Primeiro pensamos que a coisa é muito fácil; e, depois de uma primeira tentativa, julgamos que ela é impossível. Os que fazem girar um diabolô, jogo esquecido, sabem o que é uma tentativa ridícula e sem a menor esperança. O que dizer do violino, do piano, do latim, do inglês?

Assistir ao desempenho dos que já estão adiantados fortalece inicialmente nossa coragem, mas quase imediatamente depois a arruína por uma comparação esmagadora. É por isso que a curiosidade, o primeiro ímpeto, o ardor de todo início não são uma promessa de bons resultados aos olhos do mestre; ele sabe muito bem que esses excessos se esgotarão rapidamente; ele até calcula que o desespero e a inabilidade serão proporcionais à ambição de partida, pois é necessário que todas essas coisas do princípio, boas ou ruins, sejam deixadas para trás e esquecidas; aí então o trabalho começa. Eis a razão pela qual, caso se trabalhe sem mestre, as tentativas terminam no momento exato em que o trabalho deveria começar.

O trabalho tem exigências espantosas, e que não se entende nunca tanto quanto conviria. Ele não tolera que a mente considere fins longínquos; ele requer toda a atenção. O ceifador não olha para a extremidade do terreno.

A escola é um local admirável. Gosto que os barulhos de fora não penetrem lá dentro. Gosto dessas paredes nuas. Não aprovo que se pendurem nelas coisas para olhar, mesmo que belas, pois é preciso que a atenção seja redirecionada para o trabalho. Quer a criança esteja lendo, ou escrevendo, ou calculando, essa ação despojada é um mundinho só dela, que deve bastar. E todo esse tédio, aí ao redor, e esse vazio sem profundidade, são como uma lição que fala por si; pois só há uma coisa que importa para você, rapazinho, é o que você está fazendo. Se você está fazendo bem ou mal, daqui a pouco vai saber; mas faça o que você faz.

Essa simplicidade monástica nunca recebe uma aceitação baseada nas suas verdadeiras causas, embora na prática, felizmente, se fique obrigado a ela. "*Ô solitude, ô pauvreté!*".[2] Todo homem é um poeta que se queixa. Ouvi contarem, a respeito de uma criança com boas aptidões, que seu professor de piano passava grande parte do tempo falando-lhe das biografias, das escolas e dos gêneros; o que talvez seja uma preparação para falar de maneira aceitável de Beethoven, mas de maneira nenhuma para tocar suas obras. Ora, falar de maneira aceitável não é difícil; tocar é que é difícil. E afinal não há progresso, para aluno algum no mundo, nem com o que ele ouve, nem com o que ele vê, mas unicamente com o que ele faz.

Ora, esse método severo, que restringe tão bem as perspectivas acerca do mundo, é justamente o que dá acesso a ele. Pois de tanto se informar sobre tudo, acaba-se nunca sabendo nada. Aprende-se a política transmitindo ordens e copiando comunicados, não de outro modo. Eu poderia chegar até a dizer que em todo trabalho o desejo de fazer direito deve primeiro ficar gasto; disso todo ofício se encarrega, e o ofício de aluno não foge à regra. Pois o desejo quer ir longe demais e estraga a ação presente, já misturando com ela a que se seguirá. Por mais exercitado que possa ser um pianista, ele terá sempre decepções e

---

[2] O Poeta à Musa: "Ó solidão, ó pobreza", Alfred de Musset, *La Nuit de Mai* [A Noite de Maio].

ambições na mesma proporção. E com isso é levado de volta ao trabalho, e lhe confia tudo. Aqui começa toda grandeza.

Quero explicar com isso que a paciência consiste em abrir mão de provas; e a provação, em seu sentido pleno, significa isso. Consequentemente o argumento dos impacientes é o de que eles não guardam nada, que não progridem, que tudo é difícil. Essa mentalidade não é desprezível; vejo seriedade nela, severidade para consigo mesmo, uma ideia nobre da perfeição; mas são virtudes prematuras. É preciso superar essa timidez orgulhosa. A ambição fica então toda concentrada em ações que estão sempre ao alcance, como esquematizar o aproveitamento do tempo; e, por esse humilde policiamento de si, o espírito fica libertado sem que sequer desconfiemos. Essa arte de querer nunca mais se perde; mas não vejo onde mais se poderia obtê-la fora do colégio; e os Tardiamente-Instruídos, como diz Platão, jamais a têm.

VII

"O que é a escola, dizia o pedagogo, a não ser uma família maior e que gostaria de substituir a mãe, sem muita esperança de conseguir, ou só de chegar perto disso. A educação normal, em tenra idade, requer duas condições: a primeira é a de que a mãe tenha disponibilidade para instruir seu filho; a segunda é a de que seja capaz de fazê-lo. Quanto a nós, o pai e a mãe enquanto isso nos delegam poderes; e temos de amar cinquenta guris como se os tivéssemos feito. Há algo de artificial, de abstrato e de inorgânico nessa instituição, que sem dúvida desaparecerá com uma Economia melhor e uma Sociologia melhor."

Dessa maneira ele tentava costurar as novas ideias com as antigas. Mas o velho sociólogo sacudia a cabeça e soltava faíscas através dos óculos. "Vamos observar, ele disse, não construir. Não creio que haja tanto artificial e tanto inorgânico assim em nossas escolas; e também não gosto muito que se procurem semelhanças entre uma instituição e outra. De preferência eu acharia que a escola é uma coisa natural, não menos natural do que a família, e muito diferente da família, cada vez mais à medida que ela desenvolve a perfeição que lhe é própria. São feitas com o mesmo fio, entendi o que quis dizer; mas essa humanidade escolar me parece estar ajeitada e tecida de outro modo. Assim que surgem várias famílias vivendo na mesma vizinhança e em cooperação, o agrupamento das crianças conforme a idade se faz por si pelos jogos. É certo que o agrupamento familial, com seus pequenos e seus grandes todos juntos, e com essa distribuição natural dos poderes e dos deveres é lindo e nada pode substituí-lo. Aqui fica a escola do sentimento; aqui fica o campo de ação da dedicação, da confiança, da admiração; os meninos imitam o pai e as meninas, a mãe, cada qual sendo protetor e protegido a um só tempo, sendo venerado e venerando. Mas por que querer imitar o que é inimitável? A reunião das crianças da mesma idade, as quais estão no ponto de aprender as mesmas coisas, é uma sociedade natural também; não do mesmo gênero, e sim totalmente diferente; diferente por sua estrutura, que não fui eu que inventei. Por que o senhor acha que ir à escola é menos natural do que ter duas mãos, ouvido para música e olhos sensíveis ao relevo e às cores?"

O pedagogo havia abandonado seus chavões e espreitava a ideia; pois o objeto que fora apresentado assim lhe era familiar, e de certa forma estava sempre diante de seus olhos e entre suas mãos havia muitos anos. Mas o outro, aferrado às suas ideias, trazia para a conversa esse espírito de conjunto que faz que as diferenças se sobressaiam. Sacudindo novamente a cabeça, e como que olhando de lado, ele disse:

> A escola, ao contrário, gera um contraste com a família, e esse contraste em si acorda a criança desse sono biológico e desse instinto de família que se fecha sobre si mesmo. Aqui há igualdade de idade, há ligações biológicas muito tênues, e de mais a mais apagadas; dois gêmeos, dois primos da mesma idade se encontram aqui separados, e logo reagrupados segundo outras afinidades. Talvez a criança fique liberta do amor por esse sino e por esse mestre sem coração. Pois o mestre deve ser sem coração; isso mesmo, insensível às gentilezas que, aqui, não são mais levadas em conta. Ele deve sê-lo, e ele o é. Aqui aparecem o verdadeiro e o justo, mas medidos conforme a idade. Aqui fica apagada a felicidade de existir;

tudo é em primeiro lugar exterior e estranho. O humano se mostra nessa linguagem regrada, nesse tom melodioso, nesses exercícios, e até nesses erros que são protocolares e não envolvem o coração. Certa indiferença se manifesta; o espírito lança seu olhar de esguelha e sua invencível paciência. O olho avalia e calcula, em vez de esperar e recear. O tempo adquire uma dimensão e um valor. O trabalho mostra sua cara, fria, insensível ao sofrimento e até ao prazer.

VIII

A família instrui mal e até cria mal. A comunidade do sangue desenvolve nela afeições inimitáveis, porém mal regradas. É que ali se confia; assim cada qual tiraniza do fundo do coração. Parece coisa de selvagem. Uma plena confiança, sem liberdade nenhuma. Pode-se exigir tudo, mas também deve-se tudo. Quando a família vive nela própria como uma planta, sem o ar benfazejo dos amigos, dos cooperadores e dos indiferentes, desponta ali um fanatismo sem igual; é um tal de admirar e simultaneamente censurar com fúria. Não se permite dissidência porque se espera demais a concordância. O traço mais marcante dessa existência puramente biológica é a diferença entre as idades, que faz que a hierarquia esteja presente por todo lado. Fica-se espantado com as brigas entre irmãos, mas é preciso lembrar que sempre há um mais velho e um mais novo; há comunidade, não igualdade. O corpo se sentiria bem com isso, mas o espírito entra em revolta; por isso é punido pela natureza. Isso provoca dramas, já num pingo de gente com sete anos de idade. É preciso convir que o menor pensamento é ofensivo para com um pai ou uma mãe; é preciso convir que está muito bem assim e que só pode ser assim.

Parece-me que as comunidades religiosas refletem essa oposição, mas abstratamente, isto é, por simples negação. A ideia de que os laços de família são um obstáculo à salvação é uma ideia forte, embora não desenvolvida. É necessário compreender que o espírito cristão foi um espírito de livre pensar, e ainda o é, e sempre o será; e a doutrina da salvação pessoal será sempre um escândalo diante da instituição biológica. Inversamente, os direitos do quilo do sistema digestivo e as reivindicações da polpa nutritiva serão sempre um escândalo perante o espírito. Daí essa divisão, celebrada em Polieucto.

É uma necessidade que o oposto imite seu oposto. A igreja ingênua é uma família de espíritos que reconstrói a família, e que se reencontra no festim místico, negação e imitação a um só tempo da mesa familiar; decorre daí a obrigação de venerar e de crer, e uma dificuldade insuperável de sair da infância. Esses tecidos de sociedade deveriam ser estudados fisiologicamente; pois de qualquer forma a biologia nos sustenta e consequentemente nos governa sempre. Quantos homens não são filhos de doutrina, à semelhança desses pais que são ainda crianças diante do ancião! A metáfora do Pai Eterno é justa como esses movimentos de vida que ultrapassam de tão longe os nossos débeis pensamentos, com frequência os prenunciam e sempre os regulam.

Se se procurasse agora o meio-termo, se acharia a escola. Quem não conheceu a escola não sabe nada sobre seu pensamento. Eis um outro tecido de sociedade e um belo objeto para o naturalista; mas praticamente não há investigação sobre ele. Sua formação se dá por meio dos jogos em que necessariamente as mesmas idades se procuram. As crianças ficam naturalmente reunidas, e tão alheias, nessa sua república das brincadeiras, à sociedade das trocas quanto à sociedade da família. Mas como tentar a análise exata dessa outra sociedade, que não tem indústria real, que talvez não tenha afeições reais, e que se vê escapar por um tempo às necessidades e às mais duras carências? Seja como for, o procedimento do espírito nada tem aí de trágico, e o próprio jogo leva naturalmente a um pensar sobre o jogo, que escolhe e limita seus problemas, e nega as consequências. Está bastante claro que uma criança que comete um erro de cálculo não fica arruinada por isso. Aqui o erro encontra seu lugar; lava-se a lousa, e não sobra nada do erro. É aí que o espírito toma esse ar de negligência, que isoladamente não é nada bom, mas que tem, entretanto, um valor primordial, como o poder de cair sem se matar tem para o ginasta. Isso é novidade; mal se vislumbra os frutos de uma organização da sociedade em que toda mente estivesse livre e fosse juiz de si mesma por um breve período de tempo.

IX

Todo mundo sabe que os pais instruem bastante mal seus filhos, quando resolvem se intrometer. Vi um bom pai, que era também um bom violinista, ter em acessos de fúria ridículos e finalmente entregar o filho a outro professor com paixões menos intensas. O amor é desprovido de paciência. Talvez ele espere demais; talvez a menor negligência lhe pareça uma espécie de insulto. Enfim, esse sentimento, tão propenso a explicar os erros e a desculpá-los, quando avalia segundo o relatório do mestre, se torna muito mais severo do que deveria quando ele próprio se encarrega de ensinar. Mas não me surpreendo com o fato de que se seja tão severo para com os seus; estranhamente, não se é assim consigo mesmo? Um homem perdoa com toda facilidade que outra pessoa demonstre inabilidade, mas a lembrança de uma situação em que ele próprio foi desastrado ainda o deixa vermelho de vergonha dez anos depois. Assim, ele se envergonha da ignorância do filho, tanto quanto se envergonharia da sua; perde a noção de limite e isso não ajuda a melhorar as coisas.

Aristóteles disse que o sentimento tiraniza sem demora. E é preciso ver os dois lados. O pai imagina, ao deparar a frivolidade da infância, que o filho não o ama. Mas a criança, por seu lado, entende ainda menos que o pai queira forçá-lo. Ele tenta transmitir todos os sinais do sentimento; se não consegue, ei-lo em pleno desespero. Há um espírito de revolta e crises de paixão que perturbam profundamente as famílias e que a escola apaga na hora. Vi uma criança que berrava sendo arrastada para a escola; mal a porta se fechou, ela se calava; tornava-se aluno por força da instituição. Pois um tipo de indiferença, que para o mestre faz parte do ofício, age muito prontamente como um clima.

Coisa preciosa, o sentimento. Mas não esperemos dele uma ajuda que ele não pode prestar. O tirano bem sabia que Guilherme Tell tremeria, temendo por seu filho. Ora, aquele que explica é como um atirador de arco; o alvo não deve interessá-lo demais. Em meu entender, o bom mestre é um tanto indiferente, e quer sê-lo, se exercita para sê-lo. Um pai pode dizer ao filho: "Faça isso para me agradar", mas com a condição de que não se trate de prestar atenção, de examinar, de compreender; pois, coisa estranha, a boa vontade que se esforça demais, o ardor, a vivacidade, em suma, tudo que se assemelha à paixão é totalmente incompatível com o exercício da inteligência. Enquanto você estiver intensamente marcado por um assunto, seja qual for a causa, não estará apto a dominá-lo com o pensamento. É preciso primeiro desgastar o sentimento.

Por outro lado, o mestre não deve dizer absolutamente: "Façam isso ou aquilo para me agradar". É usurpar aos pais seu lugar. E a criança, que tem um pudor extremo quanto a isso, sentirá frequentemente todas as provas de afeição como uma espécie de imposições injustas. A própria entonação da afeição desagrada aqueles que não têm o direito de adotá-la. Daí provém o fato de os sentimentos paternos, em qualquer outro homem que não o pai, se tornarem facilmente ridículos. Enfim, cada relação de sociedade tem sua particularidade própria; é ao pai que convém agir como pai, ao mestre, como mestre. Alguns têm escrúpulos a esse respeito; um pai receia amar demais; um mestre treina para amar. Acho que esses escrúpulos estragam tudo; é preciso que cada um seja de fato o que tem de ser, e que a harmonia nasça das diferenças. A força da afeição, quando pedida, é que perdoará tudo. Ao contrário, a autoridade só pode se enfraquecer quando tenta adivinhar os pensamentos e provocar os sentimentos; pois se ela fingir que ama, é odiosa, e se amar realmente ficará sem potência. Observei, e os que aprenderam o ofício sabem disso, que assim que a criança descobre que tem o poder de afligir realmente o mestre pela preguiça ou pela superficialidade, ela abusa desse poder. Pelo que sei, a desordem segue logo atrás, assim que aparecer certa bondade do coração. Por fim, a escola absolutamente não é uma grande família. Na escola aparece a justiça, que abre mão de amar e à qual não cabe perdoar, porque ela nunca fica realmente ofendida. A força do mestre, quando ele repreende, está em que no instante seguinte ele não pensará mais naquilo, e a criança sabe muito bem disso. Assim a punição não recai sobre aquele que a aplica, ao passo que o próprio pai se pune por meio do filho.

X

Sócrates já assinalava que um pai, por mais eminente que fosse, não sabia instruir adequadamente os próprios filhos. Vi um exemplo disso numa avó muito instruída que nunca conseguiu ensinar à neta o cálculo e a ortografia. Esse paradoxo irrita, pois os pais estão sempre dispostos a crer que falta dedicação no mestre, e se espantam quando constatam, por seu próprio exemplo, que não basta dedicação. Digo muito mais: afirmo que é a dedicação que prejudica.

Está claro que o ensino é um ofício como outro qualquer. Mas tampouco acredito muito nos processos. Além do mais, vi mestres, e dos que conheciam o ofício, não conseguirem nada com os próprios filhos, fosse com o violino, fosse com o latim. A força do ofício não está onde a buscamos; está abaixo. Eis um mestre pago, que chega na hora certa e vai embora também na hora certa, pois vai para outras aulas. Há uma ordem inflexível e estranha aqui. Nem se pensa se a criança está ou não bem disposta. Um mestre que se apresenta na hora marcada não será despedido sem razões de peso. Assim lições adquirem um aspecto de necessidade e isso é o que importa, pois a criança jamais acatará a seriedade e a atenção se houver a mais remota esperança de perder um pouco de tempo. Todo mundo sabe muito bem que um pai que quer se fazer de professor não é propriamente um escravo da hora; consequentemente, a criança não se prepara. Não estando submetida a uma regra que nunca apresenta justificativas, ela não adquire o valioso hábito de se pôr a trabalhar por inteiro e num instante. Ela trapaceia. Ora, a principal entre todas as lições, e de muito longe a mais importante, é que não se pode trapacear diante da necessidade. Aquele que aprende o sentido das palavrinhas "É preciso" já sabe muito.

Uma outra consequência. O pai fica satisfeito numa lição que vai bem; ele a prolonga. É mais um grande erro manter a atenção além do tempo estipulado. Os que esquematizam o treino dos corredores bem sabem que nunca se deve deixar-se levar por um tipo de embalo em que não se sente mais o cansaço. O mestre pago seria menos sensato talvez, mas felizmente a necessidade exterior o chama; ele se levanta na hora em que o sinal do relógio toca. Não há nada melhor para todas as idades do que um trabalho que não desgasta o prazer. Fecha-se o livro, passa-se a outras ocupações e é então que a leitura ressoa seguindo seu próprio impulso e termina de amadurecer por uma espécie de desatenção. Isso é ainda mais verdadeiro no caso da criança.

Acrescentemos que o pai é exigente, se torna rapidamente impaciente e tem boas razões para isso, pois espera muito desse outro eu, conta demais com este último, que, entretanto, não tem nem sua idade, nem sua experiência. O pior é que ele conta com o sentimento, de modo que cada erro é visto pelo lado trágico. Essa criança, que deixa transparecer a leviandade típica de sua idade, logo suspeita que não ama o pai. Por isso a menor marca de severidade lhe parece uma horrível injustiça. Ela própria participa desse jogo; ela sabe que é amada, quer ser perdoada; todos esses pequenos dramas seguidos de reconciliações, esses sinais de carinho e de despeito mesclados a interessam muito mais do que a gramática. O que se teme nesses sentimentos sinceros e profundos é o fato de não darem o mínimo valor ao que não seja sua própria vitória. O que se quer é ser amado, e sem mostrar que se merece sê-lo; tudo que se parece com um negócio e uma recompensa é profundamente desprezado. Eis por que há coquetismo em todo sentimento verdadeiro, e uma tentativa para ver até onde se pode desagradar impunemente. E como é evidente para ambos que a ortografia não conta muito se comparada ao sentimento, esse belo pensamento não demora quase nada para afogar a gramática, a história e o cálculo.

XI

Meu irmão de leite era um menino silencioso, engenhoso e, até onde sei, afetuoso. Eu não me cansava de sua companhia; juntos, construímos barcos, fabricamos pólvora e criamos bichos-da-seda. Não me lembro de ele jamais ter sido injusto comigo, nem de separar o que era dele do que era meu em nossos jogos. Durante todo o tempo em que ele ficava comigo sob o domínio dos meus pais, mostrava-se esquecido, arrojado e imprudente como uma criança comum; nem mais, nem menos, do que eu próprio; mas obediente, educado e correto na presença do poder, como eu era.

Quando estávamos na casa dele, e sob outra dinastia, as coisas mudavam. Eram só cenas violentas e castigos terríveis. Lembro-me de que o pai dele quebrou um atrás do outro mais de vinte soldadinhos de chumbo para conseguir que o gurizinho dissesse bom-dia à avó; e ele não disse. Eu estava fora dessa guerra privada, apenas muito chocado com a cena, por causa dos soldadinhos de chumbo. Assim que ficávamos sozinhos, não havia mais nenhum vestígio de mau humor no molecote, e nós voltávamos a nossas brincadeiras. Mas tão logo o poder surgia, mesmo que sob a aparência da paz, quer se tratasse do avô, da avó ou do pai, devo dizer que era mal recebido. A criança terrível atacava na hora, conforme as regras da guerra, fazendo abertamente o que era proibido, jogando pedriscos nas janelas e usando palavras injuriosas que nunca usava comigo. Acabava-se por amarrar a criança a uma janela, exposta aos olhares dos passantes, com um chapéu de burro ou, então, com uma plaquinha no pescoço onde se lia: mentiroso, criança malvada, sem coração, entre outros dizeres desse tipo.

Como começara essa guerra, eu não sei, mas agora entendo que durava em razão de sua própria impulsão. O pai cogitava os meios de corrigir o filho, e julgava necessário taxá-lo sem fraqueza; e o filho, preocupando-se com essa espécie de glória, não falhava em mostrar-se desobediente, mentiroso e brutal, conforme os juízos paternos. Esses dramas foram esquecidos e a criança terrível tornou-se um homem semelhante aos outros homens.

Daí em diante constatei com frequência, nas crianças e nos homens também, que a natureza humana se modela com facilidade segundo os juízos de terceiros, tal como a réplica num diálogo no teatro, mas talvez por essa razão mais profunda que se tem, de certa forma, o direito de mentir àquele que o julga mentiroso, de bater em quem o julga brutal, e assim por diante. A contraprova é com frequência bem-sucedida; não se bate naquele que fica com as mãos nos bolsos, e não se gosta de enganar a confiança genuína. E concluo disso que não se deve julgar precipitadamente um caráter, para decretar que um é tolo e o outro preguiçoso para sempre. Se você marca um forçado das galés, você lhe confere uma espécie de direito selvagem. No fundo de todos os vícios, há sem dúvida alguma condenação em que se acredita; e nas relações humanas isso leva bastante longe, o julgamento chamando sua prova, e a prova fortalecendo o julgamento. Tento nunca julgar em voz alta, nem em voz baixa, pois os olhares e a atitude sempre falam demais; e aguardo o bem depois do mal, frequentemente pelas mesmas causas; nesse ponto não me engano muito; todo homem é bastante rico.

Isso posto, tenho, entretanto, a firme convicção de que cada indivíduo nasce, vive e morre segundo sua própria natureza, como o crocodilo é crocodilo, e praticamente não muda. Mas essa natureza pertence à ordem da vida; ela está bem abaixo dos nossos juízos. É um fundo de humor e como que um regime de vida, que não encerra por si nem o bem nem o mal, nem virtude nem vício, mas, mais propriamente, uma maneira inimitável e única de ser franco ou astuto, cruel ou caridoso, avarento ou generoso. Notem que há muito menos diferença entre um homem corajoso num encontro e o mesmo homem covarde em outro encontro do que entre dois heróis ou dois covardes.

XII

Os sociólogos estudam os costumes dos selvagens e ficam boquiabertos. Por que não estudam os das crianças? Esse povo é mal conhecido. Cada um quer julgá-lo conforme as crianças que ele observa na família, um erro de método que um sociólogo, por seus próprios preconceitos, deve evitar. A criança não está aqui numa relação com seus semelhantes; ela está cercada pelos mais velhos e pelos mais novos, e se move por sentimentos invencíveis que estão marcados em sua carne. É só na escola que encontra seu semelhante e seu igual. Na escola ela é outra criança; algumas vezes melhor, outras pior; digamos diferente. Isso é o que quase todos os mestres ignoram. Eles contam com o sentimento, e o sentimento não pode ser senão muito fraco. Não se é pai por decreto. É verdade que a criança isolada é em geral educada diante de um homem que não conhece; mas se você reúne crianças da mesma idade, os sentimentos fortes, nessa multidão, resultam de imitação e de contágio. Se você acreditar que esse ser coletivo se assemelhará, quanto às reações, quanto às opiniões, quanto às paixões, aos indivíduos que o compõem, irá de um erro ao outro, e deparará um insulto contínuo, falando por intermédio de cinquenta rostos.

Esse povo criança é capaz de amar e de respeitar, não por pensamentos para começar, mas pela potência de todos sobre cada um; e esses sentimentos coletivos se imprimem com tanta força que, mesmo na solidão, sempre sobrará alguma coisa deles. Só que antes de mais nada é preciso que essa multidão esteja em ordem, e orientada conforme o silêncio e a atenção. O silêncio é tão contagiante quanto o riso. Mas se de início essa sociedade de crianças está mal disposta, tudo está perdido, e frequentemente sem remédio. O riso sacode até mesmo as mais comportadas e as mais tranquilas. Assim todas sentem que são as partes de um elemento cego como o mar; sentem de imediato que essa força coletiva é irresistível. A polidez, que é um hábito de família, não cabe mais aqui. A criança está em estado selvagem. Isso levou ao desespero mais de um homem digno de estima, dedicado, afetuoso.

O primeiro pensamento que pode fornecer uma luz ao mestre nessa situação difícil é que não há maldade nessas desordens, nem sequer pensamento. São efeitos físicos que resultam da quantidade. Esse pensamento, se se seguir por ele, levará a um tipo de indulgência e também a um tipo de severidade. Pois aqui não se trata em absoluto de pesar nem de julgar; trata-se de impedir. E se o mestre agir como uma força física, diretamente oposta à desordem, ele triunfará prontamente. Não estou dizendo com isso que ele deva começar a lutar; por sinal ele não seria o vencedor; mas ele dispõe de punições muito sensíveis nessa idade irrequieta, e que sempre são suficientes, contanto que sejam inflexíveis feito as forças naturais.

Observei, quando era criança, que aqueles que mantinham a ordem como se varre, como se arruma objetos materiais, eram imediatamente temidos por essa indiferença, que acabava com qualquer esperança. E, sem exceção, os que queriam convencer, escutar, discutir, perdoar, enfim, as promessas, eram desprezados, vaiados e, coisa triste de se dizer, finalmente odiados, ao passo que os outros, os homens sem coração, eram finalmente amados.

A situação de um pai é totalmente diversa. De um lado, ele ama seu filho, e seu filho sabe disso; a criança tem esse meio temível de punir o pai obrigando-o a puni-la. Mas, em compensação, a criança o ama também; e é a única com sua idade diante do pai; e toda a família, hierarquicamente disposta, é reguladora e testemunha. Digno de nota é esse poder paterno totalmente incapaz de instruir; e isso é compreensível. De um lado, o erro de ortografia é encarado como uma ofensa do coração; de outro, todo movimento verdadeiro do coração apaga o erro de ortografia. Nessa outra sociedade que é a escola, o sentimento não é levado em conta; em certo sentido perdoa-se tudo; num outro, não se perdoa nada. Aqui, não demonstre amor e não espere amor. A ordem que deve ser estabelecida nessa sociedade não deve se parecer de maneira alguma com a ordem da família. Mas seria preciso descrever de maneira consequente esses costumes pouco conhecidos. Como é possível que nenhum sociólogo tenha pensado seriamente nisso?

XIII

Em Kipling, o elefante força a corda, arranca as estacas, responde aos chamados noturnos e corre para a dança dos elefantes, cerimônia que nenhum homem jamais viu. Depois, esse fiel amigo do homem volta para a sua estaca. Assim também a criança exilada de seu povo permanece atrás da janela fechada, escutando o chamado das crianças. A criança está envolvida com sua família por laços fortes; mas também está envolvida com o povo criança por vínculos que não são menos naturais. Em certo sentido ela é menos alheia ao meio das crianças do que à sua família, meio em que não encontra seus iguais, nem seus semelhantes. É por isso que, assim que consegue roer a corda, corre para a brincadeira, que é a cerimônia e o culto do povo criança. Felicidade plena, então, de imitar seus semelhantes e perceber nos movimentos deles a imagem de seus próprios movimentos.

Em sua família, a criança não é ela mesma; ela toma tudo emprestado; imita o que não é de sua idade, de onde provém um tédio agitado que é mal conhecido. Aqui a criança é como um estrangeiro, porque não experimenta nem os sentimentos que lhe são atribuídos, nem os que ela expressa. O que se quer chamar de malvadeza em certas crianças sem dúvida não passa de impaciência por não conseguir romper a corda e ir ao encontro do povo criança. Esse povo é ateu e religioso; há ritos e preces nos jogos, porém sem nenhum deus exterior. Esse povo constitui para si seu próprio deus, adora suas próprias cerimônias e nada mais; é a bela idade das religiões. Os profanos causam escândalo se são espectadores; mais ainda quando interferem no jogo; o hipócrita não pode enganar os que têm fé. Daí as mudanças de humor incompreensíveis. Recordo-me de um pai indiscreto que queria brincar de soldadinho de chumbo conosco, crianças; eu via claramente que ele não entendia nada; seu próprio filho demonstrava mau humor e derrubava tudo. Gente grande nunca deve brincar com as crianças. Parece-me que a opção mais sensata é ser polido e reservado com elas como se seria com um povo estrangeiro. Quando uma criança se encontra separada das crianças de sua idade, ela brinca bem sozinha.

A escola é portanto uma coisa natural. O povo criança lá se reúne na sua unidade; e, novamente, aprender é uma cerimônia; mas é preciso que o mestre se mantenha alheio e distante. Assim que ele se aproxima e quer se fazer de criança, há escândalo, como se um profano entrasse numa sociedade secreta. O povo criança tem suas leis sagradas, e as guarda para si. Esse laço tão forte entre companheiros de jogos continua ligando o homem feito e, em certa medida, o torna imediatamente amigo de um outro homem que ele não via há vinte anos e praticamente não conhece. O povo criança cresce assim e se torna um povo de homens estranho aos mais velhos, estranho aos que vêm depois dele. A conversa com um irmão mais velho é sempre difícil; com um pai é quase impossível; é mais natural com um estranho de uma outra idade; mais natural com um professor de escrita ou de ciências, ou de belas-letras, porque o mestre sente e resguarda as diferenças, ao passo que um irmão ou um pai querem se aproximar e compreender, e não demoram muito a se irritar por não conseguirem. De modo que o mestre acaba virando embaixador e negociador entre o povo de pais e o povo criança.

XIV

O povo criança vai se reformar e reiniciar seu parlamento de dez meses.

A família, nesse tempo de férias, esgotou seu poder de pensar, que não vai longe, pois, pela troca de sentimentos afetuosos, cada um é reencaminhado a si mesmo, exercendo seu poder de escravo e empregando a mudança de humores sem precaução, o que faz que o inferior governe e o tédio reine. A criança, que não tem negócios, improvisa em meio aos obstáculos, atormentada pela reprovação unânime. Mas eis que ela vai regressar a seus afazeres próprios e reencontrar seu pensamento no seu parlamento. Dizer que a escola convém aos pensamentos da infância é dizer demasiadamente pouco; pois é bem possível que só haja pensamento na escola, e que nossa sabedoria, no futuro, não passe da lembrança desse bom tempo.

A experiência quase não instrui, mesmo quando é dirigida segundo o mais rigoroso dos métodos. Ora, afinal quem interroga assim a natureza? Talvez algum professor, levado ele próprio de volta à infância pela assembleia do povo criança, ainda mais poderosa então do que a assembleia acadêmica, onde as intrigas, a bajulação e a supremacia dos velhinhos cheios de problemas de saúde e irascíveis logo relegam ao esquecimento a experiência saudável e os propósitos respeitáveis. Para a população, é a experiência humana que substitui a outra, a experiência humana em que nada se faz conforme o que é sensato, em que as faltas são frequentemente recompensadas e, outras vezes, punidas com demasiada severidade; em que o passar do tempo desvia e arrasta porque é preciso aproveitar as oportunidades trazidas pela fortuna, e lamentar o violino caso se ganhe a vida tocando flauta. Isso porque os acasos humanos pesam demais sobre cada homem. Os encontros fazem os negócios, e a ação corre à frente do pensamento.

A existência do povo criança encontra-se fora desse movimento arrebatado. O homenzinho, carregado de livros, passa pelos acontecimentos da rua e encontra outros acontecimentos, ordenados de acordo com seu tamanho e sua expectativa, versão ou problema. E os programas não são uma coisa à toa, já que são seguidos. Ora, não há homem vivo e saído dos estudos que jamais tenha conseguido seguir um programa e passar de um problema a outro conforme a ordem da dificuldade crescente; o sucesso vira o livro pelo contrário, sem nos dar tempo de acabar o capítulo, ou a frase. Mas na escola há ainda essa condição preciosa em que a massa dos iguais marca o passo, de modo que a elite revê o que ela já sabe e se cura da surpresa. Em todos, uma segurança espantosa, por meio desse socorro que não é absolutamente suspeito, e essa confirmação de todos os instantes, que mescla convicção e persuasão de acordo com os meios de cada um. Para as menores coisas, para um verso de Virgílio ou para um cálculo, a opinião verdadeira se estabelece, com o auxílio do mestre, pela união das provas e dos rumores públicos. É belo passar ao lado de um grupo de alunos que caminha para a escola e discute e compara, a respeito de um particípio ou de um peso específico; cada um pega seu papel, e com frequência um indeciso corrige dando fé às autoridades, que são fedelhos também, sem majestade nem chapéu pontudo de mago. Esse feliz estado de espírito humano nunca mais será recuperado. Mesmo dois professores juntos não têm tanta boa-fé, nem uma estima tão pura pelos valores verdadeiros.

O povo criança forja as ideias; o povo dos homens faz delas em seguida o que pode, com frequência martelando com a tenaz, com frequência entortando simples tesouras para cortar o ferro; por essa pressa de que eu falava, pelo imprevisto, pelo arrebatamento; e essas ideias distorcidas têm às vezes certa beleza, por carregarem em si as marcas da guerra e a linha do espírito. É por isso que até mesmo a contracapa dos livros de escola ainda é uma das melhores coisas a ser considerada. Lembrança e lembrete.

XV

Esse pânico de crianças e esse deus-nos-acuda faziam que eu tornasse a pensar que a escola, que é propriamente a sociedade das crianças, é e deve continuar separada da natureza. A escola pede jardins, isto é, uma natureza desenhada, ordenada, limitada pelo homem. Toda a atividade é então despendida no trabalho escolar e no jogo, sem preocupação real alguma com a produção ou a defesa. Essas condições são regradas pela própria natureza da criança, que se encontra completamente sem defesa contra as paixões. Um desespero de criança imediatamente passa da medida e chegaria à convulsão se uma força superior, que é a da mãe ou da ama, não a tirasse da terra indiferente, severa demais para essa idade, e não a enrolasse novamente no tecido humano de onde ela acaba de sair, de onde jorra, sobre o pequeno ser, com o calor e o amor, o potente remédio das lágrimas e do sono.

Apreende-se, numa criança carregada no colo, essa justa proporção entre a infância, que não sabe viver, e a humanidade, que vela a infância. Assim, vê-se por toda parte, no trabalho e até no movimento impetuoso das nossas cidades, a criança feliz ou a criança adormecida, carregada, veiculada, tão tranquila nesse gesto envolvente quanto em seu berço. Essa sabedoria da criança nos engana; ela vem de nós, não dela.

O povo criança é lindo de se ver na escola. É ali que a criança encontra uma força adequada à sua. Mas se observarem bem, notarão defesas e barreiras contra todas as ameaças exteriores. A criança brinca com o navio ou com o carro, mas fica faltando a água e os cavalos e a curva da estrada. Assim que a criança estiver numa relação com a força real, nem que seja um carro puxado por cabras, tudo deve estar conforme as regras e na medida certa, e finalmente as cabras, os carros e as crianças devem estar sob o domínio da força superior das amas e das guardiãs; um bonde de verdade, embora de dimensões reduzidas, transformado em brincadeira para as crianças, que se tornariam seus pilotos, condutores e passageiros, seria inconcebível. A força mecânica, cega e inumana, não se presta ao jogo; ou, então, é preciso que os brinquedos mecânicos sejam bem pequenos e o pezinho os chute sem dificuldade.

Na própria natureza, e sob as condições corriqueiras da vida humana, o povo criança é um monstro, pelo medo, a primeira das paixões e, talvez, a mola propulsora oculta de todas. Uma assembleia de crianças pressupõe um terreno aplainado, sem segredos nem alçapão, onde tudo será jogo. Assim que a ameaça aparece, é preciso que a assembleia de crianças seja dividida e regida de perto por um bom número de seres mais firmes, que não rebatam o medo com o medo. Essa justa proporção entre naturezas reguladoras e naturezas reguladas é oferecida por essas famílias numerosas que enfrentam os perigos comuns de uma viagem a Meudon.[3] E é bom lembrar que nesse caso nem todas as crianças têm a mesma idade e que a mais velha faz um

---
[3] Cidade localizada na periferia sudoeste de Paris. (N. T.)

grande reforço para com sua sensatez e sua coragem desempenhar seu papel de protetor. A escola, ao contrário, reúne as crianças da mesma idade, do que decorre uma serena paz enquanto se estiver nas condições próprias a esta, mas pânicos terríveis tão logo o elemento não inumano venha tocá-la de leve. Assim, muito sabiamente, nas grandes escolas, instituíram-se exercícios de evacuação organizada e tranquila, comandados pelo grito: "Fogo! Fogo!". Assim, substitui-se a autoridade costumeira dos mestres, fonte de confiança, pela potência não humana do fogo, e sobretudo pelo medo, rei das potências inumanas. Em decorrência disso, talvez se perceba que a escola é uma sociedade de um certo tipo, bem distinto do da família, bem distinto também do da sociedade dos homens, que dispõe de suas próprias condições e organização, tanto quanto de seu culto e de suas paixões próprios. Um belo tema para o sociólogo.

XVI

O Psicólogo discorria seguindo a inclinação, como um ribeirão.

Só a experimentação pode nos instruir, dizia ele. A observação não nos levaria longe se não tivéssemos aprendido dos ofícios a arte de modificar os fenômenos naturais, produzindo por nós mesmos mudanças bem determinadas cujos efeitos medimos. O que é um físico, o que é um químico, senão um homem que questiona os objetos, rompendo-os, pulverizando-os, submetendo-os ao calor e ao frio? Sem esses inumeráveis ensaios, teríamos nós alguma vez captado a lei oculta? Paralelamente, a psicologia não se elevará à categoria de uma ciência a não ser que submetamos o homem a experiências preparadas. Os médicos já pesquisaram bastante esse lado; infelizmente se atinham quase só aos loucos. É preciso que os educadores submetam também as crianças das escolas a ensaios e a exames, com o fito de aprender finalmente algo de positivo sobre essa natureza humana em sua infância que eles conhecem mal. Sem essas pesquisas metódicas, perderão seu tempo. Para instruir a infância, é necessário primeiro conhecê-la.

O que dizer de tudo isso? A evidência é a nossa cabeça de Medusa. Entretanto o Sociólogo de óculos encontrou isto para dizer:

> Se os conhecimentos humanos tivessem se formado na ponta de nossos dedos, como o senhor afirma, o problema humano seria bem mais simples do que é, e eu ficaria feliz. Infelizmente não foi o que se deu. Em todos os povos antigos vemos os ofícios chegarem a uma perfeição espantosa, ao mesmo tempo que os artesãos permaneciam apegados às superstições mais ridículas. Poder-se-ia concluir disso que o objeto que muda sob a ação das mãos não instrui. Mas chamo sua atenção para uma outra prova universal. A primeira ciência, de onde saiu a primeira ideia da lei natural, foi em todos os lugares a astronomia; e os objetos astronômicos são justamente os únicos que estão fora do nosso alcance e os quais não podemos mudar. Assim, o astrônomo ficou protegido contra essa curiosidade indiscreta que muda o objeto em vez de considerá-lo com paciência. E ainda hoje a experimentação, que o senhor julga tão importante, instrui apenas o homem prudente e formado pela astronomia, isto é, aquele que fez observações por longo tempo. Se, para aquele que quer se instruir, é perigoso estender a mão rápido demais, o que diremos do olhar do psicólogo que muda o objeto humano para o qual se volta? E desconfio muito mais ainda dessas experiências que perturbam de chofre seu objeto delicado e frágil. É com o canto do olho, e sem avisar, que é preciso observar o homem. E é cômico que o senhor queira observar a infância de hoje que, com algumas palavras da língua, aprende em poucos meses a sabedoria dos séculos, quando a infância da espécie se mostra sobre a Terra inteira em seus templos e seus deuses.

Ele se interrompeu e enxugou os óculos.

> Agora ainda tenho uma coisa a dizer, não como sociólogo, mas como professor primário, pois aprendi o ofício. O senhor diz que é preciso conhecer a criança para instruí-la; mas isso não é absolutamente verdade; eu preferiria dizer que é preciso instruí-la para conhecê-la; pois sua verdadeira natureza é sua natureza desenvolvida pelo estudo das línguas, dos autores e das ciências. É formando-a ao canto que saberei se ela é um músico.

XVII

O ensino deve ser resolutamente retardatário. Não retrógrado, ao contrário. É para caminhar em sentido direto que ele recua; pois se não for posicionado no momento ultrapassado, como ultrapassá-lo? Seria um empreendimento louco, até para um homem em sua plena força, o de pegar os conhecimentos em seu último estado; não haveria impulso, nem nenhuma esperança sensata. Não vendo senão insuficiência por toda parte, ele se veria, posso apostar, numa imobilidade pírrica, o que significa que, compreendendo tudo, ele não afirmaria nada. Ao contrário: aquele que acorre proveniente das épocas antigas está como que impulsionado no movimento correto; ele sabe vencer e, essa experiência faz os espíritos vigorosos.

A Bíblia anuncia muito, e ainda mais segundo o espírito do que segundo a letra, pois não se pode ficar ali, assim como se sabe muito bem que não se vai permanecer ali. Esse pensamento selvagem e abstrato, rochoso, abrupto, tem futuro. E já que tantos homens superaram a antiga lei, cada um pode se permitir crer nisso, pois é assim que se levará à maturidade essa promessa de uma ordem melhor. Falta-nos, para sermos seriamente cristãos, ter sido pagãos ou judeus. Quem não for antes fariseu, como se curaria de sê-lo?

Consequentemente, quantos homens serão fariseus mesmo sendo velhos! Essa é a marcha retrógrada. É o que o direito nos faz sentir, pois o direito nunca é suficiente, e isso é muito fácil de entender. Mas mesmo esse pensamento amargo não leva a nada; é o jurista que muda o direito para melhor, justamente porque ele o conhece e porque crê nisso e se agarra a isso. É pela suficiência, e não pela insuficiência, que uma ideia promete outra decorrente. Diante da espécie, o juiz de paz pensa algo novo, pela própria força doutrinal; assim se faz a jurisprudência, muito mais potente e de muito maior alcance do que a ironia do pleiteante.

A criança precisa de futuro; não se deve dar a ela a última palavra do homem, mas preferencialmente a primeira. É o que fazem maravilhosamente os antigos autores, que deveriam ser chamados profetas. Eles dão a você a amêndoa para quebrar. A virtude das belas-letras reside no fato de que é preciso escutar o oráculo, e não há melhor maneira de se interrogar a si mesmo, como o frontão de Delfos o anunciava. Nas ciências, ao contrário, frequentemente acontece de, pela perfeição do compêndio, não se ver mais até mesmo o obstáculo. Num elegante curso de mecânica, nada para e se pergunta: "Para quê serve?", em vez de perguntar: "De quê isso pode me libertar?". Ao contrário, em Descartes, se vê bem isso, porque ele se engana e se desengana; muito mais próximo de nós, porém Tales vale mais. Sócrates tinha essa arte de reconduzir toda ideia à sua primeira infância. E é bom raciocinar acerca dos líquidos com Arquimedes e acerca do barômetro com Pascal; e até essa confusão que sobra em seus raciocínios ainda não é nossa o bastante; mas se aproxima de nós. Os antigos têm algo novo; é o que os modernos continuamente não têm, pois a verdade deles não fica no nível dos nossos erros. A Terra gira, isso é velho e está desgastado; o fanático não vê aí mais nenhuma dificuldade. Mas será que ele é menos fanático com isso, ou mais? Eis o que não saberia dizer.

XVIII

Nenhum saber é igual ao outro. Quando um professor primário começa a explicar as coisas do céu, descrevendo primeiro as aparências e definindo o leste e o oeste pelo nascer e o pôr dos astros, frequentemente aparece um pequerrucho que vem com uma deste tipo: "Não é verdade que o Sol se levanta e se põe, é a Terra que gira, meu pai me disse". Essa espécie de saber não tem remédio, pois aquele que sabe prematuramente que a Terra gira nunca dará atenção suficiente às aparências; e se falarem a ele da esfera celeste, forma auxiliar de que não se pode abrir mão para descrever as aparências, ele pensará que não é assim e procurará, inutilmente, a ordem copernicana, tal como seria vista de uma estrela. A ordem copernicana é a verdade das aparências, mas julgo que dois ou três anos de observações contínuas são necessários, e segundo as aparências, antes de formar realmente uma ideia do sistema escolar. É um mal irreparável, e extremamente comum, duvidar antes de se ter certeza.

O público se instrui mal porque imagina que a última verdade é o que lhe convém. Mas a verdade não pode ser vertida assim de um espírito ao outro; para quem não a conquistou partindo das aparências, ela não é nada. Quantas pessoas abriram o jornal dizendo consigo mesmas: "Vejamos se o princípio da conservação da energia continua verdadeiro". Vã ambição; não se pode renunciar ao que não se tem. É necessário primeiro ter o princípio, e testá-lo em milhares de exemplos, para chegar tão somente a conceber o segundo princípio, dito de degradação, que não destrói o primeiro, e o qual não tem o menor sentido sem aquele. E é preciso ter aplicado muitas e muitas vezes tanto um como o outro para estar apto a duvidar de um ou de outro. A dúvida é uma passagem; para experienciá-la é preciso sentir primeiro sob o pé uma inabalável resistência. A dúvida é o sinal da certeza.

Considerem com atenção Descartes, o mais ousado "duvidador" jamais visto. Bem se poderia dizer que ele duvida ainda menos que o bêbado, o delirante ou o louco; pois diante desses pobres espíritos o mundo se desfaz de instante a instante; as aparências assumem mil formas; é como um caos do qual temos uma vaga ideia proporcionada pelos sonhos. Mas ninguém vai querer dizer que essas mentes fracas estão em condições de duvidar. E de quê duvidariam? Ao contrário: vejam que Descartes duvida sentado diante da lareira, mais lúcido, mais livre de toda e qualquer paixão, mais seguro desse mundo sólido do que qualquer outro homem o foi. E, guardadas as devidas proporções, eu diria que o famoso Poincaré bem podia se permitir duvidar do movimento da Terra, porque ele primeiro o havia pensado longa e intensamente. Mas isso não autoriza o primeiro molecote que aparecer a se levantar de sua carteira para dizer: "Não é uma certeza que a Terra gire, e talvez não passe de um modo de falar". Há uma marcha de ideia para ideia, e finalmente para além de toda ideia, que cada mente deve seguir por conta própria, sempre com a preocupação de construir a verdade, mas pouco curiosa em recebê-la. Se essa sabedoria fosse mais bem compreendida, quase todos os homens, diante dos paradoxos de Einstein, diriam como eu digo: "Eu ainda não cheguei até aí".

XIX

Acho ridículo deixar que as crianças ou as famílias possam optar por aprender isso em vez daquilo. Ridículo também que se acuse o Estado de querer impor-lhes isso e aquilo. Ninguém tem de escolher, e a escolha está feita. Napoleão, se não me engano, expressou em duas palavras o que todo homem deve saber o melhor possível: geometria e latim. Vamos ampliar; por latim, entendemos o estudo das grandes obras, e principalmente de toda a poesia humana. Então, não há mais a dizer.

Já a geometria é a chave da natureza. Quem não for geômetra jamais perceberá bem esse mundo em que vive e do qual depende. No entanto, mais propriamente, ele sonhará conforme a paixão do momento, enganando-se a si mesmo acerca da potência antagonista, medindo mal, contando mal, nocivo e infeliz. Assim sendo, não dou a entender que se deva ensinar toda a natureza; não, mas regular o espírito conforme o objeto, segundo a necessidade claramente percebida. Não é preciso mais, mas tampouco é preciso menos. Aquele que não tiver nenhuma ideia da necessidade geométrica não obterá sequer a ideia da necessidade exterior. Toda a física e toda a história natural somadas não a darão a ele. Portanto, pouca ciência, mas uma boa ciência, e sempre a prova mais rigorosa. O belo da geometria é que há escalas de provas, e há em todas estas algo nítido e são. Que a esfera e o prisma, então, nos deem lições de coisas. A quem? A todos. É bem gracioso decretar que uma criança ignorará a geometria pois tem dificuldade em compreendê-la; isso na verdade é um sinal de que é preciso introduzi-la na geometria com toda a paciência. Tales não conhecia toda a nossa geometria; entretanto o que ele sabia, sabia bem. Assim, a menor visão da necessidade será uma luz para uma vida inteira. Portanto, não contem as horas, não meçam as aptidões, mas digam apenas: "É preciso".

A poesia é a chave da ordem humana e, como eu disse repetidas vezes, o espelho da alma. Mas não a poesia boba, cheia de rimas forçadas para crianças; ao contrário, a mais alta poesia, a mais venerada. A esse respeito é frequente objetar-se que a criança não entenderá praticamente nada. Sem sombra de dúvida ela não compreenderá de início. Mas a potência da poesia está no fato de que a cada leitura, primeiro, antes de nos instruir, ela nos predispõe pelos sons e o ritmo, conforme um modelo humano universal. E isso é bom também para a criança, sobretudo para a criança. De que modo ela aprende a falar, senão regulando sua natureza animal segundo esse gorjeio humano que ouve? Façam então que ela recite escrupulosamente esse belo gorjeio. E assim, regulando primeiro suas paixões, ela se torna apta a compreender todas as paixões, elevando-se imediatamente ao sentimento, ponto de observação de onde se descobre toda a paisagem humana.

Mas ela é grosseira e como que selvagem? Ela é indiferente a essas coisas? Não acredito nem um pouco nisso. A grande poesia tem domínio sobre todos. Os mais rudes companheiros querem a maior poesia. Ela é o que vai combater a careta, que é uma espécie de poesia, mas sem utilidade. Portanto, toda a poesia para todos, tanto quanto se puder. O homem que não é disciplinado segundo essa imitação não é um homem.

Geometria e poesia, isso basta. Uma atenua a outra. Mas ambas são imprescindíveis. Homero e Tales a conduzirão segurando-a pela mão. A criança tem essa ambição, a de ser um homem; não se deve enganá-la; menos ainda lhe dar opção de escolha no que ela ignora. Sem o quê o catecismo nos faria enrubescer de vergonha, pois os teólogos ensinavam a todos tudo que sabiam, se detendo diante do espírito rebelde. E, na dúvida, batizavam toda forma humana. E quanto a nós, nós vamos escolher e recusar o batismo humano ao frívolo ou ao sonolento?

XX

Um molequinho que demonstra ter aptidões ou tão só um gosto pronunciado pelo estudo é logo tirado de sua aldeia. Cada um o empurra para frente com o que está em seu poder, e ele fica muito falado entre as comadres. É um belo traço do homem essa admiração diante de uma criança que talvez venha a ser alguém. Os condiscípulos também elogiam em coro; e conheci indivíduos que, com mais de sessenta anos, ainda se mostravam orgulhosos de terem continuado os estudos, eles, os medíocres, ao lado de um homem bem-sucedido. Assim, todos buscam o gênio e o aclamam. Cada um conheceu desses catadores, nobres homens, que só se enganavam por esperar demais. Em suma, as bolsas de estudos não faltam, o que falta são bolsistas. Então se reúnem candidatos para as altas colocações, e isso muito mais do que o recomendável. Depois de passado o rastelo, não sobra nada de que se possa esperar um sucesso claro. Esse problema ficou resolvido; não há barreira. Posso recorrer ao testemunho de todos esses filhos de camponeses e de operários que têm agora uma situação muito acima do que valiam. Não quero adotar tampouco essas fracas denúncias sobre os que, tendo sido chamados, não são eleitos. Entre estes, e conheço muitos, não encontro sequer um deslocado em cem; quase todos voltam à região de origem, onde não chamam atenção, mas estão muitas vezes acima de suas pequenas funções e se mostram ainda mais úteis pelo aconselhamento que prestam; é fermento do bom.

Restam aqueles que quase não recebem instrução, seja porque não querem aprender, seja porque não podem. Aqui está o verdadeiro problema. Vivenciei uma época em que o rapazinho que raciocinava mal uma vez ou duas sobre os triângulos era imediatamente posto de lado. Conduta sensata, se o poder não procura senão recrutas para a parte governante; conduta ridícula, se o poder quer realmente cidadãos esclarecidos. Que um menino não demonstre ter aptidão alguma para a matemática, isso é um alerta para a necessidade de lhe ensinar matemática obstinada e engenhosamente. Se ele não compreende o que é o mais simples, o que compreenderá? Obviamente o mais fácil é dar-se por satisfeito com esse julgamento sumário que ainda se ouve com demasiada frequência: "Esse garoto não é inteligente". Mas não é permitido. Muito ao contrário, é o erro capital para com o homem, e é a injustiça essencial mandá-lo de volta para o meio dos bichos, sem ter empregado todo o espírito que se tem e todo o calor da amizade de que se é capaz para devolver à vida essas partes geladas. Se a arte de instruir só tiver o objetivo de iluminar os gênios, deve-se rir dela, pois os gênios dão um pulo ao primeiro chamado e abrem caminho para fora do mato cerrado. Mas os que se engancham em tudo e se enganam com tudo, os que tendem a desanimar e a se desesperar com a sua mente, é a esses que se deve ajudar.

Nesse caso o melhor juízo não seria um exagero; e, por mim, se eu julgasse alguém como um espírito valente e vigoroso, eu o poria para desemaranhar as primeiras noções num pequeno escravo, como fazia Sócrates. Eu desconfio até que o gênio, em seus colóquios consigo mesmo, é mais criança do que se poderia crer, e não procura o selvagem, o escravo, o tolo, o retardado, o supersticioso, o estúpido, o sonolento em lugar nenhum a não ser em si próprio. Eis por que muitas vezes pensei que não se perderia tempo reunindo os que vêm lá no fim do rebanho revirando de mil maneiras os primeiros elementos até vencer os espíritos mais obtusos. Os melhores lucrariam com isso, e o mestre também, por essa reflexão acerca do que se acredita saber, coisa demasiadamente rara.

Não há homem, evidentemente, sobre o qual eu não possa anunciar que ele não pensará além de seu ofício. Mesmo que fosse escravo como Esopo, ainda pensaria. Ora, ele não será escravo. Não apenas ele pensará nas coisas divinas e humanas, do jeito que puder, como todo mundo faz, mas, mais do que isso, ele decidirá pela paz ou pela guerra, o que é justo e o que é injusto, se é nobreza, se é baixeza, e tudo enfim, talvez loucamente, e certamente com todo seu peso de homem. O mais livre dos escritores sente a todo momento esse peso em sua pena. Por isso não é pouco se um homem destinado ao comércio, à agricultura ou à mera prática dos mecanismos leu Descartes, Montaigne e Pascal, ou conseguiu tão só entrever a majestade dos teoremas mais simples. Esse mundo continuará a ser o que é, se o tesouro das Humanidades ficar reservado aos que são os mais dignos dele. Ao contrário, se começássemos a instruir os ignorantes, surgiriam novidades.

XXI

Eu ouvia dizerem:

Todo o nosso futuro depende da educação; e a educação depende do desenho. Pois nada nos faz conhecer uma natureza e um caráter de criança melhor do que o desenho; e como ensinar com frutos se primeiro não se conhecer a criança? Vejam, foram propostos a eles, esses pequenos da escola, temas que despertam sua imaginação sem torná-la de imediato escrava: a feira, a ascensão de um balão, o corvo e a raposa, o circo, a colheita e outros mais. A escolha que fazem já revela alguma coisa sobre suas aptidões naturais; mas, na execução, quanta diferença, e quanta variedade! Naturalmente, é pesado, é desajeitado; até admito que do ponto de vista plástico é feio; mas que força de expressão, que espontaneidade no sentimento, que revelação no traço!

A fé é rara e preciosa. Não gostaria de tirá-la dos que a têm. Mas aqui o esforço me parece tão mal orientado que tenho de contestá-lo.

Bem vejo que esses desenhos livres podem instruir o mestre; mas a escola também tem o objetivo de instruir as crianças. Vocês dizem que, para instruir, é preciso conhecer os que são instruídos. Não sei. Talvez seja mais importante conhecer bem o que se ensina. Quanto à natureza da criança, que fica integralmente registrada nesses desenhos ingênuos, por esses traços calcados, por esses gestos desajeitados, nesses rabiscos apaixonados, acho que ela desafia seu juízo e qualquer juízo. Vejo, inclusive, indiscrição nesse olhar de psicólogo, que procura algo para adivinhar, para elogiar, para criticar, nessa natureza em que tudo seria ruim pela ignorância, pela confusão, pela timidez, o acorrentamento de si, o furor, a tristeza, mas em que tudo seria bom, isso mesmo, tudo, pela ciência, cultura, ginástica, apreensão de si, libertação. E, como me garantem que as Humanidades são boas para todos, ótimo; então, as desenvolverei para todos, e o melhor que puder; e cada um colherá o que conseguir colher, e o transformará em seu. Pois tenho uma ideia estranha, bem distante do que se diz geralmente a esse respeito, ideia essa verificada muitas vezes: o que é belo para todos, e universalmente humano, é justamente o que parece ter sido escrito para cada um; ao passo que o que quer se dirigir a mim, seja eu criança ou homem, e pôr-se ao meu nível, fica sempre de fora e muitas vezes abaixo. Os psicólogos se enganam a respeito de tudo e de si mesmos, com essa mania de querer conhecer em vez de mudar e elevar. Conhecer meu pensamento, é fazê-lo; conhecer meu sentimento, é elevá-lo e humanizá-lo. Meu verdadeiro retrato está em Homero, Virgílio, Montaigne. E mais ainda à criança do que a mim, devo alcançar um espelho onde ela possa ver-se imediatamente engrandecida e purificada.

Mas a ideia é obscura. É preciso ter lido e relido os grandes livros para saber onde estão os melhores conselheiros e os verdadeiros instrutores. O desenho nos leva à mesma ideia por caminhos mais fáceis. Pois qualquer que seja o modelo, não se pode fazer dele um desenho conveniente senão moderando e atenuando todos esses tumultos do coração, tão sensíveis ao frêmito e ao peso da mão. Só a vulgaridade se expressa nesses traços calcados que furam o papel. O que admiro nos desenhos mais bonitos, é que estes deixam o grão do papel intacto e visível; com o traço aéreo, sem peso. A linha testemunha a atenção e a fidelidade ao modelo; mas uma linha correta ainda é pouco. O traço justo é o próprio retrato daquele que desenha. Vejo ali claramente a moderação e a pureza. De um homem que, sem dúvida, tinha vívidas paixões; sim, mas de um homem que, no momento em que desenhava, se tornava senhor de sua mão, de seu corpo todo e de seu coração, sem sequer pensar nisso. Bom modelo para todos. Assim, ao imitar esse traço sóbrio e rico de verdadeira sabedoria, cada um transformará em sabedoria um pouco do que tem. E sem dúvida fará de si mesmo um pouco melhor, só pela atenção despendida para copiar uma bela obra. Ao passo que, ao querer expressar a si mesmo sem auxílio, ele se deforma e faz caretas. Conduzido, não condutor. Escravo, como o são e permanecem tantos outros, porque não quiseram imitar.

XXII

É bem mais rápido mudar os homens do que conhecê-los. Quando digo mudá-los, me refiro sempre a uma variação muito pequena, mas suficiente. Um homem de joelhos é diferente de quando está em pé; diferente com a mão aberta de quando seu punho está fechado; diferente quando coloca a voz de quando fala gritando; é por isso que as maneiras muitas vezes fazem mais do que as razões em termos de persuasão; e as próprias razões mudam pouco o homem, e essa mudança é suficiente. Só que o obstáculo às razões quase nunca se encontra onde se acredita que esteja; um homem enrijecido e que começou mal não dá ouvidos a razões; é preciso deixá-lo mais flexível, pela ginástica e pela música; pois então ele pensa bem, como toca o bom violinista, sem retesar os dedos sobre o arco. E, a bem da verdade, não há grande diferença entre um braço endurecido e um braço flexível. O corpo moreno ou loiro, atlético ou franzino, produzirá com o violino o som que depende dos dois; mas, seja qual for esse som, ele só fará que se possa ouvi-lo se ele primeiro se tornou flexível. De modo que pela ginástica não se está em absoluto propondo mudar sua natureza, mas mais propriamente libertá-la.

Essas artes difíceis e pacientes evidenciam bem que o mesmo método é bom para todos, embora todos sejam diferentes. Eu diria até que o método comum não tem o objetivo de torná-los semelhantes, mas, ao contrário, torná-los ainda mais diferentes, uma vez que, entre dois homens que sabem tocar violino, uma nova diferença se desenvolveu, que é o som próprio de cada um. Da mesma forma cada um terá seu modo de lutar esgrima, embora seja preciso que aprendam a esgrima comum. Esses exemplos ajudam a compreender como a cultura comum a todos faz florescer as diferenças. Eis por que a lição de geometria é boa para todos também; certamente melhor do que um esforço vão para adivinhar quais são as ideias confusas que, em cada um, resistem à geometria; assim como querer reter uma sombra colocando o pé sobre ela. É apenas necessário, para esses estudos e para todos os demais, uma disposição favorável do corpo, uma desenvoltura, uma familiaridade com a coisa; é nesse sentido que um longo e difícil desenho em escala real faz que o espírito se abra às razões; e pode-se avaliar o progresso do discípulo pela escrita em si dos números e de outros símbolos.

Os que desprezam esses meios exteriores têm, creio eu, a esperança de que vencerão uma natureza; isso é aproximadamente tão sensato quanto querer tornar lisos cabelos crespos. Eles não vencerão. Cada um conservará seu tipo de cabelo e a forma de seu corpo; cada um deixará sempre em toda ideia comum sua marca natural; a diferença das escritas deveria dá-lo a entender, pois essa diferença se desenvolve pela cultura; e poderia se dizer a mesma coisa dos rostos que desenvolvem sua expressão própria pela polidez. Assim, acho que as naturezas são imutáveis quanto ao principal; mas esse fundo de estrutura e de humores está abaixo do bem e do mal. E a virtude de um homem se parece bem mais com seus próprios vícios do que com a virtude do vizinho. E isso Spinoza, que conheceu o imutável melhor do que ninguém, expressa dizendo que o homem absolutamente não precisa da perfeição do cavalo. Digamos que o homem não pode vestir-se, como vestiria um casacão, com a virtude do vizinho. Consequentemente o vício está apenas no estrangulamento de si por si mesmo, por falta de ginástica e de música. Tudo que é libertado é bom.

XXIII

É abaixo do caráter que é preciso apreender o homem; e isso é ainda mais verdadeiro para a criança, que está menos acabada, embora com frequência ela se ache acabada. O homem sempre se acha acabado e exibe seu caráter como se fosse uma obra, boa ou ruim, transformando tudo em vaidade. Mas olhemos mais embaixo. Encontra-se o humor, que é instável; ele tem lágrimas nos olhos, pois está diante do sol. Se você quiser conhecer um homem, é preciso primeiro fazê-lo sentar-se confortavelmente, abaixar a persiana, vedar a entrada das ondas de calor ou de frio, e dos barulhos incômodos, a começar por aquele de sua própria voz; por último eliminar todos os pequenos acidentes que ele transformaria em sistema. Depois disso você encontra a natureza, que é estável, isto é, um autêntico sistema, agrupado e equilibrado; a forma do nariz e do queixo, a cor da pele, dos cabelos e dos olhos, tudo está interligado, pois são sinais de um regime de nutrição invariável, com o qual ele cresceu, será doente ou saudável, envelhecerá. Triste ou alegre, ele sempre terá essa cor, essa postura, essa concatenação dos movimentos, inimitáveis, que fazem que ele seja ele. Essas diferenças são invencíveis; é preciso amá-las; essa constância, essa fidelidade para consigo imediatamente dá esperança. Enquanto ele resistir, eu o tenho preso entre as mãos. A arte de persuadir está sem dúvida ligada a essa investigação que vai até a natureza sem se deter no humor.

Eu o tenho entre as mãos. Ótimo. Mas o que vou fazer com ele? Não o que ele não quer; mas, ao contrário, o que ele quer. Não romper essa resistência, mas, ao contrário, libertá-la. Querer que as naturezas sejam, é a caridade em si.

Não a virtude do vizinho, que não lhe serve para nada, mas a virtude dele, só dele, da mesma cor dos cabelos dele, e do mesmo tipo. Sua virtude pessoal, que se parece com o seu vício pessoal como irmãos. Pois, querendo imitar aqui o inimitável Spinoza, direi que um cavalo fogoso se parece bem mais com um cavalo exausto do que com um homem fogoso; assim como a coragem de um homem se parece bem mais com seu próprio medo do que com a coragem do vizinho. Da mesma forma uma bela maçã se parece muito mais com uma maçã estragada do que com uma bela laranja. Não se diz que um avarento não saberá dar; nada se pode afirmar. Mas essa maneira de dar se parecerá muito mais a essa maneira de guardar; será sempre a mesma mão. E não há tanta distância entre a atenção para contar e a pura probidade; a mesma aritmética fará as contas do vizinho. Inversamente, o frívolo ladrão contará com a mesma negligência dele e minha; ele roubará a si mesmo, mas também esse vício da negligência não está longe de uma certa generosidade; só que ele dará como roubava, pois é a mesma mão.

Do brutal ao corajoso, do cruel ao firme, ao determinado, ao imperturbável, não vejo grande distância. Nem do obstinado ao fiel, nem do espírito lento ao espírito forte, nem do sofista ao sutil e ao engenhoso. Os vícios não passam de virtudes que ficaram na metade do caminho. Spinoza escreveu que o único e exclusivo fundamento da virtude em cada um é o esforço em perseverar em seu ser. Essa máxima de ferro é de longe a melhor ferramenta; mas amedronta. Preferir-se-ia a esse vago convite para mudar a si mesmo e para vestir uma natureza estranha. Vãos conselhos. O homem permanecerá ele mesmo para quase tudo. A única mudança que se pode esperar é que ele seja ele mesmo, em vez de ceder diante das coisas exteriores. Mas também, dessas diferenças libertadas, resultará o maior bem para todos. Como? Isto é o que você não saberá se não ousar libertar, como o bispo liberta Jean Valjean.

É preciso reler essas páginas sublimes de *Os Miseráveis*. Já será uma oportunidade para não se enganar de modo ridículo sobre Hugo. Mas, muito mais que isso, toda a ideia do direito encontra-se aí, nessa fé inabalável que quer cada um tal como é. Esse amor sólido é como o sol dos homens, que faz que deem frutos. O outro amor, que gostaria de escolher, e o qual se volta para o que lhe agrada, é de lua e de reflexo. A variedade das cores não fica iluminada, pior ainda, nem sequer amadurece. Assim queremos nos pronunciar sobre a perfeição do vizinho, quando nada sabemos acerca da nossa; e prometer liberdade, com a condição que seja bem usada. Mas, ao contrário, o bom uso será conhecido na mesma medida em que naturezas libertadas fornecerão seu modelo. Como a *Nona Sinfonia*, da qual nem se tinha ideia antes que ela existisse.

XXIV

Faz tempo que estou farto de ouvir dizer que um é inteligente e o outro não. Fico apavorado, como diante da pior tolice, dessa superficialidade em julgar os espíritos. Qual homem, mesmo tão medíocre quanto se julgue que é, não dominará a geometria se proceder ordenadamente e não desistir? Da geometria às mais altas pesquisas e às mais árduas, a passagem é a mesma que a da imaginação solta à geometria; as dificuldades são as mesmas; insuperáveis para o impaciente, inexistentes para quem tem paciência e só enfrenta uma de cada vez. Da invenção nessas ciências e do que se chama gênio, basta que eu diga que só se veem seus efeitos depois de longos trabalhos; e se um homem não inventou nada, então não posso saber se foi apenas porque ele não quis.

Esse mesmo homem que recuou diante da aparência fria da geometria, reencontro-o vinte anos depois, num ofício que escolheu e seguiu, e o vejo bastante inteligente no que praticou; e outros, que querem improvisar antes de ter havido trabalho suficiente, dizem bobagens nesse ponto, embora sejam sensatos e gabaritados em outras coisas. A todos, vejo como demasiadamente tolos em questões de bom-senso, porque não querem olhar antes de dar seu veredito. Daí me veio a ideia de que cada um é inteligente na exata medida em que escolhe sê-lo. A linguagem poderia ter-me esclarecido bem essa questão; pois imbecil quer dizer exatamente fraco; assim, o espírito popular me aponta com o dedo, por assim dizer, o que faz a diferença entre o homem de juízo e o tolo. Vontade, mas eu preferiria dizer trabalho, eis o que falta.

Por conseguinte adquiri o hábito de focar os homens, quando me apraz medi-los, não pela testa, e sim pelo queixo. Não a parte que articula e calcula, pois ela sempre basta; mas a parte que abocanha e não solta mais. O que equivale a dizer, em outras palavras, que um bom espírito é um espírito firme. A língua comum usa também um fraco de espírito para designar um homem que julga conforme o costume e o exemplo. Descartes, cuja grande sombra está ainda longe à nossa frente, colocou no princípio de seu célebre *Discurso do Método* uma frase muito citada mas nem sempre compreendida: "O bom-senso é a coisa mais bem partilhada do mundo". Porém, esclareceu mais diretamente essa ideia ao dizer em suas *Meditações* que o juízo é uma questão de vontade e não de entendimento, chegando assim a chamar generosidade o que se quer geralmente chamar inteligência.

Nunca se consegue encontrar gradações na inteligência. Os problemas, reduzidos ao simples, como fazer quatro com dois e dois, são tão fáceis de resolver que o espírito mais obtuso se sairia bem sem esforço, se não estivesse enredado em dificuldades imaginárias. Eu diria que nada é difícil, mas que é o homem que é difícil para si mesmo. Quero dizer que o tolo se parece com o burro que abana as orelhas e se recusa a andar. Por mau humor, por raiva, por medo, por desespero; sim, são causas como essas que, todas somadas num turbilhão, fazem que se seja tolo. Esse animal sensível, orgulhoso, ambicioso, suscetível, prefere se fazer de besta por dez anos a trabalhar por cinco minutos com simplicidade e modéstia. Como aquele que ficaria emburrado ao piano e, por ter-se enganado três vezes a fio, deixaria tudo para lá. Todavia, trabalha-se com gosto as escalas musicais; mas raciocinando não se quer trabalhar. Talvez seja em razão do sentimento de que um homem pode errar com as mãos, mas não lhe é permitido, sem passar por grande humilhação, enganar-se pelo espírito, que é o seu bem pessoal e íntimo. Decerto há fúria nas cabeças fechadas, uma espécie de revolta, e quase uma danação voluntária.

Às vezes se diz que é a memória que faz a diferença, e que a memória é um dom. Na prática, pode-se notar que todo homem mostra dispor de memória suficiente nas coisas em que ele investe. E os que se espantam com o fato de que um pianista ou violinista possa tocar de memória simplesmente revelam ignorar o trabalho obstinado que faz de alguém um artista. Acredito que a memória não é a condição do trabalho, e sim seu efeito. Admiro a memória do matemático, e até a invejo; mas não me dediquei às escalas como ele. E por quê? Porque quis entender imediatamente, e meu espírito atrapalhado e relutante se atirou em algum erro ridículo do qual não consegui me consolar. Ninguém perde tempo para se condenar. A presunção é a primeira tendência a ser punida. Disso decorre essa indomável timidez, que cai por antecipação diante do obstáculo, que tropeça de propósito, que recusa socorro. Seria preciso primeiro saber errar, e rir. A isso se dirá que os que recusam ciência já são bem frívolos. Sim, mas a frivolidade é terrivelmente séria; é como um juramento de não se entregar a nada.

Chego ao seguinte: que os trabalhos escolares são provações para o caráter, e absolutamente não para a inteligência. Que seja ortografia, versão ou cálculo, trata-se de superar os humores, trata-se de aprender a querer.

XXV

Auguste Comte primeiro teve formação em ciências, isto é, soube muito cedo de que modo as coisas da natureza estão ligadas entre si e variam conjuntamente, quer em suas quantidades e seus movimentos, quer em suas qualidades. Munido desses conhecimentos e exercendo sobre eles sua cabeça pensante, pois sem dúvida tinha uma das melhores cabeças jamais vistas, ele, entretanto, viveu de modo desajeitado. É que com uma visão muito clara da ordem exterior, ele era como uma criança em meio à ordem humana, principal fonte de nossas paixões. Por isso foi enganado pelos sentimentos e pela imaginação, seguindo as impulsões de seu coração generoso, como o verdadeiro selvagem que era. É a aventura de muita gente. Mas essa cabeça pensante soube pelo menos refletir sobre suas próprias desgraças e descobrir na maturidade o que faltara à sua mocidade. Chegando então aos poetas, aos artistas, em suma, aos sinais humanos por volta dos quarenta anos de idade, ele acabou por onde deveria ter começado, que é a polidez, no sentido mais amplo, e a educação, falando mais propriamente.

Nascemos do tecido humano, e no tecido humano, pouco a pouco distendido, mas sempre forte e impossível de romper, crescemos. Não temos escolha.

A criança é infeliz por suas loucas esperanças, e por suas pequenas mágoas que considera grandes. O mais urgente é respirar fundo e afastar os homens que nos cercam para longe de nossa vista. Isso se faz primeiro e sempre pelo conhecimento dos sinais; e as amas, muito embora prestem atenção nisso, não nos levam longe. É preciso ler outra coisa que o rosto das amas e seu falar ingênuo. É preciso ler; e isso se estende por longa distância. Tornar-se senhor do alfabeto é pouca coisa; mas a gramática é sem fim; para além se estende o uso comum; para cima está a expressão bela e forte que é como a regra e o modelo dos nossos sentimentos e dos nossos pensamentos. É preciso ler mais e mais. A ordem humana se mostra nas regras, e é uma polidez seguir as regras, mesmo ortográficas. Não há disciplina melhor. O selvagem animal, pois ele nasceu selvagem, fica civilizado por aí, e humanizado, sem pensar nisso, e apenas pelo prazer de ler. Onde estão os limites? Pois as línguas modernas e as antigas também nos ajudam nisso de mil maneiras. Será que é preciso então ler toda a humanidade, todas as Humanidades, como se diz?

    Limites, não os tenho. Não concebo homem algum, por mais lerdo e grosseiro, que possa ser por natureza, e mesmo que estivesse destinado aos trabalhos mais simples, não concebo homem algum que não tenha primeiro necessidade dessa humanidade em volta e depositada nos grandes livros. É preciso tentar, aproveitando a macaquice infantil, que assume tão facilmente o tom e a atitude. É preciso, desde os primeiros anos, empurrar para adiante tão longe quanto for possível. Decidir segundo as graças e a facilidade, escolher um para a cultura e excluir o outro é uma injustiça e uma imprudência. As belas-letras são boas para todos, e sem dúvida mais necessárias ao mais tosco, ao mais pesado, ao mais indiferente, ao mais violento. E o que fazer com as crianças? Vamos pôr a física e a química ao alcance desses petizes? Bela física e bela química! O mesmo Comte vem, aqui, nos pedir ordem, no sentido mais forte da palavra, nos alertando que a física real é inteiramente impenetrável sem o preparo da matemática, da mecânica e até da astronomia, coisas que a criança não deve abordar antes dos doze anos de idade. Até lá, que aprenda a ler mais e mais. Que vá se formando pelos poetas, pelos oradores, pelos contistas. O tempo não faltaria se não se quisesse fazer tudo ao mesmo tempo.

A escola primária oferece esse espetáculo ridículo de um homem que dá aulas. Odeio essas Sorbonnes em miniatura. Reconheço-as de ouvido, bastando só uma janela aberta. Se o mestre se cala e se as crianças leem, tudo fica bem.

XXVI

Podemos nos instruir pelo objeto; podemos nos instruir pela mente. O primeiro caminho é o das técnicas, e o resultado é que vai dizer o que é certo e o que é errado. Aprendo a forjar interrogando o ferro e o martelo; não tenho de prestar contas de meus pensamentos a ninguém; mas é pela obra que se conhece o obreiro. Todo saber da idade madura é assim; economizam-se pensamentos; mesmo no ofício de advogado ou de procurador, em que entram raciocínio e estratégias de persuasão, há uma rotina, como há uma rotina do juiz. No melhor dos casos são rotinas verdadeiras. Por isso se veem competências que são cabeças ocas.

A escola primária se atirou por esse caminho, procurando a rotina para escrever corretamente, para a concordância das palavras, para medir, para contar. Foi bastante evidenciado que os melhores alunos da escola primária sabem contar bem, e se caçoa do aluno de liceu que conhece a teoria da adição e conta mal. Ora, a rotina de contar se aprende pelo objeto; é o objeto que decide; por isso fica patente que uma clara disposição dos números contribui muito aí, como qualquer contador poderá confirmar. O outro aluno fixa o pensamento no jogo e se engana muito bem, pois nada é tão instável, fugaz e enganador como o pensamento. As civilizações primitivas tornam evidente esse contraste de uma perfeição espantosa dos ofícios unida a opiniões fantasiosas baseadas em raciocínios. O espantoso, e que merece um olhar atento e redobrado, é que o progresso das ciências saiu de extravagâncias teológicas, e não dos ofícios.

O que é então aprender pelo espírito? É fazer sociedade. O geômetra formado segundo a sutileza euclidiana está sempre preocupado em chegar a um acordo com um interlocutor imaginário, por meio de uma definição sem ambiguidade; e daí, por raciocínio, ele conquista o outro, respondendo a todas as objeções possíveis. Disso resulta esse conhecimento tão acertadamente chamado universal, isto é, comum a todos os espíritos. Que o objeto diga o que quiser. A atenção do geômetra não está dirigida para o que o círculo responde, e sim ao que poderia responder o outro espírito com o qual ele entabulou uma conversa. Essa maneira de pensar é demonstrar; e nada espanta mais um espírito sem cultura do que esses esforços para demonstrar corretamente o que, aliás, não deixa margem à dúvida segundo a aplicação. Esse pensamento sem pressa é próprio do ensino secundário. No superior, reencontra-se o técnico, que se dá por satisfeito com o êxito e até o transforma em doutrina. Por exemplo, se consegue demonstrar a Lei da Gravidade sob a condição de algumas suposições simples e que convencem todo espírito a quem são apresentadas. Porém o técnico, posso dizer até mesmo o da alta matemática, em que a rotina é quase uma norma, preferirá dizer que uma demonstração dessas é perda de tempo, e que basta saber que a teoria se aplica à coisa, e funciona, o que revela um espírito de natureza primária. Todo ofício leva a isso, o ofício de astrônomo tanto quanto os demais. O que é geral, entenda-se o que dá certo, equivale, é verdade, ao universal, que esclarece. Mas as mentes que não participaram do prazer e do luxo do bem pensar são mentes sem luz e inteiramente sem recursos até quando se trata simplesmente de pensar humanamente. É por isso que essa parada da razão, tão bem posicionada entre o ofício comum e os ofícios especiais, é boa para todos. Eu digo até que para os espíritos lerdos e embotados ela é ainda mais necessária. Reformadores do ensino, olhem nessa direção.

XXVII

É plenamente óbvio que os fatos da natureza interessam todo homem; melhor ainda, o homem aborda as mecânicas munido de uma atenção maravilhosa. As crianças são iguais; e entendo que se queira sempre ver na mão delas um objeto que elas fazem e desfazem, que experimentam, exploram, compreendem enfim como se compreende o mecanismo de um relógio. Só que estou certo de que, se o que se espera é despertar a mente por esses meios, há um equívoco.

O que interessa nunca instrui. O homem é naturalmente engenhoso, observador, inventor. Você não ensinará nada a um caçador que ele já não saiba melhor do que você. E não é de ontem que somos incentivados a admirar o selvagem seguindo uma pista. Isso é saber? Não há outra coisa para se saber? Eis a questão.

Eu estava a escrever uma vez mais essas coisas, para responder a uma pesquisa de pedagogia. Encurto, então, por necessidade. Causo impacto, contrariedade, desagrado. Já é alguma coisa. Mas o pedagogo tem casca grossa; ele se limita às suas lições de coisas e à experiência. Todavia, a história humana dá provas suficientes de que se pode ser um atirador de arco maravilhoso e não ter bom-senso. O segredo dessas coisas está em Platão e em Descartes. Ora, Platão queria escrever na fachada de sua escola: "Não entre aqui quem não for geômetra", e Descartes supõe primeiro que ao menos um teorema tenha sido compreendido. Um pedagogo deveria saber do quê ele está falando.

Em todo fato da natureza e em toda máquina há um ponto de dificuldade que incomoda, que tem de incomodar. Por exemplo, num relógio, é o movimento regular do pêndulo que é preciso compreender; não se consegue isso sem a lei da queda; não se pode compreender a lei da queda sem ser geômetra. No fato da maré, há o efeito da gravidade a ser compreendido, segundo as posições relativas do Sol e da Lua; e, por exemplo, é preciso saber por que essa maré da Páscoa foi mais forte que outras e vincular isso ao eclipse da Lua. Muito bem. A imaginação nos dá uma representação aceitável de ambos os astros puxando na mesma direção, como dois homens puxando o mesmo cabo. Certo. Mas se se perguntar por que o efeito é o mesmo no eclipse do Sol, em que os dois astros estão em conjunção, e no eclipse da Lua, em que eles estão em oposição, haverá algum embaraço. E muito mais ainda se se perguntar por que há maré alta ao mesmo tempo dos dois lados opostos da Terra. Aqui está o ponto de ignorância, pelo qual se passa por alto. Lição de coisas, isso quer dizer que se sabe que há preamar quando ocorre eclipse; o esforço para compreender, e o longo desvio necessário a isso, fica posto de lado, fica para depois. Então o que se sabe a mais do que o pescador? E ainda se saberá menos do que ele sobre os atrasos da maré e os efeitos de mar bravo e de turbilhões. Para quê todos esses ofícios que se sabe tão mal? Fechem a escola, mandem a criança ir caçar ou pescar, sob a orientação de alguém que domine há anos essa prática.

Ou então, nessa escola felizmente fechada para o mundo, façamos o dificílimo desvio. Enfrentemos essas verdadeiras dificuldades de que a aritmética oferece os exemplos mais simples. Isso é chato, concordo; isso é abstrato, como você diz. Isso só interessa à criança quando ela viu a luz, mas um tipo de luz que não se pode jogar em seus olhos, pois é a própria criança que trará a luz pela sua atenção a seus próprios pensamentos, por uma vontade de se ater ao que ela supõe, por um rigor, enfim, que é completamente inventado e que as coisas nunca nos propõem. Esses teoremas severos não são interessantes por si; é que por si mesmos eles não são; é preciso fazê-los e sustentá-los. Mas essa luz, então, que eles revelam, é mais bela do que a aurora; é a aurora do espírito. Nesse momento o filhote de homem nasce uma segunda vez; ele sabe que é espírito; ele apreendeu esse instrumento admirável de que falava Descartes.

É verdade também que simultaneamente o espírito desperta no homem outra coisa apavorante: igualdade. Sócrates, procurando, tomou por aprendiz de geômetra um pequeno escravo que carregava os mantos. O brilhante Alcibíades não tinha nada a dizer, mas sem dúvida remoeu o dia inteiro esses pensamentos que não se dizem. O pedagogo é talvez muito experimentado; talvez tenha prometido a si próprio só ensinar o segredo da igualdade àqueles que serão mestres.

XXVIII

A lembrança começa com a cicatriz. Não é porque os tecidos estão destruídos que o vestígio do acontecimento, do espinho ou da lâmina de canivete se conserva; pois, pela morte, tudo retornaria aos elementos sem memória, que são o carbono, o oxigênio, o hidrogênio; mas o tecido, reparando-se, deixa ver o remendo, como num pano ou numa tela. Assim não só a minha visão tornará a encontrar essa testemunha, como, além disso, as partes cicatrizadas não poderão mais agir inteiramente como teriam feito antes, nem mesmo apalpar como antigamente. A marca ficará impressa nos conhecimentos e até nas obras.

É verossímil que todas as partes vivas sejam mais ou menos plásticas no sentido recém-mencionado. O músculo do ferreiro fica como que ferido a cada esforço e se restaura trazendo às partes atingidas um suplemento de matéria e fabricando um tecido mais apertado, cujo efeito exterior torna-se visível por esses músculos duros e que rolam sob a pele. Mas são sobretudo as mínimas ações do ferreiro que ficam alteradas. Assim a lembrança de suas obras se imprime nas subsequentes e cada martelada muda as próximas, de modo bem diverso do martelo deformando a si próprio e deformando a bigorna; e também de modo bem diverso daquele do cabo do martelo, que vai se tornando lustroso pelo uso.

O que merece o maior cuidado é o fato de que as lembranças se fixam por reconstituição; portanto, para isso, é preciso tempo e recursos, e o ritmo regular do reabastecimento. Na aparência as coisas se passam da mesma maneira com as partes mais delicadas, que são mudadas pelo impacto frágil dos sons, das cores, dos cheiros.

Essas observações ajudam a entender o acidente que Montaigne narra nos *Ensaios*, quando afirma que, tendo sido derrubado de seu cavalo pelo encontro com um de seus homens, e tendo perdido os sentidos pela força do golpe, ele jamais pôde recuperar a lembrança das circunstâncias que antecederam a queda, apesar de não ter desmaiado naquele momento. A mesma coisa me foi contada por um homem que entrou em luta com um bonde e caiu desacordado na mesma hora. Ele nunca conseguiu recuperar nada dos conhecimentos anteriores ao impacto. É bom assinalar aqui, a fim de tranquilizar a imaginação, que o medo imediatamente anterior ao choque não tem tempo de se formar e de vir a ser alguma coisa. E a explicação para esses esquecimentos está, em parte, no que eu dizia: é preciso que a lembrança tenha tempo de amadurecer, e, pela grande perturbação que sobrevém, ela amadurece de outro modo e se encontra deformada e como que perdida nos vestígios da revolução orgânica. O detalhe escapa. Mas, seja como for, é pelo crescimento e pela nutrição que retemos as marcas, como uma campânula que se enrola numa noite em volta de uma bengala e assim conserva a forma desta, pois cresce rapidamente. Assim também a criança toma forma conforme a gramática e todas as outras coisas, algo que o velhinho não sabe mais fazer.

XXIX

A aprendizagem é o oposto do ensino, porque o trabalho viril teme a invenção. A invenção se engana, estraga os materiais, danifica a ferramenta. O aprendiz fica submetido a essa dura lei. E o que ele aprende, antes de tudo, é que não deve nunca fazer tentativas além do que ele sabe; de preferência até sempre aquém. Há timidez no aprendiz, que se tornará prudência no operário e que está estampada nos rostos. "Eu não sei; não faz parte do meu ofício", é assim que no operariado o companheiro formula sua recusa. O pesquisador é mais modesto quando diz: "Vamos ver no que vai dar". Todavia, crê-se que o pesquisador livre se preocupa muito pouco com o quanto poderão custar as tentativas. É assim que os inventores, tendo por símbolo o famoso Palissy, com frequência se arruínam. E é fácil de entender por que esse pensamento empreendedor não é acolhido na oficina, já que ameaça, ao mesmo tempo, a placa e o cinzel, sem contar o tempo perdido. Concluindo, pode-se dizer que o aprendiz aprende antes de tudo a não pensar.

Aqui aparece a técnica, que é um pensamento sem palavras, um pensamento das mãos e da ferramenta. Quase se gostaria de dizer que é um pensamento que teme o pensar. Essa precaução é bonita de captar no gesto operário, mas encerra também uma terrível promessa de escravidão. Concebo o enigmático Egito dos tempos antigos como um povo de técnicos. E esse pensamento que sabe e não quer compreender é praticamente impenetrável. Entretanto, algumas causas visíveis o bastante nos levam até a soleira, não mais adiante. Considerem que a ferramenta é que regula a mão e vocês já terão uma ideia da tradição real, eu diria mesmo sólida. Por toda parte onde a ferramenta aparece, se estabelece uma regra em forma de objeto, e um espírito de submissão e até de receio, pois a ferramenta fere aquele que não tem habilidade. Mas o patrão é ainda mais temível porque representa a inflexível necessidade. O patrão não tem a possibilidade de admirar uma tentativa engenhosa que transforma em cacos os preciosos materiais. O espírito da infância, que se engana, que quebra, que perde, é aqui o inimigo. É por isso que um garoto que ganha a vida passa por uma experiência ruim. Ele adquire a prudência cedo demais; ele aprende a não ousar mais.

Imaginem um escrevente de primeiro escalão que comete um erro de adição num documento em papel timbrado; é um erro de aprendiz e não um erro de aluno de escola. Assim sendo, a cólera do escrevente-chefe não se parece com a do mestre da escola. O mestre da escola quer que se procure e que se encontre; ele chama pela inteligência; ele não pensa no papel desperdiçado; ele quer, mais propriamente, colocar o tolinho frente a frente com sua tolice, já em si ridícula. Esse retorno da consciência fortalece, ao passo que o outro, o técnico, acusa a busca em si e zomba de quem confia em si. Por meio dessa disciplina, o espírito renuncia diante da ferramenta. Notem essa certeza inscrita nas figuras egípcias. Vejo nelas certa semelhança com essas cabeças de gavião, que esculpiam também, e as quais expressam a suficiência da forma. O discurso desliza por essas superfícies, que são como armaduras.

Há dois meios de ser seguro de si: o primeiro, que é o da escola, é confiar em si; o outro, que é o da oficina, é nunca confiar em si. Isso se vê numa conta de somar, pois o entendimento aqui se engana, mas ganha força pelo erro consertado, ao passo que a maneira técnica de contar é rápida e cega. O contador não conhece os números. Inversamente, é concebível um profundo matemático cometendo um erro ridículo numa operação fácil. Tales se detém e reflete, mas o chicote sempre se levanta. Assim é a virtude da aprendizagem; e ela é apropriada no tempo e no lugar certos. O homem que não foi aprendiz é uma criança crescida. Mas também a criança que foi aprendiz cedo demais e frequentou a escola por pouco tempo é uma máquina pela vida toda e despreza Tales, o amador.

No jogo há pensamento. Mas se se quisesse que a escola fosse só um jogo, seria novamente um engano. A escola é puxada para duas direções, para o jogo e para a aprendizagem, mas fica a meio caminho de ambas. Ela participa do trabalho pela seriedade, mas, por outro lado, escapa da severa lei do trabalho; aqui, a gente se engana, a gente recomeça; as contas de somar erradas não arruínam ninguém. E não é pouca coisa se o tolo ri de um erro enorme que cometeu. Por esse riso ele julga a si mesmo. Notem que só raciocinamos partindo de um erro reconhecido como tal. Mas também só se raciocina na escola, porque lá ninguém nos castiga a não ser nós mesmos. Deixam-nos ir do nosso jeito, procurar e patinhar. "Infeliz, o que você está fazendo?", é uma interrogação da oficina. "Mostre-me o que você fez", é uma interrogação da escola. E quando o aluno feliz consigo mesmo descobre o erro, estamos diante de uma vergonha sem medo, pois a opinião dos outros não acrescenta nada. Essa outra prudência é o pensamento.

XXX

Não há ideia que se iguale à natureza das coisas. Quanto a isso podemos ficar tranquilos e escutar sem qualquer arrebatamento o homem exaltado que mostrará, por meio de novas experiências, que o homem mais douto ainda está bem longe de poder explicar tudo. E como poderia ser de outra forma? O homem forjou suas ideias como armas, e a história das ideias se parece bastante com a história das ferramentas. Assim como a enxada é uma ferramenta para cavar a terra, assim também a linha reta e o triângulo dos geômetras são ferramentas para definir as formas. E desde os primórdios sabe-se que não há absolutamente forma real que possa ser descrita pelos nossos meios; mas pode-se chegar perto, como o agrimensor não mede o contorno de cada torrão de terra. E do mesmo modo que as primeiras ferramentas possibilitaram fabricar outras, também as primeiras ideias o possibilitaram, não pela forja e pela bigorna, mas por figuras traçadas e o discurso correto. Toda curva é filha da reta; e curva alguma se iguala a objeto algum. A curva chamada catenária já é bastante difícil de ser formada como ideia, mas uma corrente suspensa pelas duas extremidades é algo bem mais elaborado do que a catenária do geômetra.

Os antigos supunham que os astros descreviam círculos, e isso até que não estava tão errado. Estou querendo dizer que eles estavam dentro da verdade, já que começavam pelo mais simples. Ao passo que nós, que vamos de uma ferramenta a outra e de um discurso a outro, dizemos que os astros descrevem elipses; mas ainda não é a verdade; estamos dentro da verdade, ou, melhor dizendo, no movimento correto do pensamento em progresso, mas não nos igualamos ao objeto. Sabe-se que os planetas, mediante ações mútuas, se desviam em certa medida da rota traçada pelo geômetra. Mais exatamente ainda, nenhum planeta fecha a curva de sua órbita já que o Sol os arrasta a todos em direção à constelação de Hércules, que fica para o lado da estrela azul a que chamamos Vega, estrela do céu de verão.

Ir do conhecido ao desconhecido, eis nossa sina; isso é o mesmo que dizer do simples e abstrato ao concreto e individual, que não esgotaremos. Um determinado pato que chapinha na água é um mundo de um instante, que Darwin não pode captar todo; mas Darwin, por suas ideias, o teria captado melhor do que eu. E as ideias de Darwin são filhas das que as antecederam segundo a ordem da razão; mesmo as classificações, que ele quis reduzir e talvez romper, primeiro ele pensou por meio delas, como o antigo astrônomo pensava pelas esferas de cristal. Quem não seguiu por esse caminho não sabe nada. Nenhum Estado real é democrático de modo absoluto; mas, como o agrimensor, eu procuro com que forma abstrata de governo ele se assemelha e em quê ele difere dela. Entretanto, o homem impaciente rejeita toda ideia e mergulha totalmente nu na natureza das coisas, de onde volta mais recoberto de lama e de conchas do que Glauco, o marinheiro. Indo por aí todos nós ficaríamos carregados de ciência, pois cada minuto traz para cada um uma experiência prodigiosa que se acrescenta ao mundo dos homens, à Terra e ao Céu. Quando Arquimedes correu pelas ruas dizendo: "Descobri", ele só tinha uma ideia bastante imperfeita dos corpos flutuantes; simples, sim, porém filha da geometria e da mecânica, e portadora de um rico futuro pela distinção e pela clareza abstratas. Por outro lado, nossos profetas inconstantes se parecem mais com esse louco que os estoicos descreviam e o qual bradava em plena luz do dia: "É dia". Mas nem por isso ele era menos louco. E o homem sensato, como diziam esses rústicos filósofos, não é menos sensato quando se engana porque mantém a ordem e a continuidade em suas ideias imperfeitas, porém corretamente pensadas. Tiro mais proveito lendo a física celeste em Descartes do que procurando por ela num jornal matutino.

XXXI

Que todo conhecimento provenha da experiência é o que cada um aceita como o dogma do nosso tempo. Não direi nada em contrário. Todavia, gostaria de mudar um pouco o eixo dessa espécie de axioma central, de modo a fazê-lo dar um giro e funcionar mais perto do homem. Eu preferiria dizer que todo conhecimento real, seja de que natureza for, é experiência; e entendo por experiência a percepção de um objeto real, presente aos olhos e se possível aos demais sentidos. Assim, o pensamento do algebrista é a experiência de suas equações, que a visão explora, e cujos termos são transpostos pelo tato através da escrita. Cito esse exemplo porque ele causará espanto. Mas tentem compreender que o pensador mais vigoroso ficaria obrigado aqui a deter-se ou a perder-se, se ele não tornasse reais suas concepções num objeto estável sobre o qual depois exerce o controle da observação. Essa afirmação amplia consideravelmente a experiência, pela consideração da nossa ação que cria objetos como o círculo, a parábola, os logaritmos, aos quais não estamos menos submetidos do que o estamos às viagens de Vênus; assim a abstração entra na experiência.

Outra observação, agora. A criança não escolhe seus objetos. Pode-se pensar que seria uma imensa vantagem se a criança formasse seus primeiros conhecimentos conforme esses objetos simples, estáveis e os quais não enganam, como muitas das coisas da natureza exterior. Mas não é assim. A primeira experiência da criança é a de uma simbiose, ou vida comum, com um organismo amplamente composto, sede de necessidades, de desejos, de emoções, de paixões, de ideias; e daí, ao vir ao mundo, ela ainda não vem diretamente ao mundo; mas o pai, a ama, o irmão, o cão e outros objetos caprichosos compõem o seu primeiro pequeno universo. É aí que ela aprende a pedir e a ameaçar, dois procedimentos mágicos aos quais confia de início suas esperanças e os quais delimitam suas primeiras noções; noções estas que serão portanto supersticiosas e ao mesmo tempo religiosas, querendo ou não. Não há objeto na natureza que seja levado a se mover e a trabalhar apenas com um sinal; mas a mãe não resiste a um sorriso e a ama obedece a um grito redobrado. A criança, portanto, adquire a experiência de governar antes de qualquer outra; ela conhece a potência das paixões antes de suspeitar da existência das estritas leis do trabalho; ela pensa primeiro como rei. Vê-se que a experiência exterior achará o lugar já ocupado; ela terá sobretudo de endireitar. Um erro acalentado vai preparando um lugar para amargas verdades. Algo ainda mais surpreendente: o primeiro trabalho está necessariamente voltado para os signos; a criança aprende sua língua primeiro e, como Aristóteles já o observava, tenta naturalmente estender o sentido de suas primeiras palavras o mais longe que pode. A palavra papá designa o pai e todos os homens que ela vê, o retrato do pai e outros retratos, a bengala do pai e outras bengalas. Lolo designa o leite na Normandia. Lelê designa a água na Bretanha. Uma criança me trouxe uma das folhas do plátano que fazia a sombra e a luz dançarem na varanda, dizendo: "Sol. Sol.". Essas considerações fáceis encobrem uma ideia difícil ou pelo menos bem escondida: o erro, aqui também, é o que vem em primeiro lugar. Primeiro conhece-se a identidade, mais tarde, as diferenças. E a linguagem leva imediatamente o homenzinho a um abstrato supremo, de onde ele terá de descer novamente sob a pressão da experiência e da ordem exterior, professores tardios. Decorre daí que todas as nossas concepções, sem nenhuma exceção, devem trazer a dupla marca da ordem humana e da abstração preliminar. As nossas primeiras ideias passam, portanto, para o estado de metáforas, e ao mesmo tempo o progresso de todo espírito se faz do abstrato ao concreto. É entornar o caldo de Locke, e o seu também, meu caro Psicólogo; e o seu, meu caro Pedagogo.

XXXII

Montar a cavalo, dançar, jogar cartas, tudo isso dá prazer; mas é preciso saber; e é preciso aprender, jurando a si mesmo sentir também esse prazer que se vê os outros experimentar. Só há exceção com relação aos prazeres já totalmente preparados, e temos de convir que estes quase não existem. O tédio vem principalmente do fato de se entregar a um prazer de praxe, sem nenhum investimento pessoal nele. Todos os jogos podem ser instrutivos quanto a isso, pois é preciso entregar-se e, em certo sentido, submeter-se a eles, e antes de tudo acreditar que serão de seu agrado. Se, ao contrário, se fica entediado na esperança, como diz Stendhal, o acontecimento confirmará esse belo projeto.

O erro principal, nesse caso, é sem dúvida que se quer entender de antemão, sem ter tentado, o tipo de prazer que se experimentará jogando bridge ou empurrando a bola para frente conforme a regra. Ora, não há nada para se entender em nenhum prazer. O motivo de ganhar, por exemplo, parece extremamente fraco e compensado pelo medo de perder. O que causa o prazer em todos os casos, talvez, é um acordo, e como que um ajuste entre a ação que se faz e as condições exteriores. A função vital é uma adaptação de cada instante, um triunfo diante de um problema novo; novo, mas que se reconhece o suficiente para atacá-lo com confiança e sentir que se conseguirá superá-lo. Considerando a coisa desse ângulo, percebe-se que a timidez é, ao contrário, o sentimento de uma inabilidade que se sente estar em preparação e se aproximando, e diante da qual se fica retesado. Aquele que fica retesado montando a cavalo sente que ele está assustando o animal, e já vai caindo. E é preciso assinalar que uma grandeza temível do homem reside no fato de que ele pode se resignar, e até encontrar uma espécie de consolo, ao predizer sua própria desgraça.

Eu ia seguindo por esse desvio procurando a resposta certa para uma pergunta que me haviam feito a respeito da formação do espírito. Uns não gostam de maneira alguma de matemática e não conseguem se entrosar; para outros, é como se tivessem jurado não se deleitar com a música. Será que lhes falta aptidão ou tiveram a infelicidade de tropeçar, de início, como certos cavalos medrosos que vacilam diante da barreira? Em todos esses casos, acredito que é mais a imaginação que está com má disposição, pois o que se pode saber das aptidões quando se está diante da criança, quando se reconhece nesse pacote de músculos toda a selvageria do cavalo, acrescido do orgulho? É preciso prestar muita atenção aos decretos da criança e do homem. Se ela tomar a resolução de perder sempre, ela perderá sempre. Sim, ela vencerá os melhores prazeres como pode vencer os piores, por um desprezo providencial. Ela caminhará rumo ao problema como se vai ao suplício, com a certeza antecipada de não ir além, de que tropeçará exatamente naquele ponto. Todos conhecem esse sentimento de que se vai dizer uma tolice, e se fica amargamente resignado a isso; eu diria até orgulhosamente; pois o homem usa sempre o refúgio de não recear nada; e ele tem de estar sempre provocando alguma coisa.

Nesse aspecto a criança é mais homem que o homem. Ela não perde tempo para se condenar; ela corre de encontro à sua desgraça. "Eu nunca vou compreender"; é o que se diz sem demora, e é irrevogável com muito mais frequência do que se pensa. Toda a arte de ensinar está em nunca forçar a criança até esse ponto da obstinação. O que quer dizer isso? Calculem o obstáculo de modo que ela possa transpô-lo; e não insistam primeiro em todos os erros. Talvez seja preciso elogiar o que está certo e não considerar o resto, não falar sobre ele. Os ginastas do circo sabem cair, pois este é um outro tipo de exercício em que são exímios; assim, tentarão cem vezes, com a mesma alegria, com a mesma agilidade na centésima. Seria preciso aprender a se enganar de bom humor também. As pessoas não gostam de pensar; pois têm medo de se enganar. Pensar é ir de um erro a outro. Nada é totalmente verdadeiro. Da mesma forma, nenhum canto é inteiramente certo. O que faz da matemática uma provação temível é que ela não tem consolo para o erro. Tales, Pitágoras, Arquimedes não nos contaram sobre seus erros; não conhecemos seus raciocínios falsos; e isso é uma pena.

XXXIII

Assim que nos instruímos com vistas a ensinar, nos instruímos mal. Aquele que revê por inteiro o século de Luís XIV para falar adequada e ordenadamente a esse respeito por uma ou duas horas, não está absolutamente aprendendo história; eu diria que a está esquecendo. Mas ele a aprende se lê Motteville, Saint--Simon ou Vauban. Da mesma forma, aquele que volta à hidrostática para tirar alguma lição destinada às crianças, ilustrada por uma bomba com tubos de vidro, não aprende, mas esquece. Ele aprende se lê Tyndall, Huxley, Lyell, Maxwell ou Mach. Partindo disso, imaginem o ridículo de um ensino em cascata, em que o nível superior, ou seja, o professor de escola normal primária, aprende no nível médio, que é o do aprendiz de professor, a dar lições magistrais destinadas a crianças de sete anos. Nesse belo sistema, todo mundo volta a ter sete anos e quase ao linguajar das amas. E assim caiu a máscara da arrogante pedagogia.

Quero um professor primário tão instruído quanto possível, mas instruído partindo das fontes. O ensino superior instrui a partir das fontes. Que o futuro professor primário vá então ali e obtenha três ou quatro diplomas conforme sua preferência, dois de belas-letras e dois de ciências. Mas que não vá depois despejar tudo que sabe numa classe de criancinhas, onde se está ainda soletrando. É necessário que um professor primário seja instruído, não para ensinar o que ele sabe, mas para esclarecer algum detalhe ocasional, sempre de improviso, pois as ocasiões, os clarões de atenção, o jogo das ideias numa cabeça muito nova nunca são previsíveis. De modo geral, concebo a classe primária como um lugar onde o professor quase não trabalha e onde a criança trabalha muito. E não com essas lições que desabam como a chuva e que a criança escuta de braços cruzados. Mas com as crianças lendo, escrevendo, calculando, desenhando, recitando, copiando e recopiando. O velho sistema dos monitores recuperado, pois, para os erros mais pesados de ortografia ou de cálculo, é absurdo querer que o mestre os acompanhe e os corrija todos. Muitos exercícios no quadro-negro, mas sempre repetidos na lousa individual, e principalmente lentos, e retomando, e preenchendo grandes porções de tempo, sem muito cansaço para o mestre e em benefício das crianças. Muitas horas despendidas assim, passando a limpo nos bonitos cadernos; copiar é uma ação que faz pensar. Enfim, uma espécie de oficina. O que vocês pensariam de um mestre de pintura que pintasse diante dos alunos? Consequentemente, pouquíssima variação nos trabalhos, visto que a leitura, mais a recitação é a oportunidade para se aprender de tudo.

O mestre supervisionará do alto, liberado da preparação, dos monólogos estafantes e dessas ridículas reuniões pedagógicas em que se repisa as coisas em vez de adquiri-las. Livre da fadiga, e reservando tempo para si, ele se instruirá sem parar caso tenha se instruído primeiro na fonte; e ei-lo apto a guiar e a iluminar em algumas palavras, nos momentos raros e preciosos em que o espírito criança salta adiante. E, para preparar esses felizes momentos, sempre leitura, escrita, recitação, desenho, cálculo; trabalho de canteiro de obras, zunido de vozes infantis. O mestre escuta e supervisiona muito mais do que fala. Os grandes livros são os que falam; e será que há coisa melhor?

XXXIV

Frequentei no passado as lições de um homem superior, que às vezes tateava de modo a cansar a atenção, às vezes falava rapidamente e dizia coisas grandes e belas. O momento da inspiração era difícil para mim, pois eu valorizava a mais ínfima dessas palavras aladas tanto quanto o ouro e receava deixar escapar nem que fosse uma única delas; todavia, em pouco tempo eu conseguia acompanhá-lo e escrever, como se ele estivesse ditando o que o espírito lhe assoprava. Eu transformava assim a lição falada em aula ditada. Lembro-me também de um velhote que tinha copiado em La Harpe, ou talvez inventado, umas sentenças bastante sagazes e vez por outra brilhantes; ele as lia ou recitava com o tom e os gestos de quem está improvisando, com a ressalva de que trocava com frequência as palavras ao ler, dizendo, por exemplo, Jesus Cristo em vez de Jean-Jacques Rousseau, o que dava pensamentos imprevistos. Era uma aula ditada ou uma lição falada?

Os pais se assustam com tudo, e o aluno de colégio geralmente pinta um quadro horrível das provações a que é submetido. Pessoalmente não acharia ruim uma aula ditada, se fosse boa; eu criticaria uma lição falada, mesmo bela, se o aluno só tirasse dela umas lascas informes; mas temo sobretudo a aula viva, como dizem; nove entre dez aulas dessas não passam de gritaria em mau estilo, de que felizmente não sobrará nada; é tempo perdido. Se for para ser mal dito, é melhor simplesmente não dizer nada. O que é bem dito, raro e digno de ser considerado com atenção não é uma vez que se deveria escrevê-lo, mas vinte vezes. Escrever é belo e bom. Um homem experiente dizia:

> O que eu digo deve tomar forma no quadro-negro e, ao mesmo tempo, nos cadernos; é a provação do pensante, e não há outra. Jamais um orador pensou ao falar; jamais um ouvinte pensou ao ouvir. O Tempo devora seus próprios filhos. É por isso que a linguagem comum chama Pensamentos essas enunciações que voltam sem alteração nenhuma. Apoiando-se nesses objetos resistentes, o pensamento sai do reino das sombras. É por isso que a ação de escrever não é de modo nenhum contrária à reflexão, como se diz algumas vezes de maneira leviana; pois é preciso uma ação que disponha o corpo segundo

os pensamentos que se quer desenvolver; e não vejo nenhuma melhor do que a escrita para nos trazer de volta os devaneios, sempre errantes e fracos. E com o ensino se dá o mesmo que com todas as práticas; os que realmente pensam nele não têm a missão de falar dele. Como diz o provérbio, os conselhos são fáceis de dar, mas difíceis de seguir.

Fala-se sempre rápido demais, dizia o homem experiente; rápido demais tanto para si quanto para o outro. Mas, se pego o giz e se escrevo o que digo, mesmo assim é rápido demais. Se a minha sina fosse dar, na minha velhice, uma dessas aulas de que ninguém fala, gostaria de gravar com cinzel e no mármore o pensamento dos grandes homens, e às vezes o meu; e os ouvintes teriam cada qual uma tabuinha, um cinzel e um martelo. Por esse meio, o único aluno, a velha senhora e o cocheiro da velha senhora aprenderiam alguma coisa. Não é espantoso que um pianista qualquer talvez preste mais atenção na escala do dó ou do fá do que um pensador tenha prestado atenção no pensamento de um outro ou até no seu próprio? A lenda diz claramente que é preciso acorrentar Proteu, se se quiser tirar algo de proveitoso dele. Mas quem acorrentará o Proteu dos cursos públicos? Talvez um verso de Virgílio sendo recopiado tantas vezes e recitado tantas outras. Nossos humanistas salvam o pensamento. Mas o método lento deles também não fica tão longe da minha tabuinha de mármore, do meu cinzel e do meu martelo.

XXXV

Todo homem já passou pela experiência de ouvir uma série de lições. Aquele que quer se instruir por esse meio e não espera encontrar em outro lugar as noções que lhe são ali expostas, toma uma decisão heroica; ele assume ser estenógrafo durante uma hora. Anota tudo, com a atenção focada apenas em ouvir bem e em transcrever com sinais suficientes. Depois passa a limpo todo o discurso, não sem esforço; e é preciso reconhecer que esse trabalho de reconstituição exercita o juízo mais do que qualquer outro. Os sinais nos esperam e nos trazem de volta; assim a imaginação não nos leva à dispersão; o pensamento, como um todo, nos é familiar o bastante; entre esse pensamento pressuposto e os sinais que o determinarão melhor, com toda certeza a nossa reflexão se exerce; inventamos sem ter de criar. Acrescento que, mesmo no trabalho estenográfico, por esses movimentos regrados e fáceis, o corpo fica solto e a atenção corre para frente, movimento de espírito livre e justo. E é o suficiente para que a lição magistral seja sempre boa de se ouvir. Mas para tanto são necessárias duas condições: a corrida da pena durante o discurso e a elaboração formal depois. A que alunos pode convir a lição magistral, é o que se compreende sem dificuldade.

O ensino primário adota de bom grado o procedimento das lições magistrais; pelo menos é assim que o futuro professor primário é formado por pedagogos ambiciosos que ignoram o ofício. O professor primário se forma de maneira totalmente diversa por sua própria experiência, como é fácil de conceber; mas ele não pode desprezar inteiramente a lição magistral porque há um representante da pedagogia abstrata – o inspetor. E o inspetor está encarregado de averiguar não se as crianças aprendem alguma coisa, mas se o professor trabalha. Se o professor, sob as vistas do pedagogo delegado, tomasse uma hora para fazer os alunos escrever, e mais de uma vez, as palavras correntes e os exemplos simples, como é seu dever, o pedagogo julgaria que o ofício de professor primário é um tanto quanto fácil demais. Assim sendo, sobrevivem as tolas lições de história e de moral, e as lições de coisas, ainda mais tolas, diante de crianças que ignoram o sentido das palavras.

É impossível, e isso se pode entender, que um aluno de escola primária redija; não seria um exercício ruim se lhe propusessem reconstituir por escrito uma só frase que tivesse acabado de ouvir; mas com apenas trinta alunos seria preciso meia hora para uma frase. O pedagogo julgaria que não se progride muito, e o deixaria claro. De mais a mais, o aluno é incapaz de tomar notas pegando tudo no ar. Então todos ficarão com os braços cruzados, com os olhos fitos no rosto do mestre, atentos como se fica diante de uma exibição de truques de mágica. Essa expressão do rosto é muito enganadora; não há personagem mais estúpido do que o ouvinte bebendo as palavras e fazendo que sim com a cabeça. Só que o pedagogo inspetor desconhece tudo isso; é um policial que vem para ter certeza de que o professor preparou a lição. O ofício de supervisionar torna a pessoa estúpida e ignorante; sem exceção. Sei que muitos inspetores enfrentam as distâncias faça chuva ou faça sol e dão mostras de uma dedicação admirável; ótimo; mas nem por isso tornam-se mais ajuizados. Lamento dizê-lo e magoar esses bravos policiais; mas isso tem de ser dito. Tem de ser dito que toda lição que o guri não lê ou não escreve é uma lição perdida. Tem de ser dito que esses pedagogos faladores acabarão tornando inviável um ofício já difícil e o qual ainda por cima não conhecem.

XXXVI

Se os pedagogos não tiverem a atenção desviada para outras presas, ocorrerá que os professores primários saberão muitas coisas e que os alunos não saberão absolutamente mais nada. Só há uma única maneira de inculcar a ortografia e a gramática numa cabeça de criança: é repetindo e fazendo repetir, é corrigindo e fazendo corrigir. A criança apresentará seus erros no quadro-negro, aos olhos de todos, e recapitulará as conjugações com o giz em punho. Se for preciso fazê-lo entender a concordância dos particípios,[4] não será um exemplo que ele escreverá, atento ao mesmo tempo à ortografia, mas dez exemplos; e todos os escreverão em suas lousas individuais, e os recopiarão com caligrafia caprichada em seu caderno. Esses exercícios devoram o tempo; pode acontecer de se levar uma hora para emendar uma única frase. Os professores de piano não se espantam com o fato de uma criança aprender tão pouca coisa em uma hora. Mas os pedagogos desprezam esse método tolo que é o de todas as oficinas. Um inspetor dizia a uma professora primária a qual tinha corrigido dez erros com vinte exemplos: "Quando a senhora dará a lição?".

Dar a lição é falar mantendo sob seu olhar trinta cabeças erguidas; é expor em linguagem ruim a regra dos particípios; é manter esse esforço de atenção, de memória e de garganta muitíssimo conhecido dos oradores e dos conferen-

---

[4] No pretérito perfeito e demais tempos compostos. Regra gramatical tradicionalmente tida como difícil na língua francesa. (N. T.)

cistas; é forçar as cordas vocais até ficar com enxaqueca; é condenar-se a ter na cabeça duas lições para uma hora; eu poderia dizer três lições para cada manhã, e duas para cada tarde, se as instruções, que me atrevo a chamar de ferozes, fossem seguidas à risca. Entretanto, há bons livros; e se as crianças lessem cada uma por sua vez ao invés de escutar, toda lição seria ao mesmo tempo uma lição de leitura; e sabe-se que a leitura é o que há de mais difícil, e é a condição de toda cultura, por mais humilde que se suponha que seja. Mas os pedagogos estão vigilantes; eles só se satisfazem com a lição eloquente, comovente, viva.

Notem que a experiência foi feita. De uma lição magistral não sobra quase nada depois de oito dias, e absolutamente nada depois de quinze dias. É recitando, lendo, copiando e recopiando que a criança retém no fim alguma coisa. Todo mundo sabe disso, mas o inspetor que se senta numa classe como no teatro quer ouvir um monólogo bem elaborado, ou então um desses diálogos regrados em que duas ou três crianças atiram as devidas respostas no lugar previamente estipulado. O bom-senso pediria, contudo, que o inspetor não escutasse nunca o mestre, mas investigasse tão só o que as crianças sabem. Se eu tivesse de avaliar uma classe de piano, gostaria de escutar os alunos, e não o mestre; e se os alunos soubessem o que devem saber, então eu pediria ao mestre que ele fizesse a gentileza de me ensinar a pedagogia. Mas, já por essa mera observação, bem se vê que não nasci Importante. "As pessoas de qualidade sabem tudo sem nunca terem aprendido nada."

XXXVII

Aulas magistrais são tempo perdido. As anotações feitas nunca servem para nada. Notei que no quartel não só se explica em estilo claro o que é um fuzil, mas solicita-se a cada um que desmonte e torne a montar o fuzil usando as mesmas palavras que o mestre; e aquele que não tiver feito e refeito, dito e repetido, e isso mais de vinte vezes, não saberá o que é um fuzil; ele terá apenas a lembrança de ter ouvido um discurso de alguém que sabia. Não se aprende a desenhar olhando um professor que desenha muito bem. Não se aprende a tocar piano escutando um virtuose. Da mesma forma, como eu disse com frequência a mim mesmo, não se aprende a escrever e a pensar escutando um homem que fala bem e pensa bem. É preciso tentar, fazer, refazer, até que o ofício entre na cabeça, como se diz.

Não se consegue encontrar essa paciência de oficina em nossas salas de aula, talvez porque o mestre fique se admirando a si mesmo nas suas falas; talvez porque toda sua carreira dependa desse talento que ele demonstra de falar bastante tempo sozinho; provavelmente também do fato de que o ensino tem por objetivo distinguir alguns indivíduos de elite, que conseguem por si macaquear e inventar; pois é bem verdade que não há lugares importantes para todos. Seria preciso imitar a penosa paciência do instrutor militar, que quer que todos saibam desmontar e montar seu fuzil; pois não se trata só de ensinar o ofício a dois ou três instrutores; todos devem sabê-lo. Portanto, se, por princípio, se determinasse que pensar, falar e escrever são as armas do homem, em vez de desmontar e montar diante deles em alguns meses todos os sistemas conhecidos de fuzis, eu quero dizer, todas as maneiras de falar e de raciocinar, se entregaria todas as peças nas mãos deles até que soubessem primeiro montar uma arma, depois outra. E os mais hábeis não perderiam com isso, pois, ao recomeçar mais de uma vez o que eles sabem fazer, eles ficariam bem familiarizados com aquilo; e esse tipo de saber, que está na ponta dos dedos, é sempre o que faz falta. Por exemplo, se alguém quer escrever peças de teatro, eu lhe direi: "Seja ator, seja o ponto, seja um copista; assuma, se puder, todas as funções do ofício; e ao mesmo tempo escreva vinte ou trinta peças; depois se poderá saber se você é capaz de escrever uma".

Então o que seria uma aula, nesse esquema? Seria assim: você elabora três frases diante da audiência, que escuta, em vez de escrever a toda velocidade. E cada um tem de tentar reproduzir depois as três frases com caligrafia bonita. Os mais hábeis mudarão um pouco, o que é inventar; os menos dotados cometerão erros bem visíveis, e bem fáceis de corrigir. Todos esses deveres serão vistos pelo mestre, e emendados na hora. Depois eles aprenderão a intercalar uma frase entre outras duas, ou a completar as três frases com uma quarta; não sem variações e invenções, entre as quais as melhores terão a honra de ir ao quadro-negro; e é ali que se dará a última limpeza. E mais ainda: estando tudo apagado, será preciso refazer, recitar, variar enquanto se recita, procurar exemplos, mudar de exemplos. Dir-se-á que é demorado; mas para que serve um trabalho que não deixa nada?

O grande inconveniente de um método desses é que, sendo um tanto difícil de pôr em prática, ele não parece ser um. O mestre não trará um maço de deveres corrigidos e vinte páginas de preparações; ele não chegará cansado, como um verdadeiro trabalhador. Ele improvisará e, se ignora alguma coisa, fará que se abra o dicionário. A hora passará bem depressa e o inspetor achará que esse dinheiro foi fácil de ser ganho. Ele aprecia bem mais o pensador nas alturas, que estende fios por cima dos abismos enquanto os jovens espectadores admiram o acrobata.

XXXVIII

O problema da leitura corrente é admirável e difícil. Enquanto ele não estiver resolvido, não diferenciem os que sabem ler dos que não sabem. A leitura hesitante não serve para nada. Enquanto o espírito estiver empenhado em formar as palavras, ele deixará escapar a ideia. Esses cartazes luminosos em que a frase parece sair de um buraco como uma serpente para se atirar imediatamente em outro são lições novas e excelentes. Dizem que vivemos atualmente na velocidade, arrastados no ritmo das máquinas. Não exageremos; o passeio de domingo ainda se faz com o passo de sempre; e não faltam os amadores da perambulação, da vara de pescar, os que param por causa de um quadro ou de um móvel antigo. Mas lucramos num ponto, que é o de fazer rapidamente o que não merece que a gente se demore. Soletrar uma tabuleta, isso é ridículo; é preciso apreendê-la num relance; e deve-se pegar a maior parte do que há no jornal às carreiras. Os títulos, e algumas palavras de peso, é o quanto basta. Em suma, é preciso saber ler impressos como o músico experiente lê música.

Paramos na época em que se lia para si mesmo e em que se ouvia a si mesmo lendo. Porém esse orador que fala consigo para dizer a si mesmo que a cidade fica a cinco quilômetros e que os franceses representam *Andromaque* [Andrômaca], esse orador não pertence ao tempo de hoje. Ele não sabe ler; e mesmo que leia o jornal em voz alta e para outras pessoas, não tenho garantias de que ele entenda o que diz, ocupado como está em fazer bater os sons com os signos. Essa parte oratória da arte de ler deve ficar apagada; não é útil que eu imagine sons quando leio; é tempo perdido. E o ser humano resvala tão depressa no costume que me pergunto se alunos de escola não aprendem a ler devagar dado o exercício de ler em voz alta. De mais a mais, em todas as operações do espírito que dependem de um mecanismo, seria necessário, e desde o princípio, recompensar a velocidade; pois a lentidão, que nos detém em tolices, é seguidamente um costume e uma espécie de mania. O cálculo mental é uma parte brilhante e nova do nosso ensino. Ali, o mestre e até o aluno vivem inventando novos meios de correr sem se enganar. Esse tipo de exercício é saudável para o espírito; é desdenhar a função mecânica, é governá-la do alto, é se desenredar, da mesma forma que aquele que aprende a caminhar, a correr, a trepar, a nadar, a caçar coelhos.

Mas ler, não se ousa correr com isso; resta aí certa majestade. Lê-se a passadas de senador, como disse alguém. Diz-se com frequência que é preciso aprender devagar, e que essa é a maneira certa para avançar depressa, do que não tenho tanta certeza; ao contrário, notei que muitas vezes é mais fácil agir rápido; e por quê? Porque com isso se fica livre desses pensamentos prontos a tomar atalhos, desses devaneios instantâneos que caracterizam os desajeitados. Tão logo a atenção se demora, ela se desvia. Tive nesse ponto uma experiência que devo aos acasos da guerra. Ensinei o alfabeto Morse, e isso pelo som, a equipes de sinaleiros que não eram letrados; e, depois de ter tateado um pouco, tive certeza de que a rapidez nos exercícios estimulava a atenção. Nesse caso dá-se o mesmo do que com o cálculo mental, em que a rapidez nunca deve ficar separada da segurança. Então como fazer? Basta escolher os primeiros exercícios para que o aprendiz possa andar bem depressa sem se enganar; e, resumindo, em vez de ir do vagaroso ao ligeiro, o que é enganoso, é preciso ir, e sempre velozmente, do simples ao complexo. E notei que esse método duro agrada, e é aquele que também forma o caráter. Aprende-se a contar como se aprende a atravessar a rua; não se trata de andar lentamente; é preciso aproveitar o momento, aprender a dispor de si e agir rapidamente, sem medo algum.

Como transferir essas regras para a leitura? Seria preciso ler frases que passam por uma tela ou que seriam mostradas por um breve momento e depois ocultadas; a seguir se escreveria o que se leu. Por esse mesmo exercício se aprenderia ortografia. Num relance se reconheceria uma palavra e uma frase, como se reconhece alguém. Ganha-se ou perde-se; e se recomeça. Eis aí algo que desperta. Poder-se-ia também fazer um cartaz aparecer, e depois desaparecer; a proposta seria reter o importante; exercício de pensamento, notem bem, exercício de julgamento. Sem contar que as páginas densas de um prosador ficariam utilmente clareadas por esse olhar de exploração, que vai do conjunto aos detalhes. Pois, afinal, a página toda é verdadeira ao mesmo tempo, e ocorre com frequência que o fim explica o princípio. Ao passo que aquele que faz uma leitura hesitante, e tropeça numa palavra difícil, rompe o pensamento em pedacinhos. Isto é formar espíritos gaguejantes, que brigam à porta em vez de entrar.

XXXIX

Saber ler não é só conhecer as letras e fazer soar as combinações de letras. É andar rápido, é explorar numa olhadela a frase inteira; é reconhecer as palavras pela sua aparelhagem, como o marinheiro identifica os navios pelo aparelho. É desconsiderar o que está óbvio e enfrentar diretamente a principal dificuldade, como fazem tão bem os que sabem ler música. Ora, esse ritmo vivo, que não deixa de apresentar certos riscos, mas em que se tem o prazer de adivinhar, não é o do aluno de escola com o nariz enfiado no livro e acompanhando com o dedo uma sílaba após a outra. Nesse trabalho penoso de decifração a atenção fica sonolenta. Seria preciso ler depressa; porém, se cairia no gaguejamento. Há métodos engenhosos cuja meta é fazer reconhecer as letras, porém a dificuldade não está em reconhecer as letras. Não creio que tenham procurado algum método que desperte o espírito de conjunto e que possa livrar da obrigação de soletrar. Os mais bem dotados conseguem chegar a isso sozinhos; dever-se-ia levar os demais a fazer a mesma coisa, pois aposto que o que os segura é algum escrúpulo, uma desconfiança para consigo mesmos; eles leem como se capina com a enxada; um torrão depois do outro, e com o espírito todo preso ao gume da lâmina. Ora, tenho plena certeza de que o menino corajoso que arranca assim uma sílaba depois da outra pode decifrar a Bíblia inteira sem fazer nenhum progresso. O andar de um ofício é sempre lento; mas aqui não vale nada. De passo em passo se vai ao longe; mas, quando se lê, o importante não é chegar ao fim da linha; é preciso primeiro ir correndo até lá e voltar. A virtude que trabalha não é a mesma que aquela que lê.

No tempo dos concursos de declamação, quem não confiasse totalmente em sua memória trapaceava um pouco não para obter uma boa colocação, mas para evitar o castigo; o vizinho cúmplice aproximava um pouco seu livro, aberto na página certa; uma só espiada então, respaldada pela memória já preparada, colhia uma massa desses signos preciosos, que, entretanto, nem sequer estavam ao alcance da vista; mas todos sabem que se lê de bem longe quando se sabe mais ou menos do que se trata. Excelente exercício. Não vejo porque a criança não leria às vezes textos que conhece praticamente de cor. E talvez se pudesse mostrar-lhe o texto com eclipses, como são mostrados ou se desenrolam os painéis luminosos. A palavra *philosophie* [filosofia] é como que um recife dificilmente abordável quando se tenta, por assim dizer, se agarrar a ela com as mãos; mas o conjunto da palavra é tão fácil de reconhecer quanto um carrinho de mão ou uma locomotiva. Se uma palavra assim aparece integralmente num piscar de olhos, o espírito se sai melhor; ele a avalia, ele a domina. Uma frase curta, e até uma sentença com orações incidentes, seria reconhecida sem demora se fosse vista várias vezes aparecendo e logo depois desaparecendo. Treinado nesse pisca-pisca, o espírito ficaria à espreita de forma adequada; não partiria para um assalto das sílabas; ele aplicaria aí essa súbita iluminação do julgamento, que os iletrados experimentam às vezes de modo fulminante com outras coisas. A atenção ficaria de prontidão para se entregar totalmente, como no momento em que se dá um pulo. Trata-se de aprender a ler, e também de aprender a pensar, sem nunca separar um do outro. Ora, uma sílaba não tem sentido, mesmo uma palavra não faz muito sentido. É a frase que explica a palavra.

Quando tomo um ônibus, me divirto, como todo mundo faz, lendo as propagandas coladas no vidro as quais ficam viradas pelo contrário; nessa situação fico parecido com um iletrado; pois reconheço facilmente cada letra, mas o conjunto da palavra me é completamente estranho. Soletro, mas nunca tenho essa percepção instantânea, tão fácil, à qual ninguém dá atenção, que me possibilita reconhecer uma palavra como reconheço um rosto. E se eu tivesse o costume de examinar um rosto por partes, o queixo, o nariz, os olhos, jamais reconheceria um rosto. De resto, se a regra dos nossos pensamentos fosse ir do detalhe ao conjunto, nunca pensaríamos nada, pois todo detalhe se divide, e isso de modo infinito. O espírito de conjunto é o espírito. Por isso, de qualquer forma, soletrar pode muito bem ser um péssimo ponto de partida.

XL

Ninguém pode pensar o que diz, pois seu pensamento é diferente do que ele diz. Escutem a falação; o pensamento chega ali sempre um pouco atrasado. O que digo vem recobrir o que eu disse. Todos conhecemos algum desses faladores que estão sempre a ponto de pensar. O discurso é propriamente descomedido, pois, em certo sentido, ele dá prosseguimento a si mesmo, e cada fala depende da anterior, mas em que sentido? No mesmo sentido em que um gesto segue outro gesto. O homem traz de volta os braços para junto do corpo pelo simples fato de terem sido estendidos. Trata-se apenas de um jogo de órgãos mais escondido, que uma palavra segue outra, que o agudo sucede ao grave e o fricativo ao sibilante. Dou ouvidos a seus motivos, se posso dizer assim; mas sua boca não pode manter a mesma forma, nem sua garganta vibrar do mesmo jeito. Esse discurso já está regulado como o murmúrio do mar, sempre balanceado. Essa espécie de memória esquecida é a causa de todas as discussões.

Tudo que se inventa sobre a educação é miserável, por falta de reflexão sobre a dificuldade de pensar. Admira-se o linguajar da criança, espécie de canto de pássaro que ela imita sem saber, como imita sem discriminação até o velho papagaio, tão bem adestrado, que o homem importante indaga. É difícil desprezar esses conluios de inteligência em que a inteligência fica toda sob responsabilidade do outro, sem nenhuma responsabilidade a seu próprio encargo. Enquanto a criança não repetir exatamente o que ele disse, enquanto ela não pensar o que ele disse, enquanto não pensar o pensamento dele, nada feito. Assim se vê que os ignorantes que procuram sabedoria se apoiam nos provérbios, que são poemas ingênuos em que a cadência e a assonância são como marcas que servem de pontos de referência para a mente. Um pensamento desses se firma, mas absolutamente não se desenvolve. Os poemas mais completos ainda retêm o espírito; o conformam; não o libertam.

É a prosa que liberta. A prosa repele a memória cantante. A única prosa possível é a lida; assim, saber ler é tudo. Cada um compreende que aquele que sabe ler poderá se instruir; mas a virtude de saber ler não está toda aí; ela está no primeiro momento de ler, no maravilhoso momento de compreender o que se diz; nesse momento libertado da memória e do perigo de se perder, pela virtude desse objeto invariável, preto no branco, o livro. Modelo dos nossos próprios pensamentos; improvisação que permanece; liberdade fixada. Não é mais o ritmo que conserva; é a coisa que conserva. Assim passo pela experiência de um pensamento que tenta sem se extraviar.

Houve um tempo de provérbios, de poemas, de narrativas invariáveis. Tempo de crença; e não importa muito se o que se acredita é verdade ou não. Há todo bom-senso possível nas fábulas antigas; mas, pela necessidade da memória, e pelo medo de se extraviar, o espírito é um servo. Talvez se devesse dizer que, na antiga sabedoria, não havia esperança; sempre os mesmos caminhos, e o mesmo fim. A mesma ordem, a mesma velocidade, as mesmas pausas, assim é o reino da memória. Ler corrige primeiro esse medo de pensar mal. Ler cantando é mera aprendizagem. Ler com os olhos, experimentar o objeto invariável, explorá-lo num relance, voltar a ele, é a perfeição do ler. Os pensamentos de aventuras encontram aqui um sustento, um início de esperança, pela perspectiva da arte de escrever. E é isso que se deve almejar, pelos exercícios em que se entremeiam ler, reler, copiar, imitar, corrigir, recopiar, eu diria até imprimir; pois por que a criança não daria a seus pensamentos, revistos, corrigidos, desbastados, essa forma arquitetural? De resto, é sempre bom imitar, ao escrever, as formas tipográficas, pois o impresso é agora o rei do espírito. Assim, sempre se apoiando na regra da antiga sabedoria, que é a de não mudar nada nos pensamentos, se aprenderia pouco a pouco a mudar conservando. Trata-se de duvidar e crer num mesmo movimento.

XLI

O professor primário, que era um homem experiente, dizia e tornava a dizer a seus jovens auxiliares que o principal era ler, ainda e sempre.

> Que seja história, ou física, ou moral, cumpre que o livro seja o professor-chefe e que vocês próprios sejam os auxiliares do livro. Comecem por se submeter ao livro, lendo vocês próprios, claramente, eloquentemente, como se deve ler; depois as crianças vão reler a mesma página, e isso mais de uma vez. Certifiquem-se de que cada um esteja lendo baixinho; e, para manter a atenção desperta, mudem com frequência o leitor, sempre de improviso. Confesso que não é divertido; mas não estamos aqui para nos divertir.

Mediante o uso desse método severo, praticamente não se encontrassem iletrados naquelas cercanias. De modo que era por ali que os chapéus dos inspetores ficavam passeando.

Um dia vieram três de uma vez, enfileirados por ordem de importância, e o velho professor com eles. O jovem mestre absolutamente não era tímido; entretanto, não teve a coragem de fazer os pequenos homens irem decifrando sílabas e colocando as dentais, as fricativas e as guturais nas devidas posições. Mas, partindo do que se lia, que era história, ei-lo que deslancha a contar, e todas as crianças a devorá-lo com os olhos, de braços cruzados em cima do livro. E chegavam os normandos em seus barcos, e havia combates, e saques, e tratados, e casamentos. E o bom rei Rollon, e as joias penduradas nas árvores, e os castelos e os vassalos, e os proclamas e os chamamentos à guerra, o estandarte e a armadura, enfim, um cenário de ópera. Ele até desenhou um mapa do Sena, e às margens sinuosas, às beiradas íngremes, tinha-se a impressão de ver os normandos correndo e trepando feito formigas, com as outras formigas alarmadas.

As crianças tinham muito gosto nessa outra maneira de aprender e pode-se imaginar que seus olhos diziam muito, vertendo uma parcela de agradecimento também às três potências favoráveis.

"Aula viva", disse o mais velho dos três. "Ia dizer isso mesmo", essa foi a opinião do segundo; o terceiro opinou com a cabeça que não foi feita só para usar chapéu. Com isso o mais velho retomou: "É preciso interessar as crianças; está tudo aí". Resumindo, os dois professores primários receberam mil cumprimentos, e as crianças foram dispensadas.

E eis o que dizia o velho mestre ao jovem no fim daquele mesmo dia:

> Aí está algo, ele disse, que acaba com o efeito de três números do *La Croix*, esse jornal que nossos chefes tanto temem. E não acho ruim que você tenha optado por divertir essas três velhas crianças; são homens fracos, que se jogaram sobre sua mísera honra em vez de aprender seu ofício. Às velhas crianças o que convém às crianças; mas, meu caro, às jovens crianças o que convém aos homens, isto é, o esforço, a atenção sem paga antecipada e uma arte nodosa que dará frutos em seu tempo. Coisa difícil é o belo, como diz o provérbio, e quem só conseguiu se divertir com o violino nunca saberá tocá-lo. Aliás, não me espantaria se algum desses pequenos camponeses o desprezasse um pouco hoje, a você, e a mim, e a esses três senhores; pois não é em casa que aprenderão a ter grande estima pelos mercadores de prazeres, nem pelos mostradores de figuras. E a grande questão não é despertar a inteligência nesses petizes, pois eles são bem astutos, e sim, mais propriamente, regrá-la conforme o impresso, que é a nossa própria arquitetura e a nossa própria catedral. Monumento em paga de monumento; mas vamos dizer melhor, monumento sobre monumento. Felizmente a época da eloquência já passou.

XLII

Nota-se que há muitos iletrados. Mas como poderia ser de outra forma? Os programas do ensino primário são para lá de ridículos. As escolas são universidades abreviadas, onde um único mestre, de quem, antes de tudo, se exige que saiba tudo, fica encarregado de falar de tudo em lições de meia hora, todas elas tendo de ser preparadas por ele em algumas folhas, ao estilo dos conferencistas. Na prática, o mestre não demora muito a esquecer essa pedagogia ambiciosa e, em compensação, aprende seu ofício. Quando seus alunos sabem ler, escrever e contar, ele já fica bem contente. Entretanto, um conselho de bem-falantes vem descobrir se não se esqueceu algum conhecimento constante dos programas e útil de se ter, em higiene, agricultura, cozinha, física, química, sociologia, moral, estética; e assim os bem-falantes acreditam ter feito alguma coisa.

Pode acontecer de os mestres, sobretudo jovens, terem gosto em discursar; e de os alunos não terem menos gosto em escutar; é uma trapaça da preguiça. Só que ninguém se instrui escutando; é lendo que nos instruímos. Ora, se há em algum lugar uma escola modelo em que o horário das atividades seja seguido ponto por ponto, em que ocorram engenhosas lições sempre respaldadas por experiências simples durante as quais as crianças deixam ver pela sua imobilidade, pelo fogo dos olhres, todos os sinais da mais fervorosa atenção, você pode ter certeza de que ali os alunos não sabem ler. Os bem-falantes não farão essa experiência, que julgam demorada, entediante e abaixo de seu nível. É ao mestre que cabe julgar os pimpolhos, e é aos inspetores que cabe julgar o mestre. Por isso o inspetor ouvirá com deleite alguma lição sobre o coração ou sobre o pulmão, ilustrada com alguma peça de açougue. E é certo que o iletrado se interessa por essas coisas, e até guarda na memória algumas verdades resumidas e inúteis; só que ele não sabe ler.

Escrever e contar, isso se aprende até que depressa. Ler é que é o difícil, quero dizer, ler com facilidade, com vivacidade, sem esforço, de modo que o espírito não se atenha à letra e possa prestar atenção ao sentido. Conheci um iletrado, em idade de prestar o serviço militar, que tinha a ambição de aprender a ler e conseguiu com muito custo soletrar. Como um de seus camaradas lhe perguntasse: "O que diz aí seu jornal?", ele respondeu: "Não tenho a menor ideia. Estou lendo"; porque ele estava ocupado em traduzir as letras em sons; isso ocupava todo o seu pensamento. É preciso ultrapassar esse momento, que é o da leitura escrava; ora, o mais comum é que o homem feito não consiga isso; a infância pode fazê-lo, mas com a condição de ler e ler sempre mais. Se o aluno sair da escola ainda gaguejando e hesitando, ele não tomará gosto em ler; até esquecerá o pouco que sabe.

Se eu fosse o chefe dos bem-falantes, teria na mesma hora mandado de volta ao açougueiro o coração e o bofe de vitela. Todas as lições seriam de leitura; leriam a história, a geografia, a higiene, a moral; e em se guardassem de todas essas leituras só a arte de ler, eu julgaria isso suficiente. Expulsaria da minha escola todos os tipos de eloquência, e até as explicações da leitura comentada, que não têm fim. Leria, releria, cada um por sua vez lendo em voz alta, todos os demais acompanhando e lendo baixinho; o mestre supervisionaria, e já teria bastante trabalho com isso. Ele seria avaliado por aquilo que seus alunos saberiam, não por aquilo que ele saberia; e eu não perguntaria se o aluno sabe algo sobre a história da Revolução, e sim se ele é capaz de ler sobre ela em Michelet, com facilidade, prazerosamente, como um espectador, da maneira como um músico lê música. É uma pena! Conheço bem os intervalos de quarta e quinta, melodia e harmonia; mas sou uma espécie de iletrado em música; não leio, soletro. Por falta desse primeiro saber, que só se adquire bem na infância, os conhecimentos superiores me são praticamente inúteis.

XLIII

Mentalizem uma escola pública onde se tenha, para as crianças de uma certa faixa etária, seis classes e a mesma quantidade de professores primários. Eu suponho ser ideólogo e encarregado de inspeção. Noto que esses seis professores primários têm aptidões diferentes e decido que cada um ensinará apenas o que sabe melhor. Muito sensato. Assim, um dos professores irá de classe em classe trazendo a escrita, o desenho e a geometria, outro levará a passeio de uma classe a outra belos discursos sobre Joana d'Arc e Bayard, outro se encarregará da gramática francesa e ainda outro da educação moral. Todos aqueles que conhecem um pouco o ofício anunciarão os resultados, e os resultados serão detestáveis, conforme a predição. Mas por quê? Vamos lá, digamos o porquê. As causas menores não devem ser descuidadas; elas são invencíveis.

A questão aqui é de disciplina, exclusivamente de disciplina. Manter a ordem numa classe de quarenta alunos que se vê duas vezes por dia, em que se é o único mestre, é um ofício possível. Manter a ordem em seis classes, onde se aparece só uma vez por semana, para ensinar só uma determinada coisa, é um ofício impossível. Os professores de liceu sabem muito bem disso; embora não confessam de livre e espontânea vontade. Tal homem instruído e conhecedor de seu ofício é, com toda a razão, respeitado por seus alunos principais, com quem ele se encontra todos os dias; o mesmo homem, se também estiver encarregado de ensinar o francês uma hora por semana a outros alunos, passará por momentos difíceis. Na melhor das hipóteses, fará com esses estranhos uma espécie de contrato humilhante; falará em meio ao silêncio, e os alunos ficarão fazendo outra coisa. Tempo perdido; professor profundamente irritado, cansado, sem entusiasmo, sem ânimo. Quem fará o cômputo dessas horas desperdiçadas? Mas não se fala nesse assunto.

Há coisa ainda pior, isso mesmo, pior, se de vez em quando se mistura com os alunos principais algum grupo estranho. Em geral, há sempre desordem numa reunião de alunos que não têm o costume de estar juntos. Cada um adivinhará as causas sem dificuldade. É por aí que o amálgama, como se diz, devia dar frutos amargos. Bem se sabia; ninguém tinha a menor dúvida quanto a isso. Mas fez-se a tentativa, porque as razões do fracasso tão exatamente previsto são das que não se pode dizer; e também porque as tentativas são decididas em parte por homens que ensinavam bem, mas que não ensinam mais; em parte por outros que ensinavam mal e, exatamente por esse motivo, optaram por administrar; em parte pelos homens das repartições, que nunca ensinaram, que não seriam capazes de ensinar, e que eu me permito chamar os iletrados da instrução pública. Esses aí são primeiros-sargentos, por assim dizer, que conhecem um pouco de direito prático e administrariam também, ou não administrariam tampouco, barcos, eclusas, teatros, o pão das tropas ou o mobiliário nacional. A tais homens, e até aos demais, basta, tão logo seu tempo de serviço nesse estranho ofício tenha envelhecido de alguns anos, que uma classe seja acompanhada durante oito a dez horas por um professor diplomado e responsável. Duas horas de francês são computadas como se contam vassouras. Se for constatado que essas duas horas não bastam, acrescenta-se uma, dada se necessário por outro professor com carga horária não preenchida. E fica tudo bem, no papel.

Será que uma administração central já procurou um dia outra coisa? Quer se trate do Teatro Nacional da França, de um asilo, de uma piscina, de uma prisão ou de uma escola, não é sempre uma questão de tempo de serviço, de promoção, de títulos, de favores, de solicitações, de créditos, de economias, de horários? Audiências e dossiês, conflitos entre repartições, detalhes jurídicos, precedentes, é sempre a mesma arte de governar sem saber. Torpedeiros, aviões, cozinhas, pensionistas, mutilados, danos de guerra, vacinação, ensino, pontes, vias públicas, inundação, dá tudo na mesma. Tudo isso dá ensejo a um mesmo trabalho abstrato que todo administrador compreende na hora, e que ninguém mais compreende.

XLIV

Se eu fosse diretor do Ensino Primário, proporia como meta única ensinar todos os franceses a ler. Digamos também a escrever e a contar; mas isso não é problema; e conheci gente que não sabia ler e que calculava muito bem. A verdadeira dificuldade está em aprender a ler. Quanto às lições de física, de química, de história ou de moral, considero-as completamente ridículas se não capacitarem primeiro a que se leia física, química, história e moral. Falo em ler com os olhos; isso define para mim uma época da humanidade em que mal acabamos de ingressar.

Escutar, recitar e até ler em voz alta é uma disciplina do espírito ainda bárbara, perfeitamente representada pela missa e o sermão. Já se dissertou o bastante acerca das discussões, sempre inúteis, tão frequentemente nocivas, mas sem chegar à verdadeira razão, que é que sustentamos então nossas opiniões, sem nenhuma metáfora, por uma ação física contínua. Escutar é sempre correr, sem jamais poder voltar; ou então é preciso reter, aprender, portanto repetir. O mecanismo se organiza, o hábito nos toma. Tão logo apanhamos alguma opinião, ela é que nos apanha. Isso mesmo, assim que uma opinião tem alguma consistência para nós, ela tem força também; nós a formulamos contra nossa própria vontade.

Mas ainda não é tudo. Quando o corpo entra em jogo, as paixões entram em jogo. Falar esquenta. Falar nunca se dá sem gestos, principalmente quando se tem de elevar um pouco a voz e dominar o mais leve tumulto, o que não se faz sem raiva. E a raiva, por sua vez, deforma a opinião; sem contar que tem peso de prova com frequência, por contágio, até para aquele que fala; pois o orador convence continuamente a si mesmo, mediante um puxão do corpo. Essas forças temíveis, que sempre escoltam a eloquência, tomaram as rédeas da história do mundo durante longos séculos. E os mais atrasados ainda acreditam numa magia das palavras, porque não conseguiram desenredar esse emaranhado das causas que fazem que o efeito das palavras seja desproporcional ao seu sentido.

Ler com os olhos é algo totalmente diverso. A opinião fica então fixa e exterior, como um objeto. Não invisto mais meu esforço em sustentá-la repetindo-a; coloco-me diante dela, sem me agitar, sem alimentá-la com meu sopro como se fosse fogo. Considero-a várias vezes, em todas as suas partes, sem essa inquietação do homem que segue seu próprio discurso ou o discurso de outro. Deixo-a, retomo-a. Eu a seguro, ela não me segura. Essa função de árbitro, mesmo em relação a meu próprio pensamento, eu a exerço primeiro como contador, ou como algebrista, ou como geômetra; meu pensamento é objeto; ele está diante de mim, eu o experimento e o ponho à prova; e ainda melhor dali a oito dias; eu o reencontro tal e qual o deixei. Ora, todo pensamento deve ser submetido a essa provação. É pelos olhos que se deve pensar, não pelos ouvidos.

Portanto, é preciso formar a criança a essa leitura pelos olhos. Isso equivale a dizer que se tem de focar primeiro a leitura corrente, e ultrapassá-la. Ora, nossos alunos soletram. Eles escutam e recitam melhor do que leem. Assim as longas orelhas do boné de burro têm um significado maior do que se gostaria.

XLV

Quando me anunciam uma Biblioteca de Cultura geral, corro aos volumes, certo de lá encontrar belos textos, preciosas traduções, todo o tesouro dos Poetas, dos Políticos, dos Moralistas, dos Pensadores. Mas não; são homens com muita instrução, e provavelmente cultos, que me põem a par de sua cultura. Ora, a cultura não se transmite e não se resume absolutamente. Ser culto é, em cada ordem, voltar à fonte e beber na palma da mão, não em algum recipiente tomado de empréstimo. Sempre pegar a ideia, tal como seu inventor a formou; privilegiar o obscuro ao medíocre; e sempre dar preferência ao que é belo em vez do que é verdadeiro; pois é sempre o gosto que esclarece o julgamento. Melhor ainda, optar pelo belo mais antigo, o mais posto à prova; pois não se trata de impor suplícios ao juízo, e sim mais propriamente de exercitá-lo. Sendo o belo o sinal do verdadeiro, e a primeira existência do verdadeiro em cada um, é portanto em Molière, em Shakespeare, em Balzac que conhecerei o homem, e não num desses apanhados de psicologia. E nem sequer quero que me resumam em dez páginas o que Balzac pensou sobre as paixões. Os enfoques do gênio pertencem a todo esse mundo meio obscuro que ele descreve, do qual não quero apartar nada, pois essa passagem do claro ao obscuro é justamente por ela que entro na coisa. Basta-me seguir o movimento do poeta ou do romancista, movimento humano, movimento justo. Portanto, voltar sempre aos grandes textos, recusar extratos; trechos extraídos só devem servir para nos remeter à obra. E digo também à obra sem notas. A nota é o medíocre se agarrando ao belo. A humanidade sacode essa praga.

Isso também vale para as ciências. Não quero, absolutamente, as últimas descobertas; isso não cultiva; isso não está maduro para a meditação humana. A cultura geral recusa os frutos temporãos e as novidades. Vejo que nossos amadores se atiram sobre a mais recente ideia tanto quanto sobre a mais nova sinfonia. A bússola de vocês, meus amigos, logo enlouquecerá. O homem que é do ofício tem vantagens demais em relação a mim. Ele me espanta, me perturba e me desloca com esses barulhos singulares que incorpora à orquestra moderna, já sobrecarregada; já indiscreta. Os jovens músicos se parecem um bocado com os físicos de última hora, que nos atiram paradoxos sobre os tempos e as velocidades. Pois, dizem eles, o tempo não é algo único, nem absoluto; era verdade para certas velocidades; mas já não é assim quando as velocidades consideradas são da ordem da velocidade da luz. Assim sendo, deixou de ser evidente que, quando dois pontos se encontram, o encontro se dê ao mesmo tempo para ambos os pontos. Parece o grito do pato numa sinfonia cita; surpreende como um ruído estranho.

Assim os sinfonistas da física gostariam de me surpreender; mas eu tapo os ouvidos. É o momento certo para reler as conferências de Tyndall sobre o calor, ou as memórias de Faraday a respeito dos fenômenos eletromagnéticos. Isso já está comprovado; é sólido. A biblioteca da qual eu falava deveria nos pôr obras como essas nas mãos. E eu lhes aconselho, caso queiram seriamente ser físicos para si próprios, a abrir alguma monografia desse tipo numa mesa grande e a fazer, com suas próprias mãos, as experiências que se descrevem ali. Uma depois da outra. Isso mesmo, essas velhas experiências de que se diz: "Isso já é bem conhecido", justamente sem tê-las feito. Trabalho ingrato, que não permite brilhar em cada jantar de acadêmicos da Sorbonne. Mas, paciência. Deixem-me desenvolver durante dez anos meus rústicos trabalhos e minhas leituras fora de moda, e os acadêmicos da Sorbonne ficarão bem para trás.

XLVI

A alguém que me pedia a indicação de alguma obra em que os alunos de escola pudessem aprender a ler corretamente e a qual estivesse acima da moral batida, respondi: "Pois bem, sugiro *As Aventuras de Telêmaco*." Fez-se a experiência e simultaneamente examinei mais de perto a obra tão conhecida de Fénelon; pensando bem, duvido que se possa fazer coisa melhor. Essa prosa é saudável, pura e familiar, sem a compressão e os rasgos de nossos prosadores, que não são o mais adequado para a infância. Homens, templos, mercados, viagens, tempestades; bons reis e tiranos; legisladores, padres, guerreiros; toda a sabedoria antiga, todo esse mundo mediterrâneo de onde saiu nossa civilização. Nenhum vestígio do cristianismo; o paganismo está aí em toda a sua nudez; é Minos que pune os reis maus. Não falta nada nessa humanidade; é exatamente a nossa imagem. E não é coisa de pouca importância, para um jovem espírito, contemplar através de uma visão distanciada uma religião passada, que ninguém ficará tentado a achar verdadeira e que não passa de uma roupagem da moral universal.

O juízo é então contemplativo e inteiramente desprovido do tipo de seriedade que leva ao fanatismo.

    O catolicismo será belo de se ver, e já é belo assim que se deixa de acreditar nele; mas as crianças realmente não chegaram aí. É preciso que amem o erro humano sem se perder nele, e façam dele poesia. Incredulidade cheia de graça e leve de se carregar; a mesma que a criança aprende com os contos; só que os contos sem dúvida pertencem a épocas mais antigas; a moral ali se mostra mais abstrata, e menos política. O que seria próprio do paganismo, é essa religião de sociedade e essa hierarquia dos deuses, que, por uma reação inevitável, preparavam a religião metafísica e até o regime positivo dos nossos pensamentos. É bom que o homem tenha atravessado todas essas épocas. Tomem cuidado com o fato de que ninguém pode julgar o catolicismo como momento se ele não conhece o paganismo; e é de se recear que o aluno do nosso tempo esteja privado dessas perspectivas amplas que, nos isentando de negar, nos estimulam a compreender.

    Quanto às ideias propriamente ditas, vocês as encontrarão nesse livro modesto, tão arrojadas e tão novas quanto possam desejar. Primeiro, contra a guerra, "vergonha do gênero humano", discursos fortes; sobre as causas de toda guerra, análises que não estão longe de ser perfeitas; descobre-se ali o jogo das paixões ambiciosas, que sempre tentam se esconder sob a alegação dos interesses ou da necessidade. Esses desenvolvimentos são de hoje ou de amanhã; o pai, ao voltar da lavoura ou da fábrica, os lerá com gosto no livro do filho. Virando as folhas, e visitando por sua vez a cidade de Salento regenerada, ele reencontrará, em sua forma invariável, o sonho comunista ao qual sempre se volta quando se sentiu o jugo da avareza e da ambição. Os sovietes dividiram os campos justamente como Idomeneo, aconselhado por Mentor, quis fazer. A utopia passa sobre esse pequeno mundo de agricultores e de mercadores, e o ilumina à maneira do sol inacessível. Quantos enfoques dessas trocas, desses mercados e dessas fontes de riqueza pública! Talvez ainda melhores quando visam aos ministros, aos favoritos e aos aduladores. Aqui a arte do confessor se soma à ciência do humanista; todavia, não se tem nenhum vestígio de um pedante de seminário; encontra-se nesse prelado uma graça adolescente. Na sua pessoa, a humanidade atravessa o catolicismo como ultrapassou o paganismo. Fénelon é dos que ousam sem se dar conta; e talvez seu coração místico tenha ido para além de Deus. Mas nesse livro ele permanece criança, retomando todos os seus pensamentos partindo da infância destes. Esse desvio conduziu Voltaire, em seus contos, o mais longe que ele podia ir. Para mim está claro que Voltaire, ao escrever *Zadig*, tinha na lembrança as *Aventuras de Telêmaco*. Algum leitor de documentos gostaria de se candidatar a procurar a prova? Seria um ornamento a mais no velho livro escolar; mas ele não precisa disso. Apenas o leiam.

XLVII

Enquanto lia *Les Martyrs* [Os Mártires] de Chateaubriand, veio-me à mente que esse livro conviria para nossos alunos de escola. Um espírito livre aceitaria sem problemas *Telêmaco*, que é um livro pagão; para *Les Martyrs* haverá alguma resistência; malfundada. Se queremos que nossos meninos e nossas meninas tenham algumas perspectivas da história humana, não podemos querer que ignorem o catolicismo; e a verdade do catolicismo não pode ser separada desse paganismo que ele substituiu. Essa passagem é importantíssima; ainda rege nossos costumes e tem sua marca em todas as nossas ideias, sem exceção. Uma criança não deve ignorar esse momento da história humana. Imaginem um filho de rico que não conhecesse outra fonte de luz e de calor no mundo a não ser a lâmpada elétrica. O conhecimento que teria dela seria abstrato porque seria imediato; a lâmpada elétrica pressupõe que tenha havido antes dela, pela ideia tanto quanto pelos fatos, uma série de tentativas mais fáceis, o vidro, o carvão, o fogo, o sílex; e não citei a lista toda. Da mesma forma, todos os nossos pensamentos, referentes à teoria e à prática, desenvolvem o catolicismo, o qual, por sua vez, desenvolve o paganismo, como primeiro se entende pelas antecipações dos Estoicos e até de Platão, como se vê ainda hoje pelas superstições bretãs, tão naturalmente incorporadas ao culto dos santos, da Virgem e da Trindade; mas a metáfora me engana; é muito mais a metafísica católica que toma corpo no politeísmo subordinado. Quem não meditou sobre isso ignora a humanidade.

Chateaubriand é um bom guia aqui, e talvez até o melhor, por essa contemplação poética que põe cada coisa no lugar que lhe cabe. De um lado, a nova organização da família, a condenação da escravatura, a guerra transformada diante do espírito, e decaída da superioridade da sua posição, todo esse belo porvir, tudo isso fica devidamente enaltecido. Mas, de outro, o paganismo não fica desfigurado; Demódoco, o padre homérico, não é menos venerável do que o bispo Cirilo, e o eremita cristão do Vesúvio tem todas as aparências e as máximas de um estoico. O céu dos anjos e o inferno dos diabos comandam os combates humanos e distribuem as provações, como fazem os deuses da *Ilíada*. Fica claro, pela própria narrativa, que a coragem, o pudor, a justiça não tinham menos valor para os antigos do que para nós. Nem mesmo o fanatismo católico está disfarçado; vê-se ao natural a criança ingrata que bate na ama; e isso é bem apropriado para esclarecer o progresso humano, sempre atendido, porém com frequência mal-atendido pela energia das paixões.

Admiro essa força de espírito que toma distância, e o homem que quer ser espectador dessa mesma religião a que ele jurou ser fiel. Nesse homem, há altura, que ele quer chamar de indiferença, mas que provém mais propriamente de clarividência. Humano e solitário, esse viajante. Napoleão não lhe causou espanto; ele anunciou a República. Entretanto ele foi inabalavelmente fiel aos reis legítimos, esse mesmo homem que escreveu: "Não acredito nos reis". Deparo uma bela colocação em *Les Martyrs*. Eudoro, cristão, cobre um pobre com seu manto. "Você sem dúvida achou, disse a pagã, que esse escravo era algum deus oculto?" "Não, Eudoro respondeu, achei que era um homem."

XLVIII

Os camponeses leem o almanaque. Será que para eles há algo mais lindo? Os dias vindouros e os meses e as estações são marcos nos seus projetos. Do ano seguinte já se conhece de antemão determinadas coisas. Primeiro o que é, por assim dizer, imutável, isto é, a partida e o retorno das estrelas; assim é o esqueleto do almanaque. Um ano, é um giro completo das estrelas.

Lembro-me de ter visto Órion no ano passado, esse grande retângulo como que enfeitado com um boldrié e uma espada, despencar para o oeste como está fazendo agora; e Régulo do Leão bem acima da minha cabeça. Passou-se um ano; vejo isso como vejo no mostrador do meu relógio de pêndulo que uma hora acaba de passar. As estrelas também marcam as horas; os pilotos de Virgílio acompanhavam os movimentos da Ursa Maior ao redor da Estrela Polar; esse movimento indica ao mesmo tempo a hora e a estação; no decurso de um ano, a meia-noite da Ursa Maior dá a volta do círculo; nesse momento, no começo da noite, a Ursa Maior está quase no zênite; esta agulha grande marca a estação, o tempo em que o melro assobia, em que os narcisos estão floridos. É assim todos os anos. Não é um trabalhinho à toa explicar a relação entre a Ursa que gira no céu e o pássaro que prepara seu ninho; e ainda por cima é preciso primeiro notar que ela existe, eu diria até que é preciso começar primeiro por admirá-la. Creio que os homens dos campos se esqueceram um pouco demais desse olhar voltado para as estrelas, que ensinou ao homem as leis mais simples. Os antigos sabiam que Arcturus, que chamamos também de Boieiro, aparece à noite na época das atividades primaveris de lavoura e desaparece à medida que avança a estação fria e chuvosa. Essa ciência campesina vai se apagando. O lavrador lê o jornal. É a cidade que imprime o almanaque; e, em lugar dos meses que estão no céu, nos desenha uns campos quadriculados, sem cor, para as semanas e os domingos, conforme o mercado e os prazos comerciais. Felizmente, a natureza também comemora o Natal e a Páscoa; felizmente, o Dia de Ramos está escrito nos bosques. Isso não impede que o almanaque das cidades seja um outro almanaque. No almanaque com o qual sonho, se veria, como uma porta se abrindo, o ano girar em torno de si mesmo; seria abrir bem amplamente a porta para o porvir, e ampliar a esperança. Os homens estariam mais perto de virar poetas, e de ser mais generosos, se não parassem de manter seu trabalho vinculado a esse grande Universo.

Juntem ao percurso das estrelas o curso do Sol, seu nascer e seu pôr, sua altura no céu; e também as fases da Lua, não secamente com meros números, mas mediante descrições, de modo que não se pudesse pensar na Lua cheia sem imaginar o Sol na posição oposta, do outro lado da Terra. Traçaríamos assim o caminho dos planetas, dizendo que este aqui anunciará a chegada do frio e aquele outro, as primeiras folhas.

Eu sacrificaria uma parte da previsão do tempo, sempre incerta; ou melhor, anunciando-a globalmente, e conforme as estações, no geral eu teria sempre razão; quanto aos detalhes, descreveria apenas o possível, tais como o são os aguaceiros gelados de março, as pancadas e os granizos de junho; é bom povoar o ano que se aproxima com imagens vivas. Ao céu com seus caprichos, mesclaria o canto dos pássaros, que é quase tão regular quanto os astros. Não é preciso se arriscar tanto para ser profeta.

Quanto às atividades dos campos e do jardim, já se fala o bastante sobre isso em todo almanaque, e é o que há de mais belo. Se nele se inserissem os conselhos mais confiáveis da química e da medicina, o almanaque seria um livro de arte.

O que mais? Uma boa geografia da região, partindo da estrutura dos solos, descrevendo as nascentes, os riachos, as rochas, as grutas. Além disso, um apanhado das produções agrícolas e industriais, da circulação e do preço das coisas. Finalmente, noções precisas acerca do movimento da população, emigrações, imigrações. A história se introduziria com toda a naturalidade, para explicar o que não se consegue explicar de outra forma. Vejo esse livro muito legível, em papel bonito e resistente como eram as Bíblias. Para os amigos do povo que dispõem de tempo livre, eis um belo trabalho a ser feito.

No aguardo desse belo almanaque, gostaria que se tentasse escrever um na escola, em lindos cadernos. Seria uma oportunidade para todas as lições possíveis, de vocabulário, de ortografia, de cálculo, de astronomia, de física, de química, de história natural e até de juízo propriamente dito. Por exemplo, nesta época em que se muda a hora oficial e em que os testes estão na moda, proporia este tema de redação: "As dificuldades de um chefe de estação de trens na noite de 12 a 13 de abril". Penso também na conta da data do Natal e da Páscoa para o ano seguinte; a rotina aqui fica desnorteada; torna-se imprescindível uma reflexão contínua. Se para completar se marcasse o avanço das sombras na parede à medida que vão mudando as estações, ver-se-ia a ciência tornar a ser uma planta rústica, que daria uma bela sombra à frente de cada porta.

XLIX

Muitas crianças vivem em luta com as dificuldades da ortografia; os pais se espantam; o mestre às vezes chega a pensar que a ortografia é um modismo que acabará passando. A gramática não deixa esquecer que Corneille, Sévigné, Bossuet escreviam os sons segundo seu humor ou seus caprichos. Vez por outra lê-se um artigo de um reformador destemido que escreve *filosofie, sintèse*,[5] e assim por diante; é preciso ler em voz alta essa nova escrita e, de certa forma, cantá-la, como se faz com a música.

Algumas vezes vocês notam um homem com roupas e modos aceitáveis que lê o jornal resmungando, como um pároco lê seu breviário. O pároco age assim por uma questão de disciplina, e essa obrigação se justifica de várias maneiras; mas o outro homem é um leitor medíocre e certamente sem cultura; não há engano possível com um sinal desses. Um homem que sabe ler de verdade lê com os olhos e não com os lábios. Ele reconhece as palavras por seu aspecto, como um vigia reconhece um navio pelas chaminés. Se você escreve *filosofie* você está eliminando duas chaminés; eu não reconheço mais o navio. Perda de tempo; pois a atenção útil não se centra numa palavra, mas numa sequência de palavras que fazem um sentido por sua relação. É um espírito lento que se detém a cada palavra; a ideia não está na palavra, mas na frase. A negligência ortográfica corresponde ao momento da poesia, da eloquência ou da conversação, quando o leitor presta mais atenção na sonoridade das palavras do que na sua forma. A ortografia corresponde ao momento da prosa.

Se for lida de maneira adequada, a prosa abranda os costumes; e eis como. Aquele que lê com os olhos conhece naturalmente a ortografia; ele reconhece essa palavra que acabo de escrever como se reconhece um objeto. Por essa percepção contemplativa, as coisas escritas ficam à distância e exteriores; pode-se formar juízos sobre elas. Mas aquele que ainda tem de fazer soar o que ele lê, traduzindo as formas em vociferação, é obrigado primeiro a devorar o escrito e fazê-lo passar por dentro de si mesmo, de modo a produzir os sinais exteriores

---

[5] Em vez de *philosophie, synthèse* [filosofia, síntese]. (N.T.)

por meio de gritos variados que ele escuta; e a partir disso se pode adivinhar que aquele que lê falando acredita demais nele mesmo, em vez de manter a calma do espectador diante da ideia exterior. É nesse sentido que eu diria que o impresso comprova; de fato, este já constitui uma prova para o leitor mal treinado, por forçá-lo a dizer conforme o que está impresso, portanto a assumir como sua uma opinião que lhe está sendo simplesmente apresentada. Digo assumir como sua, e não é um exagero, pois sua boca, sua garganta, seus pulmões, seu estômago e por repercussão seu coração trabalham imediatamente conforme o impresso. É dar importância demais ao jornal.

Por conseguinte, seria preciso levar as crianças a ler sem falar; acho que nem sequer se pensa nisso. O que se chama leitura corrente absolutamente não é corrente, já que a criança declama enquanto lê. E o costume de ditar torna a reduzir o problema da escrita a um exercício de pronúncia; a criança escuta, imita os sons com a boca fechada e os reproduz pela escrita, não sem erros muitas vezes risíveis que se explicam por uma pronúncia aproximada ou gaguejante. Diante disso, proponho o seguinte exercício, que consistiria em que se fizesse a própria criança pronunciar as palavras ditadas, em voz alta e claramente, antes que as escrevesse. Com essa modificação, o método eliminaria, a meu ver, uma grande quantidade de erros; mas continuaria sendo imperfeito por continuar treinando a criança a falar a escrita. Ora, sem dúvida é inevitável passar por essa etapa, mas deve-se evitar permanecer nela.

Gostaria, portanto, de um ditado mudo, que faria que as palavras e mais tarde as frases inteiras aparecessem por um bom tempo e depois desaparecessem, de tal forma que o que restasse na lembrança fosse como que um desenho que se recopiaria imediatamente de memória. Aliás, a mera cópia seria um ótimo exercício. Assim se conseguiria ler sem interferência do diafragma e das paixões.

Estou ciente de que meus alunos correriam então o risco de não saber mais pronunciar corretamente. Por isso acrescentaria ao trabalho dos olhos e das mãos o antigo exercício da recitação, tomado como uma ginástica dos órgãos da fala; mas cuidaria para que toda recitação fosse de uma bela obra, e consagrada; primeiro, porque obras assim regulam as paixões ao mesmo tempo que as despertam; e também porque é conveniente, com obras assim, que se creia antes de examinar; desse modo essa parcela de crença que sempre acompanha a palavra também contribuiria com a cultura.

L

A ortografia é uma questão de respeito; é uma espécie de polidez. O que se deve vencer aqui é a estranheza, acerca da qual se poderia dizer que ela chama a atenção e a engana, já que a aparência promete muito e não dá em nada. Fulano é um grande chapéu, ou uma barba comprida descendo até a cintura; são sinais que não nos levam para além deles mesmos. As caretas também despertam a curiosidade, mas não a alimentam. Por isso é que um rosto naturalmente tranquilo agrada desde o começo, como o silêncio sem o qual não há música. Da mesma forma, uma roupa que está na moda é sensata por não ser notada. Ao contrário, um homem singular em razão de seu chapéu pontudo ou de sua longa cabeleira não pode transpor esses sinais; se ele falar, continuará sendo o chapéu pontudo. O pregador com a barba feita pela metade, exemplo famoso, não será ouvido, mas olhado; e ele mesmo ficará alheio a seu próprio discurso, pela troca dos sinais. O que foge ao uso provoca tumulto e pânico em volta do homem e no homem. Impudor e timidez lutam entre si, e o resultado é um nó no espírito. É necessário, portanto, vestir-se conforme o usual, falar e não gritar, escrever, enfim, conforme a ortografia. Diz-se que a ortografia é difícil, mas a dança e a polidez são igualmente difíceis; e é de grande proveito saber ambas; já é de grande proveito aprendê-las.

Num homem ingênuo que escreve noto primeiro um discurso improvisado, quebrado, retomado, sem a menor preocupação com a eloquência, visto que não há ouvintes; assim sendo, a articulação fica na dependência da natureza física e até da atitude; são ganidos de certa forma; e frequentemente a escrita revela essa precipitação e selvageria; sem contar que a fala, indo sempre à frente, mistura a palavra dita à palavra que está sendo escrita. Os mestres de ortografia conhecem bem esse tipo de erros, que provêm de uma forma descuidada e descontrolada de falar consigo. A esse respeito, aconselho que se exercite a criança a falar em voz alta e distintamente ao mesmo tempo que ela escreve.

Assim como um homem não educado cumprimenta demais, não poupando nem as cadeiras, se vê também que aqueles que não dispõem da ortografia redobram a polidez e, por medo de esquecer alguma coisa, sobrecarregam as palavras como essas costureiras desprovidas de estilo que colocam lacinhos e fitas por todo lado. Daí decorrem essas consoantes duplas, esses *y* e esses *ph* bandeirosos, parecendo árvore de Natal; são gestos mal equilibrados. Os gramáticos analisaram bem a preguiça, que simplifica as línguas e tenderia a reduzi-las a gritos monossilábicos; porém não devem esquecer a ênfase que enfeita, complica e repete. As emoções gritam; as paixões declamam. Meu avô sempre disse: "a Escola Politéquinica". Uma mulher, em suas recriminações exaltadas, escreveu um dia "hiprocrisia"; erro admirável, em que vejo ao mesmo tempo o efeito da articulação antecipada e de uma fúria da garganta. Desequilíbrio que se deve antes de tudo superar. Assim a disciplina ortográfica vai mais longe do que se pode pensar. Ginástica e Música juntas, regra única da linguagem interior, talvez.

LI

Um jovem professor me dizia ontem: "Já me falta tempo para ensinar aos meus alunos o que eles têm de saber. Se nos limitarem a vinte horas de ensino semanais, o que é reduzir três horas a duas, como vamos fazer?".

Não vejo nenhuma dificuldade concreta. As aulas é que devoram o tempo. O senhor ensina, vou supor, história; posso ouvi-lo daqui; é indispensável que o senhor tenha contado a seus alunos a sequência toda dos acontecimentos, e o senhor acredita que isso basta. Há um preconceito administrativo que leva a fazer que o professor trabalhe; e confesso que eles trabalham muito; são alunos excelentes. Porém os alunos também têm o costume de não fazer nada; eu gostaria de inverter o mundo dessa turma aí. Que o professor trabalhe à sua maneira, que leia as teses e as teorias, que medite a seu bel-prazer sobre as grandes leis e sobre as pequenas causas, eu o exijo. Mas os alunos devem primeiro conhecer os acontecimentos nus e crus. Que aprendam então a lição no manual, e que a recitem; será uma novidade. Mas é preciso tempo para interrogá-los todos? Em vez de procurar objeções, procure meios. Recordo-me de uma época em que os repetidores ainda não eram professores-assistentes. Durante a hora na sala de estudo que precedia as atividades em classe, eles chamavam para junto de si, no estrado, os alunos que pareciam os menos preocupados com seus deveres; o aluno recitava; os demais acompanhavam no livro; não é necessário ser historiador por profissão para se certificar de que o aluno não esteja embaralhando as datas. Eles davam notas. O professor, que primeiro vê essas notas, está inteiramente à vontade para fazer perguntas mais específicas; e é então, é no próprio ato das respostas, e conforme conhecimentos cronológicos que todos têm, que o homem experiente, o homem dos arquivos, o homem culto se mostrará; uma improvisação de quinze minutos pode esclarecer adequadamente vinte anos de história, ou até mesmo um século inteiro, quando o essencial está bem aprendido.

Parece-me também que, em vez do caderno de história cheio de anotações ilegíveis, se poderia exigir que cada um dos alunos escrevesse com sua pena mais bonita, e não sem cores de tinta variadas, caso quisesse, uma bela cronologia em que o tempo, dividido primeiro em espaços iguais, fosse preenchido, pouco a pouco, por acontecimentos e biografias. Trabalho fácil de se avaliar; trabalho que chama trabalho; pois as partes em branco de um belo caderno são bem eloquentes. E tenho vários motivos para acreditar que esse tipo de trabalho, que é uma espécie de desenho feito à pena, dá melhor predisposição ao corpo para uma atenção verdadeira do que essa forma de escrever, precipitada e tensa, que é de praxe as aulas usarem. Aliás, cada um já pôde notar que uma boa cronologia, contanto que nesta compareçam acontecimentos, épocas e obras, expressa por si as ideias mais importantes referentes ao passado humano; os períodos menos cheios também não deixam de dizer alguma coisa, nem que seja só pela sucessão dos anos; fica patente que nesses tempos inglórios os homens continuaram a viver, a amar, a produzir, a trocar; e essa observação tão simples é uma ideia da maior importância. Não estou revelando com isso altos segredos. Obter-se-á notar melhor ainda como é fácil, em todos os tipos de ensino, remeter para as horas de estudo, com seu nome que diz tudo, o trabalho principal, o mais demorado, o mais útil também. Bem sei que, no princípio, seriam necessárias reprimendas enérgicas. Os alunos adquiriram o hábito de se instruir escutando; pelo menos acham que estão se instruindo; e os pais também, que pensam ter feito o bastante por sua própria cultura quando escutaram duas ou três vezes um homem cheio de saber que pode falar uma hora inteira sem procurar as palavras. Fonógrafo e cinematógrafo são irmãos.

LII

"Ensinar a moral, diz o jovem professor, não é fácil. Toda consciência tateia e se contradiz. As doutrinas também lutam entre si. E quando homens que refletiram trinta anos a respeito ainda estão em dúvida, como eu poderia dar à moçada algum princípio fixo e garantido?"

"Aconteceu-me também, disse o velho professor primário, de dar lições em três pontos. Eu era jovem na época; tinha voz e fôlego; os meninos ficavam com os braços cruzados sobre a carteira e os olhos fitos em mim. Eu estava sendo enganado pelos livros; ainda não sabia que esse tipo de atenção o deixa estúpido. Mas todo ofício leva de volta à razão. Como a leitura e a escrita são bem claramente o que há de maior importância, e exigem tempo, acabei reduzindo pouco a pouco meus exercícios oratórios; o que deixou minha garganta e meus pulmões mais aliviados. As crianças leram a história e copiaram o sermão. Nessas tentativas tive a oportunidade de descobrir várias coisas. Primeiro, que nada supera um caderno de seis francos e títulos bem caligrafados em letra redonda para suscitar amor pelo trabalho; e também, o que sem dúvida é menos visível, que os movimentos da escrita caprichada predispõem para a verdadeira atenção, que pede músculos distendidos, movimentos familiares, um pensamento que volta e cruza consigo mesmo, como fazem as curvas da caligrafia. Aliás, vamos lá, faça uma tentativa para refletir de braços cruzados, é absolutamente impossível; o homem que pensa escreve no ar, de certa forma, com a mão; mas a escrita real torna o espírito ainda mais presente; ele acompanha então esse gesto fechado que não o deixa desgarrar-se.

"É bem verdade, disse o professor, que falando desgasta-se o pensamento, ao passo que escrevendo faz-se com que ele se renove."

"E, disse o professor primário, o que é bom para o homem é melhor ainda para a criança, pela leviandade e pela instabilidade próprias dessa idade. O senhor adivinha como fui levado a associar a lição de moral e a lição de escrita. Mas acerca disso também fiz umas pequenas descobertas, sendo que a principal é que há mais vantagem em meditar sobre um texto invariável do que em acompanhar comentários sem fim. Não percebo bem qual a razão disso, a não ser por notar que as palavras sempre levantam uma cerração ou uma nuvem empoeirada de ideias estranhas, o que a consideração de uma mesma fórmula acaba reduzindo, ao passo que explicar algumas palavras com outras palavras é bater outros tapetes. Portanto, já que de qualquer forma era necessário, adotei o procedimento de fazer copiar as mais belas, as mais completas, as mais curtas máximas que pude coletar, e isso mais de uma vez, como modelos de escrita.

"Esse tipo de máximas são chamadas Pensamentos, disse o professor, e talvez não seja tão errado falar assim.

"Estou inclinado a concordar, disse o professor primário. Mas seja como for, por essas experiências, finalmente vi a moral onde ela está, isto é, em todos e por toda parte. Pois cada um dá lições de moral ao vizinho, sem nunca se enganar nem por um fio. Jacques julga Pierre, e Pierre julga Jacques. Ambos infalíveis. Como o ciumento julga a vaidosa e adivinha todos os seus pensamentos astutos e dissimulados; e como a vaidosa adivinha todas as loucuras do ciumento e suas pretensões e seu ridículo. Como o beneficiado avalia os motivos do benfeitor; como o benfeitor testa a gratidão do beneficiado. Para se livrar de ter de admirar, diz o senhor. E mesmo que assim fosse, o senhor não vê que todos eles sabem muito bem o que admirariam, o que não poderiam não admirar? Eu, porém, preferiria dizer que eles têm sede de admirar e que lhes é difícil chegar a isso. Como um pesador de ouro que não se deixa subtrair nada; como um testador de ligas que lhe diz a quantidade de ouro e de cobre com uma margem de erro de um grão. Assim todo homem e toda mulher é mestre e professor de moral desde o nascimento até a morte, sem jamais se enganar. A única descoberta que um homem possa fazer nessa área se dá se ele toma a iniciativa de emendar nele próprio o que ele critica no vizinho. O resto não passa de jogo fácil e ao alcance de qualquer um. Assim sendo eu até limitaria meus modelos de escrita a duas ou três máximas deste tipo: 'Aquilo que você aconselha a seu vizinho, faça-o'."

LIII

"O Pintassilgo; lindo tema." Assim fala o Inspetor, homem meigo, que publicou na juventude uma coletânea de poemas. Se era O Plectro de Marfim, ou A Corda de Prata, ou A Flauta de Nove Orifícios, já ninguém sequer se lembra; mas ele não esqueceu; e sorri às ambições de sua mocidade, sem amargura. Enquanto isso o professor primário está totalmente entregue a seu empreendimento. Faz um mês que as crianças observam o Senhor e a Senhora Pintassilgo; todas elas têm algo a dizer; mas seu mestre tem algumas ideias firmes no tocante à arte de escrever. Ele receia o chavão, pois a criança tem percepções ricas e linguagem pobre. Trata-se de escrever na lousa, e ordenadamente, as palavras entre as quais se deve optar. Todas as nuanças da alegria, todas as nuanças do cor-de-rosa, todas as nuanças do azul; todas as nuanças do canto, ritmado, modulado, variado, fino, sonoro; todos os modos de andar, como correr, trotar, pular, saltitar. O inspetor dá mostras de certa impaciência; não é assim que ele escrevia, na sua bela juventude; ele deambulava de uma palavra a outra, à deriva: "Se li corretamente o quadro de horário, diz ele, hoje não é dia de um exercício de vocabulário, mas de um exercício de composição francesa. Não misturemos os gêneros".

Mas todos já estavam ao trabalho. E descreveu-se primeiro o Senhor Pintassilgo; seu bico de ardósia, seu penacho azul, seu peito de um rosa salmão e as marcas brancas das asas; seu jeito de andar também, um pouco desengonçado e gingado, pois o pintassilgo não saltita. Em compensação ele voa num turbilhão, dá guinadas e pulos no ar, mergulha, torna a subir, brinca e novamente passeia gravemente na estrada com seu traje de cerimônia. Agora ei-lo empoleirado e imóvel; com o bico aberto, com a garganta inflada, ele lança sua canção de primavera, que não é nem variada nem longa; um breve prelúdio, em seguida uma sequência de sons idênticos e precipitados; uma rápida modulação para terminar. Está mais para linguagem do que para música; mas a voz é forte, vibrante, rica, cheia de vida e de alegria. Tudo isso foi escrupulosamente descrito. Havia às vezes alguma hesitação na escolha da palavra; mas estava claro que todos conheciam perfeitamente a coisa. Todos, exceto o inspetor que tinha a esse respeito ideias de poeta. Então, por não encontrar oportunidade para dizer uma palavra exata, ele apenas fez esta observação: "Trata-se de composição francesa, e não de um exercício de observação. Não misturemos os gêneros".

"Mas, disse o professor, eles não estão na idade de poder descrever o que não viram. São crianças." Entretanto, seguiam agora em seu discurso a Senhora Pinson, personagem pouco conhecido dos poetas. É uma dama miudinha enfeitada de modéstia e de simplicidade; vestida de um cinza tirante a fulvo, com uma listra mais clara que separa as penas da cabeça; é parecida com uma colegial de cabelo liso repartido no meio. Mais espevitada para andar e para correr, menos vigorosa para voar do que o brilhante Senhor Pintassilgo. Ninguém reconheceria nela a Pintassilga sem as marcas brancas nas asas. Ninguém soube dizer se ela cantava, nem como.

> Decerto, disse o inspetor, temos aí uma boa lição de história natural; mas, quer me parecer, a composição francesa é coisa bem diversa. É um jogo de imaginação, mais livre, mais dependente da fantasia individual, todavia disciplinado de uma outra forma, pelo uso e o bom gosto. Nela deve transparecer o caráter de cada um de preferência ao caráter da coisa; pois é a própria alma do escritor, é a alma humana que se expressa na composição francesa. Acredite no que lhe digo, nossos sentimentos, nossas alegrias, nossas esperanças, a primavera em nós, o que o canto de um pássaro desperta em nós em termos de alegrias e lembranças é, apesar de tudo, mais interessante do que as cores de um pintassilgo.

Essa improvisação lhe agradou; pensava nela ao ir embora. O verdadeiro discurso ressoou, contudo, nesse homem, a quem seu ofício severo tinha ensinado algumas amargas verdades. "Onde iríamos parar, disse ele a si mesmo, se essa pobre gente compusesse seus discursos segundo a verdade, e não segundo a polidez?" Entretanto, ele acompanhava com seus olhos míopes os movimentos de um pintassilgo na estrada, e rimas esquecidas lhe voltaram à lembrança. Aliás, esse pintassilgo era um pardal. Mas que importância tem isso para o poeta?

LIV

Só há um método para inventar, que é imitar. Só há um método para pensar bem, que é dar prosseguimento a algum pensamento antigo e comprovado. Essa ideia é o exemplo de si mesma, circunstância propícia à reflexão. Pois primeiro esta parece completamente banal e um tanto fraca; mas também só é realmente familiar àquele que tem o costume de olhar frequentemente atrás de si; e caso se chegue a percorrer novamente o caminho que vai dos mitos às ideias e o caminho ainda mais antigo que leva dos ídolos aos mitos, é só então que se compreende a ideia toda, e como todos os homens pensaram sucessivamente como que no interior de um mesmo pensamento, até tocar e iluminar finalmente o mundo sensível das pedras, dos metais e dos ventos.

A ideia oposta fornece naturalmente a contraprova, sendo familiar àqueles que não receberam a cultura humana e improvisam partindo de novos fatos; e essa outra ideia, aparentemente bastante brilhante num primeiro relance, é fraca e oca quando se chega mais perto. Eu a reconheci nesses pedagogos tolos de quem os professores primários não sabem se livrar. Pois eles dizem, entre outras coisas, que têm muitas chances de ser igualmente tolas, que a originalidade da criança é preciosa acima de tudo e que se deve tomar cuidado para não lhe ditar pensamentos, mas, ao contrário, deixá-la sonhar diante de uma página em branco, de modo que o que ela escrever será espontâneo e virá dela, e não do mestre. Ora, o que ela escreverá, entregue assim a si mesma, será justamente o chavão, como aquele aluno que, tendo de descrever uma torre antiga, fez questão de não esquecer "as pedras enegrecidas pelo tempo", ao passo que ele podia ver numa olhadela que a dita torre era sensivelmente de cor mais clara do que os prédios em volta dela; e isso mostra que nunca se observa senão através das ideias que se tem ou, em outras palavras, que os meios de expressão reinam feito tiranos sobre as opiniões.

Por conseguinte retomo minha ideia, a de que se deve ajudar a criança e dirigi-la, e trazê-la de volta. É assim que se fará que finalmente venha à tona seu pensamento próprio, coisa rara, coisa preciosa pelo fato de que valerá para todos, como um verso de Homero. Façam essa tentativa, para uma carta, para uma narrativa, para uma descrição, de direcionar as pesquisas do jovem escritor, de encorajá-lo a olhar mais de uma vez para as coisas sobre as quais ele tem de escrever, de fazê-lo ler, reler e repetir bons modelos sobre os mesmos temas, e de levá-lo a fazer o levantamento, por grupos de palavras, do vocabulário que precisará empregar; vocês verão brotar então a observação nova, a expressão matizada de um sentimento, enfim, os primeiros sinais do estilo; e quanto mais o tiverem ajudado, mais ele inventará. A arte de aprender se limita, portanto, a imitar por muito tempo e a copiar por muito tempo, como qualquer músico bem sabe, e também qualquer pintor. E a escrita apresenta essa importante verdade àqueles que sabem ver; pois a escrita das pessoas mal instruídas é sempre parecida e as diferenças, caso existam, se dão por extravagância ou por acidente; em contrapartida, a escrita do homem culto lhe é tanto mais pessoal quanto mais submetida estiver ao modelo comum.

LV

Tendo o jovem Victor, em poucos dias, dado mostras de raiva, de crueldade e de preguiça, Pécuchet, com Bouvard à sua direita e algumas anotações à mão, começou uma aula de moral. Os amigos de Flaubert irão em busca do texto exato e desfrutarão de um momento de prazer. Mas receio que a sátira de Flaubert não acerte o alvo. Um acadêmico dizia, falando de Bouvard e de Pécuchet: "Esses dois imbecis não me interessam". Mas aquele que não se sente atingido em cheio não leu o livro direito. Notem bem, Pécuchet não é um tolo. Quando ele resume o sistema de Spinoza, até que a coisa fica benfeita, sem dúvida sua aula de moral não era muito diferente das demais aulas de moral. O ridículo é a ideia de falar sozinho diante de um auditório para instruí-lo. Que aquele que nunca deu uma conferência, como se diz, nem uma lição, zombe de Pécuchet. Convido os demais a zombarem talvez de si próprios.

A eloquência tem por meta despertar ideias comuns e alçá-las a um grau de força, de brilho e de eficiência que não alcançam em sua solidão. Lembrar a uma plateia o que ela pensa, dar forma a isso para ela, esclarecê-la pelas chamas do entusiasmo é persuadir, não instruir. Mas quando se consegue manter fitos sobre si trinta olhares de crianças, e arrematar as frases que se diz de maneira aceitável, é doloroso ter de reconhecer que se está perdendo tempo. A atenção imóvel sempre será enganosa; não passa de uma expectativa sôfrega tal como diante de uma apresentação de passes de mágica. O exercício arriscado que consiste em falar sem interrupções nem acidentes sempre gera espanto e, não raro, admiração. Contudo não creio que o homem que fale bem seja efetivamente capaz de desenvolver uma ideia enquanto está falando; os pequenos problemas da sintaxe e da elocução já o mantêm suficientemente ocupado. Ele fica como que empobrecido e esvaziado de qualquer conteúdo; num deserto de formas ele segue adiante. Ele necessita muito dessa atenção que procura nos semblantes; se ele a agarra, seu contentamento aumenta, e isso não é bom. Não é um rico ofertando, é um pobre estendendo a mão. Um sábio, e sem o menor sentimento de inveja, pelo que sei, tinha o seguinte a dizer acerca de um brilhante professor: "Ele fala bem demais".

Mas quero me ater ao aluno e construir, se posso dizer assim, a ideia desse vazio que a atenção imóvel e quase ansiosa produz imediatamente no pensamento. Todo mundo tem alguma lembrança dessa falsa atenção, forçada quase até o limite e que dá um nó no espírito. Essa pressão imposta a si não vale nada. O homem que cerra os dentes fica canhestro para agir e cansado antes mesmo de agir. Assim é o pensador com a mente amarrada. É preciso agilidade para apreender a ideia e esse tipo de atenção que olha com o canto do olho. Astúcia e sorriso. Desate. Solte.

Excelente. Só que se você deixar a plateia correr livremente, sobretudo sendo jovem e repleta de forças, ela tampouco aprenderá alguma coisa. Porém vislumbro um outro método de desatar que é a ação corriqueira. Ler e reler; recitar; melhor ainda, escrever, não rapidamente, mas, ao contrário, com a precaução de um gravurista; traçar bonitas margens num lindo caderno; copiar fórmulas plenas, equilibradas, belas, eis o trabalho feliz, maleável, preparando o ninho para a ideia. Há uma ginástica da escrita, que fica visível na forma e no traço, e que é um sinal de cultura; mas que é primeiro uma condição para a cultura. Enquanto as palavras que você empregará não tiverem se tornado algo familiar primeiro pela leitura, e depois pela cópia, não espere nada da palavra. E inclusive você, bem-falante, escreva em vez de dizer. O quadro-negro não é bom só para a geometria. Prova de fogo. Mas vejo-o apressado e acorrentado; sugiro-lhe tentar escrever com maiúsculas, como se estivesse gravando uma inscrição no mármore. Assim seu pensamento se torna um objeto para você e para todos. E a atitude que eles adotarão para copiar, por sua vez, os predispõe da maneira adequada para entendê-lo. Na verdade, um pingo de gente que faz uns pauzinhos começa a sua obra de homem.

LVI

Não se aprende música indo a concertos. Não é por falta de interesse, porém o interesse não é tudo. Eu até me atreveria a dizer que não nos instruímos nunca com aquilo pelo que temos paixão. Alceste de todo o coração gostaria de compreender Celimena; mas, seja porque perdoa e admira, seja porque se irrita, ele está sempre no caminho errado. Descartes ousou dizer que o amor pela verdade é a principal causa que faz que se perca a cabeça. O espírito só se fortalece a partir do momento em que ele domina seu objeto o suficiente para possuí-lo sem ser possuído. Por isso vemos que o mestre de música não é mais divertido do que outros. Pode-se até dizer que ele é mais enfadonho do que qualquer outro, e isso é um sinal, a meu ver, de que a música é mais bem ensinada do que a poesia. Imaginem o mestre de violino procurando comover; o resultado seria agarrar apaixonadamente o arco e esforçar-se de maneira toda sentimental em tocar bem, o que daria em rangidos. É uma verdade um tanto dura, e que as oficinas ensinam, que é preciso antes de mais nada se separar de seu primeiro amor. É bem verdade que é ele que nos leva até a porta de entrada, mas temos de deixá-lo do lado de fora. Em outras palavras, é necessário trabalhar, e com isso conquistar um tipo de felicidade que o desejo nem de longe imaginava. Não se pode gozar a geometria antes de ser geômetra. Por isso há vaidade, no sentido pleno da palavra, em todos os nossos desejos. Abocanhamos primeiro a glória, que não tem nada de sólido; e a decepção está à soleira de todos os nossos trabalhos, nesse exato sentido. Mas assim que nos adiantamos no deserto do estudo, adquirimos de imediato a potência que nos coloca bem acima de toda glória, o que é a verdadeira glória. Percebo essa glória num verdadeiro violinista, ou num verdadeiro cantor, pois a menor vaidade range, ou tremula.

Volto à ortografia, ao cálculo, à leitura, pois é a isso que almejava chegar. Eis de início o problema: é necessário que a criança consiga se interessar por objetos que por si não a interessam absolutamente. As letras não interessam ninguém; é ler que interessa. Acrescentar cinco a dois para dar sete, isso não interessa ninguém; é contar como Inaudi que interessa. Daí decorre esse tédio do preguiçoso que sempre espera que o prazer venha até ele como num passe de mágica.

Façamos agora duas experiências, com as letras e com os números. Dou-lhe uma folha impressa em que você tem de riscar todos os *a*. Você logo pensa que isso não serve para nada; mas tomo o cuidado de apagar essa ideia atravessada, pois lhe dou sessenta segundos contados para fazer esse trabalho. Sessenta segundos de atenção, não se pode recusar isso. Tampouco é possível perdoar a si mesmo uma reação de pânico, ou o menor erro num trabalho tão simples. Daí uma feliz humilhação; pois, ao mesmo tempo que você acusa a si próprio, se dá conta de imediato que tudo depende de você. Esse tipo de confusão é propriamente viril. Só nos instruímos por meio de erros imperdoáveis.

Os números baixos chateiam; os altos atormentam. Eis uma forma de despertar o interesse por números baixos. Soma-se facilmente cinco com sete. Dou a você uma coluna comprida o bastante de grupos de dois números; trata-se de escrever a soma dos dois números numa outra coluna. Dou-lhe exatos trinta segundos, e escolhi a prova de modo a que os melhores cheguem em cima do prazo ao fim e sem erro, ou quase. Cada um aqui medirá suas forças, como se diz tão bem. Os atrapalhados se reconhecerão, pela rapidez e pelos erros; os que andam às apalpadelas, pelo escrúpulo inútil. Cada um chegará a uma ideia do que seria uma marcha firme e lépida, uma lucidez tranquila, sem timidez, sem ambição, sem pretensão. Eis o espírito à vontade em seu território, tendo de se haver consigo mesmo. Não estou afirmando que se pode instruir muito por práticas tão simples. Quero apenas mostrar que o interesse em querer está bem acima da curiosidade molenga e preguiçosa.

LVII

Costuma-se decidir sem demora que uma índole é boa ou má, e que a educação não mudará nada quanto a isso. Admito que a educação não tornará moreno aquele que é ruivo e não impedirá os cabelos dele de ficarem crespos. E admito que sinais desses não são portadores de anúncios desprezíveis. Eis uma tez dourada, uma cabeleira negra, olhos amarelos, formas graciosas, uma massa muscular fraca; uma vida inteira está registrada nisso, em certo sentido; todas as ações, todas as paixões, todos os pensamentos terão essa cor sombria. E da mesma forma, o outro será rosa, vermelho e azul em tudo que disser e pensar. O mais ínfimo gesto expressará a natureza de um e de outro. Mas é disso que se deve gostar; é disso, quer seja loiro, moreno, sanguíneo ou bilioso; é isso que será humano, potente e livre; pois o que mais poderia sê-lo? Homem algum existe ou age mediante a virtude do vizinho.

É também uma ficção querer que às vezes um homem tenha a sorte de já nascer virtuoso, de modo que para ele basta deixar a vida correr. Eu bem que gostaria que me descrevessem um tipo de homem que, por seu humor e pela cor dos olhos, esteja seguramente protegido contra as loucuras do amor, ou contra a inveja, ou contra o desespero. Pelo contrário, os que são tidos como bem-dotados vão cair diretamente no que há de pior, e mais rapidamente que os demais, se eles não se controlarem. Em qualquer corpo humano todas as paixões são possíveis, todos os erros são possíveis, e se multiplicarão uns pelos outros se a ignorância, a ocasião e o exemplo dispuserem a isso; sempre, é bem verdade, segundo a fórmula da vida inimitável, única, que é a sina de cada um. As maneiras de ser malvado e infeliz são tão numerosas quanto a quantidade de homens no planeta. Mas há uma salvação para cada um também, e própria a ele, da mesma cor que ele, da mesma estirpe que a dele. Ele será corajoso, caridoso, sábio por suas próprias mãos, por seus próprios olhos. Não pelas mãos de vocês, nem pelos olhos de vocês. E não será perfeito com a perfeição de vocês, mas com a dele. De nada lhe servem as virtudes de vocês; em compensação, daquilo que pode ser vício e paixão nele, ele fará virtude nele. E não se diz com frequência de um homem, não sem razão, que suas brilhantes qualidades foram justamente aquilo que o perdeu, pelo mau uso que fez delas?

Spinoza é um mestre difícil. Todavia, e sem compreendê-lo a fundo, pois talvez se tenha de renunciar a isso, se encontrará nele, em termos quase violentos, que a virtude é um heroico amor de si, e deve-se entender aí que nenhum ser pode se salvar pela perfeição de outrem; mas é do seu próprio erro que ele deve fazer a verdade, e da sua raiva, a indignação, e da sua ambição, a generosidade. A mesma mão que golpeia pode ajudar, e o mesmo coração que odeia pode amar. Ouve-se frequentemente dizerem a alguma criança rebelde: "Seja como sua irmã, que é tão boa". Poder-se-ia igualmente sugerir-lhe ser loira e gorda como a irmã, a ela que tem cabelos escuros e é magra. Eu poderia inclusive chegar a dizer que a beleza é própria a cada ser e resulta da harmonia que lhe é própria, pois não há uma fórmula de beleza, e notei reiteradas vezes que traços que seriam belos de acordo com a noção comum do belo ficariam facilmente feios pelo medo, a inveja ou a maldade. Pode-se até dizer que a feiura se vê melhor em traços que poderiam facilmente ser belos, da mesma forma que a teimosia e o preconceito chocam mais nos espíritos vigorosos e que se chamaria de bem-dotados. Mas o que é um espírito bem-dotado se ele cede tentação de agradar ou de lisonjear? E o que é um espírito malfeito se ele é capaz de compreender a menor coisa? Basta que ele faça esse movimento de compreender, e ei-lo justo. Não para amanhã; mas onde está o espírito que possa ser justo de um dia para o outro? O erro é fácil para todos; mais fácil talvez para aquele que acredita saber muito. É por aí que um espírito lento e obscurecido por devaneios com frequência vai longe. Mas aonde quer que um e outro possam ir, é com suas próprias pernas que eles irão, não com as do vizinho.

LVIII

Spinoza diz que o homem não tem a menor necessidade da perfeição do cavalo. Essa observação, que retrata tão bem o rude pensador, é um alerta a todo homem sobre o fato de que ele absolutamente não precisa da perfeição do vizinho. Em consequência, cada um ficaria curado da inveja, e desviado da imitação. E certamente o princípio da virtude é aceitar-se como se é e esforçar-se para perseverar em seu próprio ser. Se um esgrimista é de baixa estatura, que ele se salve pela rapidez e o salto. Talvez nunca fique insatisfeito consigo mesmo a não ser quando tenta imitar os outros. Mas, também, é que se quer existir para os outros, e na pior das hipóteses encontrar em si razões para ser apreciado pelos outros, se fosse conhecido deles. Partindo daí, escorrega-se para um pintar a si mesmo para os outros, o que é vaidade.

Esse estranho viés subentende o medo de si, e até o nojo de si. Por meio do estudo do egoísmo nos homens, descobre-se que os homens não gostam muito de si. Sacrificar-se, disse um autor, por paixões que não se tem, que loucura! Portanto é preciso se procurar e se achar. Mas a dificuldade provém do que há de universal no pensamento de si. O universal é o próprio pensamento. Uma prova vale para todos, ou não vale sequer para mim. Eis por onde se é levado a tomar o caminho errado, o de querer ser como os outros. Segue-se uma opinião como uma moda. Treina-se a si mesmo para julgar como o vizinho; mas também o humor é temível nessa gente tão polida; é que o humor não fica de modo algum civilizado por meio de opiniões postiças. Pode-se notar que a violência aparece com facilidade nas paixões fingidas e nos juízos de que não se está muito seguro. Seria preciso ser como todo mundo e ao mesmo tempo permanecer si próprio. Balzac escreveu a esse respeito um pensamento espantoso: "O gênio tem isto de bom: que ele se parece com todo mundo e ninguém se parece com ele". Não há a menor sombra de dúvida de que o gênio apresenta provas não esclarecedoras, porém convincentes. Pois o que me sustenta e me presta serviço é o homem que é energicamente si próprio.

Mas de onde vem a dificuldade de compreender o que denomino naturezas crocodilianas, com armas e refúgios tão bons, como são Descartes, Spinoza, Goethe, Stendhal? Isso não passa de um equívoco muito antigo e propriamente escolástico, que nos faz tomar o geral pelo universal. Uma ciência de escola gostaria de apreender várias coisas por uma mesma ideia; os que se perdem indo por esse caminho não voltam com facilidade. Quantos não acreditam que, quando apreenderam fenômenos diversos, tais como calor e trabalho, pela ideia comum a ambos da energia, encerraram a questão! Na realidade eles estão no princípio. O mesmo Spinoza, sempre forte e enigmático em seus avisos, nos diz que quanto mais se conhecem coisas particulares, mais se conhece Deus. Não é grande coisa ter ideias, a questão é aplicá-las, isto é, pensar por elas as últimas diferenças. Àquele para quem as ideias não passam assim de ferramentas ou meios, tudo é novo, tudo é belo.

Voltando por esse caminho ao pensamento de si, digo que é preciso pensar-se a si mesmo universalmente, e não como uma generalidade; universalmente como único e inimitável; o que é propriamente salvar-se. Os grandes espíritos só cuidam de superar dificuldades que lhes são próprias, e que eles encontram no vinco de seu humor. E só eles, exatamente por esse motivo, podem nos ser de algum auxílio efetivo. Tenho de salvar uma certa maneira de amar, de odiar, de desejar, completamente animal, e que é tão aderente a mim quanto a cor dos meus olhos. Tenho de salvá-la, não de matá-la. Na avareza, que é a menos generosa das paixões, há o espírito da ordem, que é universal; há o respeito pelo trabalho, que é universal; o ódio pelas horas perdidas e pelos loucos esbanjamentos, que é universal. Esses pensamentos, pois são pensamentos, salvarão muito bem o avarento, bastando para isso que ele ouse ser ele mesmo e saiba o que quer. Pode-se dizer a mesma coisa do ambicioso, se ele for verdadeiramente ambicioso; pois ele há de querer um elogio que valha, e assim honrará o espírito livre, as diferenças, as resistências. E o amor não para de se salvar por amar ainda melhor o que ele ama. Daí o fato de Descartes dizer que não há paixões das quais não se possa fazer bom uso. Confesso que ele não se explicou muito a esse respeito; mas que cada um aplique esse robusto otimismo ao conhecimento de si. Aqui, seguir Descartes não é absolutamente querer se parecer com Descartes. Não, mas eu serei, eu mesmo, como ele foi ele próprio.

LIX

Aconteceu-me mais de uma vez de dar a entender que, nas condições em que se encontra atualmente o ensino primário, é dar mostras de sabedoria ensinar a leitura e o cálculo. Uma das razões é que as ciências da natureza, tomadas aos pedacinhos na própria experiência, não são mais esclarecedoras para o espírito do que o empirismo dos ofícios, e que se deveria portanto começar pelas ciências conhecidas já de tempos passados, já que nelas é que se encontra a chave de todas as demais. Mas para que se tenha uma ideia das dificuldades reais que deparará nesse método, até o momento pouco praticado, quero relatar algumas circunstâncias de uma experiência que fiz realmente. Foi algum tempo antes da guerra, sentia-se que os povos mais avançados dispunham de um excedente enorme de lazer e de riqueza; e era verdade. Pensava-se ter tempo para tornar disponível humanamente esses bens sobressalentes, e para impedir que se fizesse deles o uso indevido, bem fácil de adivinhar. Mas a ociosidade e o tédio, frutos da prosperidade, tinham tomado a dianteira.

À época, consegui reunir umas dez meninas e sua professora para ensinar-lhes os primeiros elementos da mecânica e da astronomia, não para que soubessem responder corretamente às perguntas de algum exame, nem para que pudessem conversar o bastante sobre cometas e estrelas duplas; deixei a opinião da porta para fora, e todas as palavras técnicas também. Quis levá-las a olhar inteligentemente as coisas do céu; obtive um êxito relativo. Mas enquanto elas se instruíam, eu também me instruí, e acerca de coisas que para todo mundo são boas de se meditar.

O que se deve reparar assim que se libertam as línguas, assim que as pequenas alunas não receiam mais as reprimendas ou a zombaria, é que dizem muitas coisas que parecem tolas ou ridículas porque elas tomam uma palavra por outra.

Reparem, assim sendo, que as noções mais simples devem ser olhadas bem de perto no mais das vezes, ou, em outras palavras, que a dificuldade para o aluno quase nunca está onde o professor a vê. Pude constatar que uma dessas gurias, que em seguida deu provas seguras de atenção e de aptidões, queria colocar a sombra de um pau para o lado do sol. Como o sol não entrava naquela hora no cômodo em que estávamos, foi necessário fechar as venezianas, trazer uma lâmpada e instruir essa menininha pela experiência. O que fica difícil nesse caso não é não zombar dela, isso é óbvio a não ser que se seja um perfeito brutamontes, mas conseguir que as coleguinhas não zombem dela.

Direi agora qual é a principal dificuldade; é evitar o tumulto e a desordem. Assim que uma criança entende alguma coisa, dá-se nela uma reação admirável. Se ela está livre do receio e do respeito, você a vê levantar-se, delinear a ideia com grandes gestos e, de repente, cair na gargalhada, como na mais bela das brincadeiras. Pelo contrário, se a criança não compreende, você a vê séria, imóvel, em resumo, triste, por fim exibindo todos os sinais daquilo que nossos pedagogos chamam atenção. Mas tão logo lhe venha um pensamento, ele terá de sair; o aluno o atirará bem no meio das frases do mestre, esbarrando no pensamento dos demais, empurrando todo mundo para trás ou levantando alguma outra lebre que todos vão se pôr a perseguir em disparada; e a consequência é ter de arcar com o disparate. Ofício admirável; ginástica maravilhosa também para o mestre. Certo. Mas, não esqueçam, eram quando muito dez alunas, e acompanhadas da professora delas. Se fossem sessenta e eu sozinho diante delas, com a Terra numa mão e o Sol na outra, vocês não acham que eu teria ficado rouco e abobalhado em menos de quinze minutos? Daí decorrem o dogmatismo e o adestramento dos espíritos. Isso deixa claro que há muito a ser mudado nas nossas escolas, se o que se quer é que a República entre nelas com a ciência.

LX

É necessário que o espírito científico penetre por toda parte; não digo a ciência, mas o espírito científico, pois a ciência forma uma massa que esmaga; e seus últimos trabalhos, sobre a luz, sobre a eletricidade, sobre os movimentos dos corpúsculos, implicam ao mesmo tempo cálculos complicados e experiências completamente fora do habitual; e é bastante evidente que pesquisas sobre o elemento rádio ainda não estão aptas a lançar um pouco de luz nos espíritos jovens e com pouco tempo para estudar.

O que há de melhor na ciência é o que é o mais antigo, o mais solidamente comprovado, o mais familiar para todos mediante a prática. Um erro acarretando uma séria consequência é o de querer dar cultura às crianças pelo resumo das mais recentes controvérsias entre os físicos. Há cientistas para tudo, para rejeitar totalmente a atração newtoniana e para supor em seu lugar, por exemplo, uma compressão em direção a um centro, os planetas sendo então empurrados rumo ao Sol em vez de estarem atraídos pelo Sol: seriam-me necessárias muitas leituras e longas reflexões para resolver se haveria aí outra coisa além de uma discussão a respeito das palavras; mas essas sutilezas não são boas para as crianças. Quero que elas aprendam primeiro a se localizar no céu, a determinar o lugar das principais constelações, a acompanhar as viagens do Sol, da Lua e dos planetas mais aparentes; depois disso, passaremos dos movimentos aparentes aos movimentos verdadeiros, sem entrar nas sutilezas dos que se perguntam em que sentido é preciso dizer que a Terra gira; e essas razões deixam supor, por sua vez, conhecimentos já por si difíceis de se adquirir. É preciso que a criança percorra esse mesmo caminho. Tales, Pitágoras, Arquimedes, Copérnico são mestres que bastam para ela. Aquele que ensina não tem de tratar de estar informado acerca das últimas descobertas; sobretudo porque de qualquer forma nunca o estará bem o bastante; há certamente erros quanto aos fatos, erros no raciocínio, erros de juízo em tudo que nos contam sobre o rádio ou sobre os elétrons. Por que não os haveria? Em cada época, e nos maiores físicos, se pode encontrar erros. Deixemos o tempo incansável agir e ir peneirando todas essas coisas.

Sobretudo porque as mais recentes maravilhas, como a eletricidade, o telefone, as mensagens sem fio, espantam mais do que instruem e parecem feitas para ilustrar esse dito famoso segundo o qual o homem pode mais do que sabe. É assim que se faz a cama de uma ideia que leva à ruína e que se deita por si, é ao ficar sabendo que o homem não sabe nada de nada. Ora, alavancas, roldanas, corpos flutuantes, o homem conhece tudo, e quase que por axiomas. Alimentação consistente, essa, e não bebida que começa por embriagar e depois adormece. O espírito também tem sua higiene.

Não é saudável começar correndo ao lado do campeão. Cada qual com sua função. É bom que aventureiros geniais partam para adiante rumo às descobertas. Quanto a mim, penso sobretudo no grosso do batalhão, que fica atrás, e vai ficando cada vez mais para trás. Pois, na verdade, um lavrador do nosso tempo está tão longe de uma aula de mecânica ministrada na Sorbonne quanto um escravo siciliano o estava das especulações de Arquimedes sobre os corpos flutuantes. A democracia tem por primeiro dever o de recuperar os que se arrastam no fim da tropa, que são uma legião; pois, segundo o ideal democrático, uma elite que não instrui o povo é mais obviamente injusta do que um rico que recebe seus aluguéis e seus cupons; e eu tenderia a acreditar que essa injustiça do cientista que nos paga com máquinas, em vez de nos pagar com noções, é a raiz de todas as demais. Eis por que, nos programas de ciências para as crianças, eu acrescentaria à astronomia o estudo das máquinas simples, como alavanca, roldana, plano inclinado, cunha, prego, parafuso, hélice; e diria que já basta para esclarecer os espíritos plenamente e romper as correntes de consentimento, que são as verdadeiras correntes.

LXI

Há lições de coisas para os homens também. Por exemplo, numa escola onde se quisesse ensinar realmente a Economia e a Moral, bem se poderia querer levar os alunos a uma mina de carvão a fim de instruí-los melhor do que por meio de palavras. *L'Union pour la vérité* [A União pela Verdade], que é uma estimável associação de homens livres, nos propôs métodos desse tipo para uma "Escola de Cultura em comum"; e, seguindo um primeiro impulso, cada um aprovará. Mas não é tão simples.

Já andei repetindo o bastante que há uma grande virtude, para regrar os pensamentos, numa coisa que se faz. Por quê? Porque toda ação real requer tempo e tentativas, de forma que a coisa se torne familiar. Porém o papel de espectador é menos vantajoso; requer mais paciência e a oportunidade de ver com frequência. Por mais atento que se seja, é preciso viajar com frequência nas linhas da ferrovia para conhecer os entroncamentos e as vias de junção, querendo dizer com isso conhecer as agulhas dos trilhos e diferenciar as vias principais; e ainda é muito pouco. Mas o primeiro espetáculo de um objeto novo não toca senão a imaginação; é o mesmo espanto sem frutos que o que se oferece seguidamente às crianças quando se quer fazer que fiquem atentas; isso funciona como o cão para a lebre. É por isso que não acredito que as viagens deem tantas ideias; ou então deve-se andar devagar e desistir de ver tudo.

Vi a Lua por meio de lunetas; não foi desagradável. Contudo a visão dessas montanhas iluminadas pelo Sol não me instruiu. Pois há uma ordem a seguir e eu não tinha chegado a esse ponto, contentando-me em ir vagabundeando atrás dela de uma estrela a outra e em atentar bem em seu trajeto. E, apesar de tantas observações, que me deixavam pouco a pouco realmente atento ao que importa, eu ainda não estou familiarizado com a coisa. Pode-se dizer a mesma coisa com relação às estrelas, ao Sol, aos planetas; quero-os longe. A curiosidade animal me levaria a vê-los aumentados ou aproximados; mas a curiosidade humana quer manter-se por longo tempo ainda nas primeiras aparências, a fim de que as relações mais simples não sejam perturbadas. O famoso Tycho Brahe não queria usar lunetas; ele se limitava ao uso de regretas e fios esticados. Se os pastores caldeus dispusessem de nossos potentes telescópios, não teriam aprendido nada da ciência mestra. Não é bom que o poder de observar se desenvolva mais rapidamente que a arte de interpretar. É o que se dá com um telefonista que, pelo ofício, observa toda espécie de fatos e não entende efetivamente nenhum. A prática industrial, por razões de utilidade, esconde profundamente aquilo que importa. E mesmo que me revelassem todas as engrenagens, o acessório esconderá o essencial.

É por isso que é sensato estudar de preferência as alavancas, os guindastes e os relógios em vez de ir direto aos elétrons. A experiência não é algo insignificante; dar uma gradação à experiência é a arte de instruir. Enfim eu não tenho muita confiança na experiência de um técnico; o que dizer da experiência de um visitante? O espírito se forma adivinhando; o espírito lança pontes por cima dos abismos. Uma mão de operário, marcada pelo trabalho, significa muito; uma mina de carvão diz demais de uma só vez. Um molinete já é importante de se examinar; mas a verdadeira reflexão, no fim das contas, sempre voltará à figura simplificada, e por esse viés o molinete aparece de repente como uma alavanca, assim como a roldana, ao passo que a máquina real esconde o mecanismo. E isso é mais verdadeiro ainda para a máquina econômica, cuja magia própria é justamente impedir que se enxergue o que se dá nas engrenagens. Um banco é impenetrável para quem não é banqueiro. Um problema de compensação de adiantamentos sobre duplicatas instrui bem mais.

LXII

Perguntam-me às vezes: "Como o senhor encara as lições de coisas, cuja meta é dar às crianças uma primeira ideia da necessidade exterior?". Tenho o seguinte a responder: as lições de coisas devem ser aritméticas e geométricas. Factualmente é pela geometria que todas as ciências começaram; e eu quase entendo por quê. As coisas podem nos instruir pelas circunstâncias de quantidade e de tamanho. Assim que uma criança notou uma determinada relação entre o raio e a circunferência de uma roda, ela pode fazer tantas mensurações quantas quiser, em círculos de diversos tamanhos, que ela própria traçará, quer sobre o chão com a ajuda de uma estaca e uma cordinha, quer num papel por meio de um compasso. Os mais profundos estudos sobre o círculo, os ângulos e as cordas não passarão da continuação dessa investigação direta e de um aperfeiçoamento desse método de observação que não deixa nada para se adivinhar ou para se supor. É aqui que se aplica com maior propriedade a forte máxima de Confúcio: "A ciência tem por fim conhecer o objeto; quando o objeto está conhecido, a ciência está feita". E se alguém tem dúvidas de que dois e dois são quatro, é porque não sabe bem o que são dois, três e quatro. Que se tomem nozes, caroços, cubos de madeira ou pontos num papel, se chegará depressa a conhecer o conteúdo desses números, a fazê-los e desfazê-los, sem que sobre neles nada de secreto. Por isso é que eu dizia que a matemática é a melhor escola do observador.

É até mesmo a única. Fora dos números e das figuras, não há no mundo observação que não nos engane, e que não peça para ser emendada. Os astros se levantam a leste e se deitam a oeste; mas seu movimento real é de oeste a leste; e quando se observou esse movimento verdadeiro do Sol e da Lua, é preciso ainda encará-lo com uma pura aparência e pensar que esses dois astros, que parecem seguir o mesmo caminho no céu, são um, um satélite da Terra, e o outro, um astro central de que a Terra é o satélite. Para as ciências mais complicadas, fica ainda mais evidente que as aparências não nos ensinam nada; é preciso supor, é preciso adivinhar, é preciso verificar as suposições. Em suma, é preciso vencer as aparências por toda parte; e a história das ciências mostra que não se pôde vencer as aparências sem ter primeiro seguido a preparação geométrica.

Na geometria e na aritmética não há aparências a serem vencidas, nem mistério nenhum. Quando acrescento cinco a sete para dar doze, a operação é inteiramente transparente; não acontece nada ali que eu não saiba. A mesma coisa se, fazendo o cordel girar em torno da estaca até trazê-lo de volta à posição inicial, eu produzi todas as circunstâncias possíveis de grandeza angular. Consequentemente vemos que esses conhecimentos são os primeiros a se libertar dos gênios e dos deuses. Portanto resta agora libertar-se, pois os deuses mudam, desse preconceito escolar segundo o qual as ciências matemáticas são as mais difíceis de todas; pois são as mais fáceis, pelo contrário, e as únicas que convêm à criança.

LXIII

Os alunos na escola montavam seus pequenos cubos vermelhos e brancos, formando, com unidades, dezenas e, com dezenas, centenas; dez centenas davam o número mil e o decímetro cúbico ao mesmo tempo; assim, os números eram coisas, e as formas verificavam as contas. Mas o tempo passava. O Inspetor, que em tempos passados ensinara a Matemática, encontrou o seguinte para dizer:

O método concreto tem seus lados bons; mas seria melhor empregá-lo quando se ensinam as propriedades das coisas, não as relações numéricas, que são abstratas. Os métodos para contar são sumários que nos poupam de ter de prestar atenção aos detalhes e ao agrupamento das unidades reais. Quando o senhor faz uma adição, o senhor não pensa nas dezenas, nas centenas, nos mil; tudo se limita às mais simples operações, contanto que os algarismos estejam bem posicionados. Posicionamento tradicional, que alivia o espírito. Ninguém pensa em mil objetos quando conta mil. Da mesma forma, nas transformações algébricas, as quantidades ficam esquecidas, consideram-se apenas as relações. Para todas essas operações, eu focaria primeiro a meta de que a criança andasse rapidamente e nunca se enganasse.

O Professor primário era um filósofo rústico, amadurecido pela guerra. Ele respondeu com tranquilidade, no intuito de instruir o Inspetor:

Se o senhor considera a Matemática uma prática, o senhor está 100% certo. Pode-se contar sem pensar e manipular a álgebra sem pensar. Uma vez que quero capacitar essas crianças a ganhar a vida, eu as adestro como se adestram macacos. Mas reservo certas horas também para o pensamento. E, já que o tempo é curto, não espero até chegar à física, em que as ideias são difíceis de apreender; aliás, quando se começa a pensar sobre o calor ou tão somente sobre as pressões, sem estar preparado pela consideração de relações mais simples, corre-se o risco de formar macacos pensantes; e desses já se vê demais por aí. É a geometria que salva a álgebra. Mas Euclides era demasiadamente pesado para os meus cidadãos. Pelo menos, com os meus cubos de madeira, eu os detenho um longo período de tempo no exame das correspondências mais simples entre os números e as figuras. Assim são as minhas lições de coisas. Sempre pensei que a Matemática abordada desse modo é a melhor escola de observação; agora não estou longe de pensar que é a única. Pois ver água fervendo ou virando gelo, é não ver nada de distinto; não passa de crer, e sem saber direito em que se crê; ao passo que os meus cubinhos não enganam quem os manuseia. Tanto que vemos pela história das ciências que esses conhecimentos dos números e das formas foram os primeiros a se libertar dos gênios e dos deuses. Isso já basta para provar que são os mais fáceis e convenientes à infância. E esse precioso toque de verdadeiro, que se recebe dessas experiências claras, eis o que faz o homem.

Tendo ficado sonhador por um instante, ele retomou:

Os sumários ficam longe demais das coisas; cortam a ligação entre o espírito e as coisas, e vemos efeitos estranhos desse espírito separado, mesmo nos homens instruídos. Que o quadrado de dois seja quatro, que o cubo de dois seja oito, isso pode ser pensado por sumários; mas que o quadrado de um lado dobrado se recuse absolutamente a qualquer outra superfície que não o quádruplo do primeiro, que o cubo de aresta dobrada contenha necessariamente oito cubos iguais ao primeiro, são leis naturais, às quais todos os corpos estão submetidos, e que a física e a química não podem romper; assim fica apagada essa frágil ideia de convenção ou de comodidade, refrão banal dos homens que pensam sumariamente, e que não têm plena certeza de que a razão também seja uma potência. E se vamos até eles para dizer que algum novo corpo fica subtraído ao princípio da conservação de energia, você os vê sem resistência. Ao passo que se se dissesse a essas crianças que um metal raro, modelado em cubo de aresta dobrada, dá nove vezes o cubo unitário, e não oito vezes, talvez houvesse duas ou três entre elas que se poriam a rir do físico. Ora, cumpre que um homem, mesmo não passando de um mero trabalhador braçal, sinta e preserve nele essa força de espírito que julga a experiência. E o senhor não pensa que a guerra vem principalmente de uma impotência em julgar e de um pensamento mecânico?

O Inspetor já montava no seu meio de locomoção mecânico: "Com o diabo, dizia ele, acionando as pernas conforme a lei do ferro, essa guerra terminou; não falemos mais nela". Ele exercera a função de supervisor de ensino, e bem que gostaria de poder esquecer essa lembrança de glórias passadas.

LXIV

Saber ou poder, é preciso optar. Esses homens incontáveis que erguem uma antena sobre o telhado acham estar tocando na ciência com isso; mas, ao contrário, eles estão dando-lhe as costas. É uma verdadeira caçada isso de fazer cair na armadilha essas ondas invisíveis e impalpáveis; mas não é nada mais do que uma caçada. Curiosidade de poder, não curiosidade de saber. Aquele que de Paris ouve os rouxinóis de Oxford não aprende nem história natural, nem física. Muito pior, perde o gosto por aprender, por causa desse contraste entre a extrema facilidade dessa regulagem, que põe em seu poder um concerto distante, e a extrema dificuldade de saber o que ele faz quando faz a junção de certa superfície de condensador e de um certo comprimento de bobina. Seria preciso um longo desvio se se quisesse saber algo, nem que fosse só um pouco; como não optar por esse poder que flui facilmente dos dedos ao ouvido? A partir do momento em que o homem, como diz a famosa expressão, pode mais do que sabe, ele escolhe o poder e descarta o saber. Depois que o avião levantou voo sem a permissão dos teóricos, os técnicos zombam dos teóricos; esse tipo de tolice orgulhosa se desenvolve de modo surpreendente.

Um tolo qualquer dizia outro dia que é melhor não falar de energia se não se é um profundo matemático, visto que a energia é uma integral. Eu comparo o símbolo da integral a uma serpente fascinadora. O divertido é que, se consultar um matemático, ele me aconselhará a não querer compreender por meio de uma integral coisa alguma além de um sumário; e efetivamente é só um sumário. O que há para compreender nessa súmula de trabalhos, a que se dá o nome energia, exige, bem ao contrário do que dizia o nosso tolo, que se abra mão de resumir e de resolver, e que se medite longamente, à maneira de Tales, sobre os casos mais simples, em que a soma se calcula facilmente pelas quatro regras, como o do martelo-pilão erguido por um molinete e caindo sobre a cabeça da estaca. Aquele que conseguir recuperar no impacto do martelo a soma dos trabalhos efetuados sobre a manivela, simples produto de uma força vezes um comprimento, já saberá alguma coisa sobre energia. Mas então o que o tolo procurava impedir que compreendêssemos? É um homem que segue a moda. Ele fala em tecniquês. A sorte do famoso Bergson, que decerto não chegou de maneira alguma a pensar em seguir a moda, é que ele ficou na moda e se viu lisonjeando os técnicos absolutamente sem querer.

Deve-se evitar de se deixar confundir e, pelo contrário, pensar num outro tipo de progresso nas ciências, progresso por enquanto jamais visto e que seria o de distribuir um pouco de ciência genuína entre todos os homens. Deixemos as máquinas funcionarem por si; elas funcionam; elas funcionarão. Mas quanto a esse outro progresso, que salvaria o espírito do maquinista, Tales é o quanto basta, pela sua dupla qualificação de geômetra e de astrônomo. Estou, pois, no aguardo de que um eletricista, muito potente no comando de manetes, adivinhe por sua vez, segundo as caminhadas do Sol e o formato da Terra, que há regiões em que o Sol ilumina às vezes o fundo de um poço. Tales pôs-se a caminho rumo ao sul, à procura desse acontecimento novo para ele, e que se dava muito bem sem ele. Experiência que não muda senão o homem. Nessas buscas o espírito se reconhece rei na sua ordem. E por quê? Porque ele não pode mudar nada no imenso objeto; assim, não podendo manejar e mudar os solstícios, ele muda a si por uma contemplação melhor; daí decorre que, por reflexão, ele acaba sabendo o que é compreender e o que é saber. Por meio de quê ele se elevará até a dúvida, o que o técnico não consegue, apesar de se gabar disso. A dúvida não está abaixo do saber, mas acima.

LXV

É preciso ser mais que um politécnico para confundir treze com doze mais um. Doze tem sua cara; um tem a dele; e está claro que treze não se parece nem com um nem com outro. Acrescento um a doze, e isso dá uma transformação total, como se essa unidade a mais mudasse todas as demais. De resto, quem não conhece esses indivíduos que chamamos três, quatro, cinco? Assim é que, quando recrutas estão enfileirados no campo de treinamento, um homem que seria apenas homem perceberia em cada um deles um equilíbrio próprio, um rosto inimitável, um olhar que só se verá uma vez. Mas suponho que o politécnico vê aqui apenas recrutas; e nem posso ter plena certeza disso; pois o próprio politécnico é uma obra-prima da natureza, que tem inclusive pensamentos; só que, assim que ele raciocina, toma cuidado para não pensar; ele forma ideias gerais, como se diz; ele conta os homens como contaria pães italianos ou granadas. É bem verdade que mal se pode dizer que o pão italiano é um ser e que a granada absolutamente não é um ser, a não ser pela ferrugem e as marcas do acaso, que não são obra sua; ficando com isso muito semelhante às mecânicas.

Os números são mecânicas em certo sentido. Acrescento um, e mais um; o contador junta e separa como o mecânico junta e separa; ele forma um total, um produto, um cociente; e com isso ele absolutamente não pensa; e a prova é que uma máquina de calcular formará um total, um produto, um cociente bem melhor que o contador e sem formar nenhum número verdadeiro, somando ou subtraindo um e mais um pelo efeito de uma roda chanfrada, uma haste de ferro, um dispositivo de bloqueio, um parafuso. Já que uma máquina de calcular é viável, uma máquina de raciocinar é viável. E a álgebra já é uma espécie de máquina de raciocinar; você gira a manivela e obtém sem se cansar um resultado ao qual o pensamento só chegaria com um esforço infinito. A álgebra se assemelha a um túnel; você passa por baixo da montanha, sem se incomodar com vilarejos e estradas cheias de curvas; você chega do outro lado, e nem viu nada.

A geometria é um mundo maravilhoso onde se faz nascerem ideias singulares, como o são os números verdadeiros, porém um pouco mais próximas da natureza do que os números. E da mesma forma que treze não são doze mais um, assim também, só que mais obviamente ainda, uma superfície não é uma soma de linhas, e um volume é um outro ser ainda. Um hexágono não é absolutamente um pentágono com um lado a mais; aqueles que construíram o pentágono regular e o hexágono regular bem sabem que são dois seres que têm cada qual sua cara. Os sólidos regulares, que são como cristais sem matéria, representam as montanhas e os precipícios nessa viagem do geômetra. Eis como o homem pensa, associando a experiência, a imaginação e o raciocínio em cada uma das etapas do que faz.

Mas a álgebra passou por cima disso feito vento do deserto; e a máquina de pensar fabrica facilmente e em série todas essas coisas. O que convém perfeitamente ao uso comum, mas arrasta o pensamento para estranhas aventuras; como se estivéssemos fabricando sólidos em quatro dimensões; algebricamente a coisa anda por si; mas geometricamente, não; falta a experiência. Ou então, se disséssemos que o tempo é a quarta dimensão do espaço; algebricamente a coisa anda por si; mas aqui a experiência diz não.

LXVI

Todos os recursos do espírito estão contidos na linguagem; e quem não refletiu sobre a linguagem, simplesmente não refletiu. Levando adiante essa ideia, entende-se facilmente que o espírito não aparecerá para aquele que só sabe uma língua; consequentemente a versão e a tradução são exercícios escolares que nada pode substituir. A essa altura pergunta-se por que o ensino das línguas vivas não consegue se igualar à retórica latina. Indagação imensa, para a qual não tenho resposta. Porém há um punhado de afirmações fáceis que se pode fazer a esse respeito.

Um jovem com grande cultura, e amigo dos poetas ingleses que são, pelo que ele diz, os únicos verdadeiros poetas, julgou-se apto a superar as provas de mais alto nível para ensinar aos franceses a retórica inglesa. Quando se apresentou, a acolhida foi favorável; mas assim que abriu a boca para modular o *th* e o *w*, se viu desprezado. Seus juízes, de início surpresos, e logo depois entristecidos ante a confissão que ele fez de nunca haver cruzado a Mancha, aconselharam-no a frequentar por algum tempo os cocheiros de Londres. Esse tipo de macaquice deveras não lhe agradou; ele deixou o campo livre para os versados em caretas.

Chegou-me aos ouvidos que um inspetor dos estudos ingleses nos nossos liceus tirava do bolso um espelhinho e um lápis por meio dos quais dava aos alunos e ao mesmo tempo aos mestres uma lição de caretas inglesas. Ele lhes mostrava pela experiência que dobrando a língua com o lápis, diante do espelhinho, eles conseguiam dispor o aparelho fonador de modo a produzir o melhor possível o temido *th*. E é bem provável que mediante recursos desse tipo, e também com a ajuda de um alfaiate inglês, se consiga dar-se ares de um inglês, e até de certa forma o espírito de um inglês. Mas isso é tão somente copiar o animal. Com esse tipo de sucesso fica-se alheio a si, propriamente um estrangeiro. Como um homem que consegue imitar com perfeição a cantoria dos salões, ele não pode mais escapar. Essa máscara é seu pensamento. Decorre daí, desses produtos ingleses que chamamos mestres de inglês, um método de tradução cujos efeitos ridículos pude observar não poucas vezes, e método este radical, e arrogante, e desdenhoso; eles mudam o trejeito da boca. Esse tipo de trabalho fica alheio ao espírito; mas como desprezá-lo o bastante? O receio do ridículo é forte demais; ele ocupa todo o espírito.

Suponham que Cícero advogue agora em Roma. Que impressão daria nosso mestre de latim, com a sintaxe por alimento, diante de um viajante que traria de Roma uma imitação admirável do falar fanhoso de Cícero? É rigorosamente verdade dizer que se entendeu um homem quando se consegue falar fanhoso como ele. Cada um conhece esse método do diplomata que se dedica a imitar um homem no intuito de adivinhar seus pensamentos mais secretos. Mais de uma vez, por esse método de macaco, pude fazer ressoar em mim a timidez do outro, ou então seu desejo, ou seu cansaço, ou uma indulgência secreta, muito embora habilmente dissimulados. E isso não é de pouca importância na prática dos negócios. Mas não passa de astúcia de animal. Se eu advogasse contra Cícero, sairia ganhando se adivinhasse, pelo tom e pelos gestos, o que ele não revela claramente. Mas será isso compreender? Será isso alimentar o espírito? Será colher o que ele pensou de melhor, e até levá-lo adiante? Será encontrar aí o homem? Felizmente não há porteiro de hotel que fale latim. Assim, não há lápis nem espelhinho que nos dispensem ali de pensar.

LXVII

As Humanidades cabem todas em livros que não são incontáveis e, pelo que eu acho, sequer ocupariam mais espaço do que o das quatro paredes de uma sala de aula. É bem verdade que eu eliminaria milhares de volumes que não passam de comentários; mas está claro que caso se conheça bem os livros importantes, se pode abrir mão dos comentários. Estando pois as obras eternas reunidas nas paredes dessa sala, cada uma na sua melhor edição, eu daria como meta à cultura clássica saber o que há em cada um desses livros. Não quero dizer com isso que se saiba resumi-los, pois seria perder tudo, mas que se seja capaz de cair direto em determinado trecho de Platão, de Montaigne ou de Saint-Simon acerca do qual se sabe que ele define, ou esclarece, ou apresenta com um exemplo, uma ideia em que se está trabalhando. Pois eu odeio que se diga aproximadamente e em linguagem inadequada o que um autor disse tão bem. Eu exercitava jovens nesse sentido, e a mim também, perguntando, por exemplo: "Um romance é um espelho que se carrega a passeio pelo caminho; quem disse isso, e onde?". Ou então: "Encontrem-me o saco de Platão, com o sábio, o leão e a hidra". "Encontrem-me o que Aristóteles disse da mulher e da necessidade de obedecer." "Encontrem-me o acidente de Montaigne." Seria o caso de sair com um pulo, pegar o livro sem hesitação e pôr o dedo em cima da coisa. Anotações, fichas, levantamentos, eu os dispensaria; pois é preciso ler e reler, a fim de ficar familiarizado com as páginas ilustres.

O pior que eu percebo nessa cultura sem latim é que simplesmente não se saberá ler. A versão e a tradução têm esse poder de nos manter diante de um retângulo impresso, como ficam os amadores diante de uma bela gravura. Pois o amador não diz: "Eu a conheço"; ele quererá vê-la e revê-la. Uma bela página também quer ser estudada em seu todo, em suas relações, em suas luzes e sombras, às vezes em seus detalhes e às vezes globalmente através de certo recuo; mas é preciso aprender a olhar. Aqui nada substitui a versão e a tradução, e nada substitui o latim.

Bem que se gostaria de abrir mão disso, mas não se consegue. Vamos tentar assim mesmo; mas já que é assim, façamos uma tentativa benfeita, pensando no fato de que a cultura tem como principal inimigo essa leitura que vai correndo e não volta nunca, e não para nunca. Todos esses livros primordiais de que eu falava poderiam muito bem estar em francês, e ainda se poderia tirar bom proveito deles. Mas como prestar atenção? Seria preciso reler, recitar, copiar e recopiar. Não vou decidir se os textos ingleses, alemães, italianos podem suscitar essa atenção à letra que o latim dá tão bem. Seria preciso que se evitasse primeiro de querer compreender pela escuta e pronunciar como os falantes do país. Infelizmente é esse o tipo de utilidade que se procura e isso, notem bem, equivale a formar outro tipo de atenção, que a meu ver leva o espírito à ruína. Essa destreza que consiste em apreender o sentido segundo o movimento dos lábios de certa forma é inteiramente o oposto desse olhar lento, circunspecto, sempre retornando, cheio de precaução e de dúvida, que se dá a um texto de Horácio ou de Tácito. Esses rostos estão imóveis para sempre. Admito que Shakespeare tem valor equivalente ao deles; mas quem impedirá que se queira compreendê-lo como um inglês o compreende no teatro? Sempre se voltará a querer compreender o que sai desses dentes cerrados. Eis-nos no Reino da Macaquice.

LXVIII

Não há Humanidades modernas pelo mesmo motivo que faz que cooperação não seja sociedade. É preciso que o passado ilumine o presente, sem o que nossos contemporâneos são a nossos olhos animais enigmáticos. Eles são isso para nós se nos falta estudo; eles o são neles próprios se lhes falta estudo. O homem que inventa o telefone sem fio não passa de um animal engenhoso; o que há de espírito nele provém de outra fonte.

Observei um certo tipo de incredulidade que não basta para nada. Os dogmas da Igreja são à primeira vista indemonstráveis e até absurdos. Vamos admitir que assim seja, e deixá-los de lado. Mas aquele que olha para dentro das perspectivas do tempo percebe muitos outros deuses, outras cerimônias, e templos que falam humanamente. Cadeia de enigmas que impede de ficar boquiaberto porque um politécnico vai à missa. Os homens já frequentaram muitas outras missas bem diferentes. Mas é preciso chegar mais perto; é preciso conhecer um pouco mais intimamente o povo do Direito, que é o romano, e o povo sofista, que é o grego; sem descuidar do povo em adoração, que é o judeu. Aqui um sublime selvagem e impossível; aqui, por um temor desmedido, as superstições da mão e do pé, da faca de mesa e do pote de manteiga. Nos dois outros povos, tão próximos de nós também, mas por outros lados, deuses de todos os tipos e em todas as colinas, oráculos, agouros e harúspices. O Egito e a Assíria, incompreensíveis, formam o fundo longínquo. O Oriente sonha ainda mais atrás, e o polinésio dança. Ignorar-se-ia tudo sobre o homem se não se tivesse, por sorte, certa familiaridade com os judeus, com os gregos, com os romanos, que avançaram tanto em diversos setores da sabedoria, conservando também erros surpreendentes. Aquele que ignora isso ainda é selvagem, por uma incredulidade malfundamentada de que Montaigne pode nos curar; mas ele nos remete aos antigos; é preciso ir até eles. Ou então considerar Pascal uma espécie de louco e até Descartes que peregrinou a Loreto. Assim o moderno, e com isso quero dizer sem cultura retrospectiva, só enxerga loucos; mas eu o aguardo no espiritismo, na filosofia, em todos esses frutos do espanto; pois são momentos ultrapassados; mas é preciso tê-los ultrapassado e superado por uma espécie de jogo. Os estudos clássicos firmam o pé neste planeta; aí, o homem se observa crendo sem se jogar. Nossas guerras loucas vêm decerto de crer demais, como acontece com aqueles que não viram nada.

Polinésio telefonando, isso não faz um homem. Daí esses altares sangrentos e sem deus. Mas todos os altares foram sangrentos e sem deus. Não se repara suficientemente que o humanista, já com *rosa*, a rosa, se lava as mãos desse sangue misturado com a água da fonte de Bandúsia. As Bacantes voltam ao friso de mármore. A poesia cura da frenesia. As surpresas do coração são disciplinadas; um deus descarta o outro. O galope dos Centauros não lança mais pânico no ataque. Já Sócrates e Fedra, com os pés nus na água, divertiam-se em entendê-lo. São nossos trabalhos de Hércules e nossas viagens do espírito que usamos para apagar da medalha humana esse vinco de fanatismo baixo. A partir disso amadurecerá o entusiasmo que não mata. Jaurès, o modelo. Modelo de todos, e do ferreiro melhor do que ninguém; pois toda força é temível, para ela própria inclusive. Portanto, as belas-letras para todos? E por que não? Vamos olhar essa ideia de frente.

LXIX

"Primeiro o grego"; essa é a resposta que dou todas as vezes que me pedem conselho sobre a formação intelectual, qualquer que seja a área. Quer você tenha por meta a matemática ou a física, a história ou a moral, a política ou a economia, ou simplesmente a felicidade de pensar, começo dizendo-lhe: "primeiro o grego". Obviamente também me alimento com os modernos, mas foi sempre em Homero e Platão que encontrei e encontro o princípio de tudo, o princípio puro. Dizem-me que o latim, o alemão, o inglês podem veicular uma cultura, um estilo, uma busca. Posso admitir que sim. Há mais de um caminho, mais de uma beleza e até mais de uma clareza. Eu próprio sou um tanto cimeriano e gosto das nossas névoas e das nossas chuvas. Mas vejo com frequência uma espécie de camada espessa de barbárie nos pensamentos que o grego não desbastou; e nos puros latinos, quero dizer, em termos de cultura, outra camada, jurídica.

A Grécia antiga foi a ilha da incredulidade. Antes dos célebres sábios não vejo senão crença cega; depois deles, o fanatismo, as flores da fé, os santos. Tudo isso entra na constituição de nossa natureza. Ela me agrada, e não tenho escolha. Mas encontro nos gregos antigos um modelo de paz consigo mesmo de que a estatuária daquela época nos dá uma representação. Melhor ainda em Platão, e melhor ainda em Homero, vemos o atleta correr, seja ele homem ou deus, não se sabe. O maravilhoso dessa arte, e desse pensamento, e desse estilo, é que o homem aceita plena e alegremente sua situação de homem e, buscando a perfeição acima de sua cabeça, é novamente o homem que ele encontra, e uma espécie de atleta imortal. Isso significa a reconciliação da alma e do corpo, como disse Hegel.

Depois disso vejo apenas um belo esforço do homem, conquanto vão, para saltar por cima de sua sombra, uma ambição de alma que, a pretexto de desprezar as paixões, nos entrega ao humor. Trata-se de trocar os pensamentos de músculos por pensamentos de estômago. A humanidade, nessa ponta da Europa, passou do belo ao sublime. No sublime, há uma pincelada de infelicidade. Os antigos gregos eram infelizes por seus crimes; o que é muito justo. Os modernos inventaram de ser infelizes por suas virtudes. O eterno Ulisses se salva escapando dessa aventura, como de tantas outras. Mas entende-se por que digo àquele que se lança no perigoso ofício de pensar: "Tome todo o impulso de novo; volte ao princípio do nosso espírito. Calce a sandália grega.".

A incredulidade é um belo momento. Sem a incredulidade, a fé não seria conhecida. É preciso trilhar novamente esse caminho, não uma vez, mas mil vezes. Um pensamento é como uma civilização. É preciso partir da crença estúpida; é preciso salvar-se escapando disso, e sempre, pois o homem é sempre construído do mesmo jeito, ventre, coração e cabeça. Há um momento egípcio de todos os nossos pensamentos, como eu vejo um rosto egípcio nesse homem tomado de assalto por um pensamento. O rosto grego deve vir a seguir, por uma nudez admirável que se assemelha à geometria de Tales. Em seguida o Santo de vitral. Só que, meu maravilhoso amigo (assim falava Sócrates), tome muito cuidado para salvar, ao mesmo tempo que sua alma, esse espírito totalmente nu de que você precisa para correr tão rapidamente quanto a história. Pois nem tudo está dito, ou melhor, o que está dito não conta mais. Tudo é novo. Olhe como esses espíritos bem-vestidos se perdem em seu físico, em sua política, em sua economia, em sua moral. Entretanto, Tales, Sólon, Platão veriam aí, se voltassem, sempre os mesmos problemas, e sempre a mesma sibila com seu vagido. Pensadores acorrentados e convulsivos. O Olimpo grego venceu os deuses animais. Belo símbolo. Mas tudo fica sempre por recomeçar. Não jogue fora sua gramática grega.

LXX

Quando leio Homero, entro em sociedade com o poeta, com Ulisses e com Aquiles, e também com a multidão daqueles que leram esses poemas, e ainda com a multidão dos que só ouviram mencionar o nome do poeta. Neles todos e em mim faço ressoar o humano, ouço o passo do homem. A linguagem comum designa pelo belo nome de Humanidades essa demanda do homem, essa procura e essa contemplação dos signos do homem. Diante desses signos, poemas, músicas, pinturas, monumentos, a reconciliação não está por fazer, ela está feita. Entretanto finge-se acreditar que a sociedade humana está bem longe de ser um fato; a França, a Inglaterra, a Alemanha, esses são os fatos.

Está bem, podem ir procedendo à ocupação dessa posição; fortifiquem-na. Se encontrarem algum coronel de pensamento, perguntem-lhe se é habitual adorar ou só respeitar os fatos. Não. Os fatos, tem de se levá-los em conta; tem de se prestar até muita atenção neles. E, pelo contrário, o respeito e o culto se voltam, como que por si, para ideias que talvez nem existam, mas que deveriam existir, como a coragem, a justiça, a temperança, a sabedoria, e se deixamos esses coronéis de opinião nos divulgarem suas tristes necessidades de polícia feito artigos de moral, é porque damos bem pouca atenção a nossos próprios pensamentos. Eu diria até que somos demasiadamente pouco atentos aos pensamentos do nosso contraditor; pois todo homem, a todo minuto, se regula por aquilo que deveria ser, e não dá valor a mais nada.

Mas há mais coisas a dizer. A humanidade existe; a humanidade é um fato. Comte, considerando as coisas na condição de naturalista, finalmente vislumbrou esse grande ser, grande demais até para nossa visão; e ele nos joga na cara essa surpreendente descoberta, dizendo que a humanidade é o mais real, o mais vivo dos seres conhecidos. Essas palavras levantariam grandes ecos; mas que polícia secreta procedeu ao isolamento do som nas paredes? Não faltam sociólogos, inclusive os que se dizem discípulos de Comte. Não conheço um só que sequer exponha essa grande ideia; todos a desconsideram, todos a descartam com um gesto de desprezo. O estudante que quisesse ressuscitá-la perceberia imediatamente no semblante de seu mestre de pensamento sinais de impaciência, e logo em seguida de fúria. Deixem-me admirar essa nobre espécie que não se perdoa por haver traído.

Eis a doutrina, abreviadamente. Comte primeiro percebeu que a cooperação no presente não basta para definir uma sociedade. É a ligação do passado com o presente que faz uma sociedade. Mas não a ligação factual, a ligação animal; não é porque o homem herda do homem que ele faz uma sociedade com o homem; é porque ele comemora o homem. Comemorar é fazer reviver o que há de grande nos mortos, e nos mortos que são os maiores de todos. É conformar-se tanto quanto possível a essas imagens purificadas. É adorar o que os mortos gostariam de ter sido, o que eles foram em alguns raros momentos. As grandes obras, poemas, monumentos, estátuas são os objetos desse culto. O hino aos grandes mortos nunca se interrompe. Não há escritor nem orador que não procure abrigo sob essas grandes sombras; a cada linha ele as evoca, até sem querer, por essas marcas do gênio humano que estão impressas em todas as línguas. E é por esse culto que o homem é homem. Suponham que ele esqueça essas grandes recordações, esses poemas, essa língua ornamentada; suponham que ele se atenha à sua própria guarda, e à guarda do acampamento, aos gritos de alarme e de cólera, ao que o corpo produz sob a pressão das coisas que o rodeiam, ei-lo animal, buscando seu repasto e zunindo contra o obstáculo, como fazem as moscas.

O homem pensa a humanidade, ou então não pensa nada. "O peso crescente dos mortos", diz aproximadamente Comte, "não para de regular cada vez melhor nossa instável existência." Entendam bem. Nosso pensamento não passa de uma comemoração contínua. Esopo, Sócrates, Jesus estão em todos os nossos pensamentos; outros sobem pouco a pouco no céu dos homens. O mais ínfimo estilhaço de pensamento é posto no altar. Poemas, parábolas, imagens, fragmentos de imagens, estampas a ferro e fogo dos homens, todos esses enigmas são o objeto dos nossos pensamentos. Simplesmente não há pensamento nacional; pensamos num círculo muito mais amplo. Direta ou indiretamente não paramos de conversar com as sombras eminentes, cujas obras, como diz o poeta, são mais resistentes do que o bronze. Essa sociedade não está mais por fazer; ela está se fazendo; ela vai acrescendo o tesouro de sabedoria. E os impérios se vão.

LXXI

Por muito tempo minha estima pelo grego foi superior a tudo, por causa de Platão, que não tem igual. Agora me inclino a pensar que o latim talvez seja melhor ainda para o espírito. Ele está mais próximo de nós; é a nossa própria língua em seu estado primeiro; só a forma das palavras já nos assinala isso. Mas, exatamente por isso, o latim entra à força em nós causando impacto mais no íntimo, e nos traz de volta regenerados; não pelas ideias, mas pela forma, que se relaciona diretamente com a nossa vida; pois o gesto, a atitude, as paixões, enfim, toda a nossa ginástica muscular estão vinculados muito de perto à linguagem; assim, essas fortes elipses, essas pontes de uma palavra à outra, esses enigmas virgilianos terminam nossos pensamentos à maneira do gesto, como faz nossa linguagem de lavrador. Cada um sabe por experiência própria que seus verdadeiros pensamentos têm primeiro o sotaque da sua terra; eu pessoalmente medito à moda do camponês da Normandia, não como citadino. Porém o latim é mais profundamente rústico. Esses pensamentos são feitos de terra, e têm plena esperança. Como já observei frequentemente, o grego instrui mais, porém o latim prepara melhor.

    Sei latim o suficiente para respeitar um bom latinista e até para defini-lo. É um homem que não consome sua inteligência tanto quanto se poderia supor, ou pelo menos que não a esgota prematuramente; e sinto admiração pelo modo com que ele vai até o sentido conforme as regras da gramática e da própria significação das palavras. É uma dura lição quando a inteligência, engenhosa e ambiciosa sempre na medida suficiente, se vê diminuída diante de algum nó de sintaxe; assim somos trazidos de volta ao dever de pensar humanamente, e quero dizer com isso sobre os signos humanos e consagrados, e absolutamente não segundo nossa fantasia. E é o que sempre esquecerão nossos pensadores abstratos porque eles não têm letras. Não são ideias que temos de entender, e sim objetos e signos; e signos são objetos humanos. Eu diria até que os objetos como sol, lua, rio ou rosas de junho ainda nos deixam livres demais porque significam demais; decorre daí esse devaneio sem rumo, ou então esses pensamentos abstratos; ao passo que o signo humano é sagrado; ele me reduz à sua forma, pela magia que lhe é própria; familiar e estranho; como eu quiser, e isso, eu o sinto bem, mas não do mesmo modo como o sei. Um estranho nunca será compreendido porque ele se explica, que lástima!, e assim se perde ele próprio para si mesmo e para mim. Felizmente Tácito é um signo imutável, e somente signo. Toda obra de arte detém e fixa o espírito por um signo, esse sinal imperioso que ela lhe faz; mas, entre as coisas escritas, o latim tem esse privilégio, para um francês, de nos reter por uma semelhança primeira, que exige primeiro ser negada e depois reencontrada.

    De acordo com essas observações, pode-se compreender o que a experiência revelou, e que de início é escandaloso, isto é, que a versão inglesa ou alemã não substitui de maneira nenhuma a versão latina. Eu enfocaria primeiro o fato de que o uso vulgar é o que nos dá a chave dos autores modernos, o que não nos deixa muito a procurar quanto ao sentido literal; daí decorre que ficamos levantando a caça, jogo que não faz bem a ninguém. Eu diria também que os pensamentos modernos não têm tanta esperança quanto os antigos; é mais fácil refutá-los do que dar-lhes continuidade; daí decorre certa tristeza ao ler Shakespeare ou Goethe, isto é, algo que está terminado para nós, no ponto a que chegamos. O mundo moderno, a partir deles, não se abre para suficientemente longe.

LXXII

— A família, disse o fisiólogo, é uma sociedade, posso até admiti-lo, mas que recusa as leis da sociedade, como são a justiça, o direito, a igualdade e outros corpos estranhos. A família é biológica, e ninguém pode mudar nada quanto a isso. As leis podem muita coisa, mas não decidir que se terá o coração à direita.

— Apesar de tudo, afirmou o sociólogo, a família evoluiu, como gostamos de dizer. O poder paterno não é entre nós o que era em Roma. E encontraram-se vestígios de um regime familial bem mais estranho, em que o pai era ignorado, em que as mães davam seu nome aos filhos, em que o irmão da mãe era o chefe macho, o que o pai é hoje. E não vá pensar que esse regime era falto de virtudes; o amor entre o chefe macho e a mãe era um grande crime.

— Estou vendo aonde isso vai levar, disse o ledor. Essa variedade de costumes, essas estranhas diferenças que são desenvolvidas de bom grado entre os primitivos e os civilizados, tudo isso rompe a humanidade. Permitam que eu cumprimente pela centésima vez um velho conhecido, o selvagem que come o pai. E vocês atiram esses pedaços de homem aos alunos das escolas normais; eles que tratem de costurar tudo junto novamente, se conseguirem.

— O que é verdadeiro, disse o sociólogo, não é o que agrada, e quanto a isso não posso fazer nada. É um pouco tolo também acreditar, como Arlequim, que por toda parte é como aqui. A verdade dos cometas dissipou ideias que se julgava serem eternas. Da mesma forma a sociologia positiva abrirá um vasto campo de possibilidades. Já Einstein nos devolve o uso de novas articulações, do espírito, quero dizer, que nem sabíamos ter. Devemos desatar os nós, agilizar.

— Muito bonito isso, disse o fisiólogo, mas temo as metáforas; uma articulação a mais na perna, o que há de mais simples para conceber quando se é um puro literato? Mas aí está algo que nunca veremos. Um organismo é um êxito maravilhoso de condições interligadas e equilibradas. As variações possíveis são muito pequenas, pelo que acredito. E no que diz respeito a Einstein, a minha opinião é de que ele não mudou absolutamente nada. Bouasse pergunta se ele tem de refazer seus tratados de óptica; e ninguém lhe deu uma resposta. Muito estática, meus amigos; e a dinâmica como corolário.

— Isso me lembra, disse o ledor, o que um certo Auguste Comte escreveu da sociologia. Ele até explicou amplamente que essa ciência dependia de todas as ciências anteriores, e as pressupunha. Mas compreende-se facilmente que os historiadores, estranha espécie de cientistas que ignoram ingenuamente a matemática, a mecânica, a física, a química, a biologia, tenham tomado para si a sociologia, pelo menos por um tempo, o que será motivo para risadas. E o mesmo Comte tomou cuidado em dizer que as formas abortadas da família são explicáveis, assim como os monstros, apenas pelo tipo verdadeiro, que ele deduziu das condições biológicas na sua *Statique Sociale* [Estática Social] que, ao que me parece, praticamente não se lê. De resto, todo mundo deveria saber que é a dedução, comandada por uma ciência mais abstrata e mais avançada, que em toda pesquisa dá a chave da experiência. Mas seus sociólogos são alegremente, quando não arrogantemente, ignorantes. Assim, o senhor, meu caro sociólogo, que por sorte pertence à variedade alegre, o senhor não me ouve; o senhor puxa o relógio; está na hora, bem o vejo, de ir dar mais uma aula sobre a família, a construção civil, o costume, a agricultura ou qualquer coisa ao longo dos tempos. Só mais um conselho, antes que fechem a porta. A dinâmica por si só de início é fácil, mas se torna depressa impossível. Comecem pela estática.

O rápido reflexo de uma porta envidraçada lhe respondeu. Sorriso de mercador.

LXXIII

Fui um mau aluno de escola, e continuarei sendo. Quantas vezes não me vi encurralado entre dois inquisidores de filosofia, de chapéu pontudo e com um guizo de alerta pendurado lá em cima. Assim que eu abria a boca, era uma heresia, era uma temática nova e desconhecida, sobre a qual meus doutores não tinham nada a dizer, e, de qualquer forma, não teriam dito nada, pois são muito polidos; mas os guizos soavam dando o aviso, pela impaciência dos bonés pontudos. Um terceiro boné com guizo encontrava-se à minha frente, como uma promessa reservada só para mim, contanto que eu me mostrasse bem bonzinho. Hoje, quando deparo algum vendedor de chapéus com guizos, ele já não me faz mais ofertas e leio seriedade e certo desagrado em seu semblante de comerciante; é a típica expressão do dono de comércio que vai baixar a cortina de rolo.

Mas o que diziam os dois doutores quando era a vez deles de falar? E o que teria sido preciso dizerem? Pouca coisa. Um dizia: "Inconsciente". O outro dizia: "Associação de ideias". Do mesmo modo que sangrar e purgar em Molière, isso cura de todos os males, não há questão que não fique prontamente esclarecida ao se introduzir na hora certa o inconsciente ou a associação. Ou esse homem, ou essa mulher. Sempre gostei dessa colocação de Joseph de Maistre: "A natureza? Quem é essa mulher?". Vejo o movimento que ele faz com a cabeça. Se ele estivesse com um boné com guizos, não teria feito esse movimento.

Meus doutores, então, recitavam sua lição. Um dizia que nossos pensamentos são obra de um companheiro invisível e, quando se sabe o que se pensa, está tudo assentado, há várias gerações, por um outro eu e que é mais eu do que eu; e que talvez também tenha consciência, para ele, não para mim. "Mas, dizia o outro, o que é uma opinião a não ser duas ideias enganchadas. Entenda bem; ei-las deambulando pelo espírito, quando de repente, por uma ocorrência ínfima, os ganchos de uma agarraram as argolas da outra. E a sua filha é muda desde aquele tempo, justamente". O que eu mais admirava nesses discursos espantosos, é que meus doutores os faziam de uma ponta a outra sem chacoalhar os guizos, como uma mulher que num baile só pensa em seus cabelos. E esse olhar voltado para cima lhes dava esse ar de meditação que continuo admirando quando o vejo. Formando, portanto, um terceiro pensamento, como Pantagruel recebido na Sorbonne, eu dizia comigo mesmo, abanando livremente a cabeça: "Não, absolutamente não é o inconsciente que explica os pensamentos de vocês, nem ideia alguma provida de ganchos e argolas, mas é um guizo amarrado no alto de seu boné pontudo".

Essa ideia tinha seu valor. Nunca voltei a pensar nela sem vislumbrar imensas perspectivas. Pois um pensamento que agita um boné é falso – com mil diabos! – falso, e acima de tudo mal pago, e com toda a razão, sem sombra de dúvida. Dá para imaginar a zoada que resultaria se todos os guizos se pusessem a tilintar em todos os bonés. De filósofos, de ministros e até de militares. E quanto mais alto o boné, maior é o risco de fazer ressoar o incorruptível sininho. Quando o sininho badala, os cães ladram; e o imprudente doutor conhece pelos efeitos que mal a ideia poderia causar, se ela saísse; mas ela volta para dentro o eco dessas campainhas. Frequentemente escutei aqueles falantes que são do tipo prudente; não era raro eles se interromperem, sem chegar a nada; e eu ficava admirado pelo modo com que percebiam de longe os descaminhos de uma ideia perigosa em que eles ainda não haviam entrado. Mas avaliem melhor sua prudência; eles pensam no guizo deles. O cerimonial cria a ortodoxia. Devo dizer, para ser justo, que essa ideia me veio, como muitas outras, enquanto eu transpunha a barreira, com um pé de um lado e o outro do outro, o que justifica amplamente a instituição do boné com guizos.

LXXIV

Psicologia e sociologia se atiram juntas para cima do ensino primário. Quanto à sociologia, está muito bem. A história precisava de ar e de perspectiva; o anedotário recobria as instituições; trata-se de recuperar nos espíritos a noção de história universal; a humanidade vai aparecer aos olhos das crianças. Nossos sociólogos oficiais talvez não achem que seja bem assim; mas isso não tem muita importância. A imensa ideia da sociologia positiva está em Comte; é aí que nossos professores primários vão recuperá-la; ela vencerá por sua força.

A psicologia é uma ciência mal assentada. Ela é estraçalhada pelos discursadores e pelos médicos, que procuram cada um vender seu peixe. Aqui, sem receio de me enganar, posso dizer aos professores que não se cansem com essas pesquisas vãs e confusas; eles não chegarão a nada com isso. Já que, pela potência da ideia sociológica, vão voltar a Comte, que sigam esse escrupuloso pensador no juízo que ele tem da psicologia; não tenham receio, essa cabeça lúcida sabe muito bem para onde ela os está conduzindo. Entre as descobertas, ainda hoje novas, do fundador da filosofia positiva, vale ressaltar esta, segundo a qual as leis do espírito são invisíveis no indivíduo, e visíveis apenas na espécie. Portanto, para nos ater às palavras, teríamos de dizer que a psicologia positiva será sociológica ou não será. Mas quero explicar com um exemplo esses pontos de vista superiores, segundo os quais toda a nossa biblioteca psicológica pode ir direto para o lixo.

Todos os psicólogos são levados a refletir sobre a origem das ideias; em torno disso há imensas polêmicas e um amontoado de observações ambíguas. Caminho errado. Se esses observadores tivessem lido com certa atenção o capítulo imortal da *Statique Sociale* que se intitula "Théorie positive du langage humain" [Teoria positiva da linguagem humana], sem dúvida compreenderiam que a criança aprende a falar antes de aprender a pensar ou, se preferirem, que aprende a pensar enquanto aprende a falar; decorre daí que ela pensa primeiro as ideias mais abstratas e mais difíceis, e absolutamente não conforme sua breve experiência como físico, mas conforme uma experiência política, que esclarece as palavras apenas pelo espetáculo humano. Quando a criança aborda, com os olhos e as mãos, o estudo das coisas materiais, sem esse anteparo que é a mãe e a ama, por tão longo tempo colocado entre as coisas e ela, ela já é um metafísico, um teólogo, um poeta e um mago. Quanto a isso não podemos fazer nada; e é uma felicidade já que a longa infância da espécie fica assim prontamente digerida.

Agora, quais foram as primeiras ideias da espécie? Não foram extraídas de experiências simples e concordantes; ao contrário, foram loucas ideias, extraídas da experiência política, sempre ambígua, e logo intrepidamente expandidas até as estrelas, logo celebradas, enaltecidas, adoradas, contra as lições da experiência. Os contos e as mitologias nos dão uma tênue ideia dessas improvisações ousadas que foram os pensamentos da infância humana. Mas os sociólogos desta época, seguindo a impulsão de Comte, levaram bastante longe o estudo do fetichismo nu e cru; é bem verdade que, alheios ao espírito de conjunto, tão admirável no mestre, eles não reconheceram seu próprio pensamento nesses pensamentos de selvagens. É por isso que digo àqueles que querem se instruir: "Atenham-se a Auguste Comte como a uma Bíblia, durante dez anos, e não deem a mínima para todos esses Acadêmicos da Sorbonne".

LXXV

O ensino primário está entregue aos médicos alienistas. Bem se sabe a que ponto eles se enganaram ao reconstruir o homem sensato conforme o molde do louco. É verdade que, segundo a mecânica, há pouca diferença entre uma harpa desafinada e uma harpa bem afinada. Mas tudo se dá, no homem são, como se a harpa se afinasse sozinha continuamente; assim o homem médio supera as potências mecânicas e se encontra fácil e alegremente no nível das obras de homens, ao passo que o louco rola declive abaixo e, por uma pequena diferença, se acha bem mais distante da razão do que se pensa; pois suas palavras fazem ainda algum sentido para nós, mas não para ele. Portanto há um corte que o alienista não vê se ele não for superior. Ora, um médico superior é ainda mais raro, talvez, que um grande músico.

Há crianças anormais que se quer chamar retardadas; esse modo de falar não é bom. Esconde-se aí uma ideia de boa aparência, mas que não basta, pela qual a criança retardada é comparável a uma criança mais jovem e se acha por volta dos sete anos de idade, no estado do pequerrucho que mama. Mas a coisa não é tão simples. A criança normal dá saltos surpreendentes e conquista o mundo como um soberano, enquanto procuramos alguma forma de lhe ensinar as cores. E o educador se faz ainda de criança enquanto o filhote de homem já o despreza e se digna a se fazer de criança para lhe agradar. Entretanto, o médico reúne as crianças retardadas e se esforça em lhes ensinar alguma coisa, o que é lindo. Mas tendo ele conseguido abrir essas memórias rebeldes e educar essas atenções instáveis, acredita ter encontrado o segredo de instruir, e vem trazê-lo a nós. E tudo que o mestre de escola faz lhe parece fora de propósito, ou prematuro. Daí esses congressos ridículos em que os instrutores ficam reduzidos a se fazer também de crianças e a soletrar usando o *bê-à-bá*.

Um exemplo. É de primordial importância classificar os retardados, para saber exatamente em que ponto estão. Distinguem-se aquele que pensa na coisa quando ele vê o gesto ou a ação, aquele que pensa na coisa quando vê outra geralmente próxima daquela (aquele que pensa na madeira quando vê o serrote) e aquele que só pensa na coisa quando a vê; aquele que imita, mas não continua, e aquele que continua, e assim por diante. Um saberá apenas se sentar na cadeira, e o outro a levantará se ela estiver derrubada... Daí esses "testes" ou provas que indicam como se deve tratar essas larvas humanas. Mas o aluno de escola rirá do médico. Propagandeiam-se em nossas escolas invenções espantosas, espantosas pelo apoio que recebem, espantosas pelo seu crédito. Um imagina um boneco articulado de cartolina, o qual por suas diversas posições representa as letras e os números, por sinal bastante mal. O outro quer que se acrescente à articulação das consoantes algum gesto que tenha relação com ela, como apertar o nariz com dois dedos para o *n* e bater no peito para o *m*. Remeto-os a *Bouvard e Pécuchet* para maiores detalhes; as duas figuras se exercitam para reter o nome de Chilpéric pela fritura que faz ric, ric. Esses inventores são aliados dos médicos. Isso não piora as coisas para as crianças; elas conseguem digerir esses métodos aí também. Vejo, contudo, um inconveniente, além do tempo perdido pelos mestres que já têm muito que fazer: é que as crianças solicitadas dessa maneira trabalham quase sempre abaixo de suas forças e adquirem, contra sua expectativa e, me atrevo a dizê-lo, contra sua mais bela esperança, a ideia de que não é difícil se instruir e que os trabalhos da escola não passam de um jogo programado, o que produziria um tipo de desatenção metódica e uma espécie de senilidade cerimoniosa, dos quais descobri não poucos sinais nos excessivamente famosos jardins de infância. Mas a seriedade da criança triunfará, pois ela felizmente almeja objetivos que estão bem acima dos almejados pelos homens.

LXXVI

O professor primário folheava um manual de sociologia, redigido especialmente para seu uso particular, pelo que pude ver. Notei que o livro exibia sinais de uma leitura assídua. Conhecia o homem como incrédulo, entusiasta, obstinado, rigoroso; percebia em seu semblante como que um vapor de incerteza; depois ele se iluminou todo e foi direto à pergunta, como é seu costume: "Se o senhor tivesse, ele me disse, de dar lições de sociologia a professores primários, o que faria?".

– Não haveria o menor problema, eu lhe disse; nem a menor dificuldade. Eu releria uma vez mais os quatro volumes da *Politique Positive* [Sistema de Política Positiva] de Comte; para os seis volumes de *Curso de Filosofia Positiva*, a recordação muito precisa que guardo deles seria o bastante. Dessa imensa construção, eu tomaria primeiro uma visão preliminar sobre a sequência das ciências e sobre sua história, que seria ao mesmo tempo uma história das religiões. Apoiar-me-ia nisso para estipular que todas as concepções humanas referentes ao homem e ao mundo são primeiro teológicas, a infância ou a imaginação indo sempre na frente. Ainda mais por ser muito importante que a criança compreenda como a mais falsa das ideias é a que se apresenta primeiro, o que coloca a religião no mesmo plano das coisas naturais. Tendo mostrado com esse exemplo como a sociologia difere da história, chegaria à ideia de que a sociologia, sendo a mais complexa de todas as ciências, e dependendo de todas as demais, foi também a última a se libertar da teologia. E essa passada geral sobre o conjunto dos conhecimentos e seu lento desenvolvimento me serviria de exemplo da pesquisa sociológica; pois esse desenvolvimento das ciências está vinculado a um progresso político e moral, que vai da teocracia inicial à civilização militar, e enfim à civilização industrial, que é o ponto a que chegamos.

Isso tudo resolvido em três ou quatro lições, pois eu me submeteria ao espírito de conjunto, exporia sucessivamente, conforme o Mestre, três teorias capitais. Primeiro, uma teoria da família, como célula de toda sociedade, mostrando nessa oportunidade como a sociologia depende da biologia. Seguindo esse fio condutor, descreveria o amor materno como a primeira escola da sociedade. Disso passaria à teoria da pátria, e, nesse assunto cheio de embustes, me restringiria mais estritamente do que nunca a meu autor, segundo o qual a pátria é o momento da civilização que leva o homem para além da família e lhe transmite sentimentos bem mais extensos e quase tão fortes quanto os sentimentos biológicos, o que prepara a apreender e a amar a humanidade em seu todo. Conduzido assim ao principal do meu assunto, explicaria, de acordo com as preparações da minha lição preliminar, que a humanidade é um só ser e uma só sociedade, e que é o conhecimento e o culto da humanidade, inclusive em seus grandes homens, que arrematam a moral. Depois disso só teria de ditar o Calendário positivista, simplificando-o um pouco, a fim de dar a meus ouvintes uma espécie de plano das comemorações anuais por meio das quais a escola participaria da humanidade real, submetendo todos os seus trabalhos sem exceção, leitura, escrita, cálculo, história, geografia, moral, a essa sucessão dos verdadeiros professores.

— Ótimo, ele disse, isso me agrada. Mas nesse manual não encontro uma palavra do que o senhor acaba de dizer. Sinto-me autorizado a ficar surpreso.

— É que, lhe disse, há duas sociologias, a grande e a pequena. E a pequena é muda em primeiro lugar acerca da ordem das ciências por uma ignorância admirável sobre as primeiras e as mais fáceis. Em segundo lugar, acerca da família, a pequena sociologia se limita aos costumes dos selvagens, tendo muito gosto em se espantar e em espantar. Em terceiro lugar, acerca da pátria, a pequena sociologia coincide aproximadamente com a doutrina do Estado-Maior, segundo a qual a sociedade é um deus para o homem e toda a moral consiste em sentir e adorar a ligação social. Nesse sentido, a sociologia seria uma doutrina de governo, estando, com razão, subvencionada. Quanto à humanidade, a pequena sociologia a ignora, ou, melhor dizendo, a posterga para tempos melhores, em que a massa dos fatos terá sido filtrada e fichada, pois o espírito de conjunto fica severamente proscrito por esse método de historiador.

— É exatamente isso, ele exclamou. Aí está meu manual em versão abreviada.

LXXVII

O professor primário me perguntou:

Mas, afinal, o que é essa tal de sociologia? Que grande e último segredo é esse, e a tal ponto que quando se desconhece o que ele seja, não se sabe nada de nada? Não é um punhado de observações sobre as estranhas opiniões dos selvagens que podem arrogar-se o direito de ter uma ambição despótica dessas. Aonde eles querem chegar? Mudando assim a política? E, aliás, em que direção? Com que fins? Ou será só uma moda que vai passar?

Eu lhe respondi:

A sociologia é, no momento, um fanatismo. Comte instaurou uma grande ideia, certamente, que é como a física dos nossos sentimentos e dos nossos pensamentos, em que o homem só é homem pela sociedade dos homens, tão natural e inevitável quanto o sistema solar, em relação ao qual não temos outra alternativa a não ser girar com ele. Essas amplas visões são transtornadoras, se não se está armado de verdadeira ciência. Como se adorou por muito tempo o Sol e a Lua, também se corre o risco, num primeiro impulso, de adorar a Sociedade. Não é necessário nada menos que o espírito positivo, progressivamente formado pela série das ciências, astronomia, física, biologia, para dominar essa necessidade sociológica, tão próxima de nós, tão íntima, tão comovente. Por exemplo, não faltam espíritos esmagados pela hereditariedade biológica. É que não a conhecem bem. Na aparência, a física e a química nos ensinam a escravidão por uma visão sumária desses grandes turbilhões de átomos que nos arrastam; na realidade, essas ciências nos ensinam a potência; e, como disse Bacon, o homem triunfa a natureza obedecendo-lhe. Mas é preciso saber bem, e corretamente, e muito, para não cair num desespero físico--químico. Da mesma forma, e mais justificadamente ainda, os estudos biológicos exigem um espírito forte, e já preparado. Aquele que realmente sabe, cuida e cura. Aquele que só sabe um pouco, se apavora, imagina que é portador de todas as doenças, e enxerga micróbios por toda parte. Mais ainda, o aprendiz de sociologia fica com medo desse grande organismo do qual ele não passa de uma pobre célula. Em vez de tentar entender, ele prega e declama; é um profeta; é um autêntico crente.

"O que se lê de Durkheim, me disse o professor primário, condiz bem com essa ideia. Mas o próprio Comte não era uma espécie de místico ou de iluminado?"

Em tudo que se refere a Comte, eu lhe respondi, deve-se acreditar apenas em Comte. São só dez volumes a serem lidos, onde tudo fica assentado, até mesmo a verdadeira mística, em virtude de um saber enciclopédico. Mas o próprio Comte previu muito claramente o que a nova ciência poderia vir a ser, se ela fosse entregue a puros literatos. Não acredite nunca em quem não for astrônomo, físico e biólogo, quando estiver tratando de sociologia. Fatalismo sombrio; fanatismo sombrio...

"Que corresponde maravilhosamente bem, se não me engano, disse o professor primário, à trágica experiência da Grande Guerra. Pois os homens lá ficavam facilmente iluminados e desesperados, não sem uma felicidade feroz e inumana, sobretudo aqueles que, em vez de fazer, tinham só de pensar e de sentir. E o senhor me faz pensar no fato de que os selvagens, alimento indigesto de nossos sociólogos, são fanáticos desse tipo, loucos por tradição, por boatos, por imitação, por opinião, e isso por falta de um saber real acerca de todas essas coisas."

"Chegamos ao ponto, eu lhe disse. Aqui é preciso manter os olhos secos, um regime positivo de espírito, e nunca pregar, nem acreditar em si. Pois se é perigoso sentir os micróbios e a hereditariedade em seu próprio corpo, é mais perigoso ainda reconhecer, em seu próprio fanatismo, a presença e a potência do monstro sociedade. A incredulidade é a ferramenta de toda ciência. Mas o que podem fazer nesse ponto os nossos sociólogos mal preparados, que acreditam na astronomia e não a conhecem, que acreditam na física e não a conhecem?"

"Agora estou, ele disse, em plena desconfiança. Mas, enfim, se fosse intimado a fazer um esboço da sociologia positiva, será que não há algumas outras regras de prudência?"

"Há, sim, eu lhe respondi. Comte tinha percebido que o espírito sociológico não passava do espírito de conjunto; e isso equivale a sustentar, contra todas as tentações do estudo especializado, que só há uma sociedade. O objeto próprio ao verdadeiro sociólogo, e o que confere um sentido às partes, aos pormenores, aos momentos, é a humanidade em si. É positivo que nossa ciência não seria o que ela é sem Tales, Ptolomeu, Hiparco; que nossos costumes seriam outros sem a famosa revolução que partiu da Judeia e da Grécia; que nossas leis seriam outras se Roma não tivesse conquistado a Gália; assim, não somos filhos apenas desta terra aqui. Mas leia Comte; o senhor verá como ele escreve a história. E, quanto aos selvagens, a própria ideia do fetichismo tal como foi formada pelo pensador positivo, e sempre segundo o método comparativo, esclareceria adequadamente as crenças ingênuas deles. Porém, fora no que diz respeito a alguns fiéis que não têm acesso às nossas cátedras públicas, Comte fica esquecido e renegado. É de se crer que o espírito positivo ainda é o melhor guia do humano reconhecimento."

LXXVIII

Os exames são exercícios de vontade. Desse aspecto todos são belos e bons. Aqueles que se desculpam por ficarem intimidados, perturbados, esvaziados pela angústia se desculpam muito mal; esses erros, o de esperar demais, o de recear demais, enfim, o de não se controlar de modo viril, são os maiores erros e talvez os únicos erros. Eu até fecharia os olhos para a ignorância, ou, melhor, procuraria o que o candidato sabe e o forçaria ao máximo nisso. Mas diante de um menino, ou menina, que sabe, que falaria bem e que se acha paralisado por um grande medo, que opinião vocês esperam que eu tenha? É fácil até demais raciocinar bem quando não se tem nada a ganhar nem a perder. Que se comece por aí, tudo bem. A escola é bela de se ver porque lá os erros não têm grandes consequências; representam só um pouco de papel que fica perdido. Mas que um menino que tenha feito cem problemas de misturas, e não encontre mais dificuldades com isso, seja capaz, no dia do exame, de perder o fio do raciocínio nesses mesmos problemas ou então que, tendo primeiro encontrado a solução correta, fique de repente como que tomado de vertigem e estrague tudo, eis aí experiências no mínimo humilhantes. Da mesma forma um atirador que se exercitou com afinco com javalis de cartolina, no dia em que ele tem de salvar a vida, é justamente esse o dia em que ele não acerta. Saber, e não fazer uso do que se sabe, é pior do que ignorar. A ignorância não é nada; ela não traz à luz nenhum vício do espírito; pelo contrário, a falha pela emoção revela um espírito inculto, e eu diria até um espírito injusto.

O que é um espírito justo? Pesem essa expressão forte, e tão natural. Ela quer dizer isto: quando um homem se engana sobre o que ele sabe, é porque um grande orgulho o irrita, é porque ele se sente atingido em sua majestade, como essas crianças tirânicas que não sabem esperar. A linguagem comum diz também que errar é humano, e essa expressão é bela. É então que o homem se atira com todo o peso de seu corpo em seus pensamentos delicados e frágeis. Ora, se eu atacar com uma fúria dessas uma fechadura difícil, querendo ou não, a fechadura se defende bastante bem e controla meus movimentos; ao passo que meus pensamentos não se sustentam sozinhos; eles não têm senão a mim para carregá-los; eles não nascem, não se conservam a não ser por uma atenção bem administrada; pode-se até dizer que perecem só pelo desejo; e é a lei humana talvez mais severa, e a menos conhecida, essa que reza que o menor vestígio de orgulho ou de ambição nos deixa tolos.

O espírito de família é profundamente bárbaro. É o efeito de paixões fortes e que acreditam naturalmente que tudo é um direito seu. Quando a criança vive principalmente segundo essa política do coração, ela sempre conta, em decorrência, com a amizade; ela procura por seus sinais. Então, sozinha na sala de exame, longe desse favorecimento acalentador a que está acostumada, ela parece um homem que veio solicitar favores aguardando na sala de espera. Ele contempla, se é que se pode dizer desse modo, sua própria impotência, o que não é bom; bem pior, ele se indigna por não ser amado. Ele espera chegar a hora do ambicioso, a hora em que ele agradará sem merecer. Ora, ele a esperará por muito tempo, ele a esperará para sempre; pois o mundo humano engana por um sistema de intercâmbio de caretas, mas ele espera por uma prestação de serviços e um valor de governo. Por isso é que a provação do exame é útil e justa; e a despeito de fáceis declamações, aquele que não a venceu não vencerá nenhuma outra; não tanto pela preguiça e a ignorância, e sim devido a um tipo de presunção e desse incansável grito: "Eu! Eu!". Ora, esse grito comove o pai, a mãe, às vezes até o professor habitual, e qualquer um por um breve período de tempo; mas o problema é surdo e mudo.

LXXIX

Absolutamente não sou inimigo do Concurso geral. É um jogo regulamentado, como os jogos de bola ou os jogos de raquete. E assim como bem se vê que os menos hábeis em lançar ou em rebater a bola dão justamente o melhor público, discutem os lances e aclamam os campeões de todo o coração sem o menor sinal de inveja, da mesma maneira a massa dos alunos de escola forma um círculo de amadores, para a geometria, a versão latina ou o discurso francês. E que fique claro para vocês que um pingo de gente que não se empenha muito e se sai mal tem quase sempre uma opinião acerca dos bons e está sempre disposto a dar seus prognósticos e até a apostar por um ou por outro. Deve-se considerar também a felicidade de admirar, tão potente sobre os jovens e sobre todos; porém é preciso estar primeiro treinado a senti-la, e para tanto contribui a solenidade, despertando o espírito de corpo. Esse sentimento está bem próximo da animalidade; ele caminha por si em direção à tolice, à injustiça, à violência; mas é forte; liberta o indivíduo de sua miséria pessoal, da humilhação, da inveja e da chateação. E, na minha opinião, trata-se aqui da generosidade procurando abrir caminho; essa virtude cega causa quase todos os males humanos.

Que os jogos atléticos já purifiquem a ambição de todas as maneiras, pela severidade e pela sinceridade das provas, é o que fica evidente. Mas afirmar que o homem comum só se interessa por socos e pontapés é uma tese de misantropo, sem consistência e até sem verossimilhança nenhuma. Homem nenhum despreza seu próprio juízo, isso fica muito claro nas discussões; e acho, inclusive, que o homem mais comum se sente mais próximo de um belo poeta ou de um orador poderoso do que de um boxeador invencível; pois não se poderia dizer, para o boxe, que admirar seja igualar; mas para as coisas do espírito, já se ousou dizê-lo, e essas palavras soam bem. Portanto não será uma vantagem nada pequena se se atribuir aos jogos da rivalidade, da imitação e da admiração o objeto mais alto, o mais estimado e o mais próximo. Todo pensamento está sempre a ponto de compreender; e o primeiro sentimento encerra todos os pensamentos possíveis. O que o homem de gênio determina com suas palavras é justamente o que cada um queria dizer e ia dizer.

O que é nocivo, nas classificações escolares, é a colocação ruim, não a boa. A má-colocação qualifica o medíocre e pesa sobre ele, trancando-o nele mesmo. Prefiro a coroa que destaca um ou dois e iguala tudo para os demais, que formam como uma multidão compacta e indistinta, com toda a permissão para usufruir da honra de admirar. Sentimento que já observei muitas vezes e que os anos não apagam; cada qual se gaba de ter estudado nas mesmas carteiras que um aluno que ganhava todas as coroas; e esse sentimento é bem ridículo se o encararmos pelo lado negativo; não passaria de vaidade e de infantilidade. É, contudo, a pura verdade que o aluno medíocre participou de certa forma, e até de muito perto, desses trabalhos cujo fruto ele vê. São os mesmos autores, os mesmos livros, as mesmas palavras; todas as tentativas tomam corpo, nesse sucesso estrondoso; as ideias mais nebulosas se clareiam e se ordenam. Como o verdadeiro significado de uma frase obscura ou o verdadeiro desenvolvimento de uma ideia difícil esclarece de pronto o íntimo pensamento daqueles que foram ficando pelo caminho. Modelo mais longínquo no escritor; bem familiar e próximo no condiscípulo, por meio dessa ignorância ainda fresquinha, desses erros de aluno de escola, primeiro comuns a todos, por meio dessa simplicidade da existência em comum, que apaga completamente a ideia de um milagre e de uma graça de natureza individual. E esse juízo escolar, que aproxima, não rebaixa o laureado, mas, ao contrário, eleva os demais acima da triste resignação, que é o pior dos males nessa idade. Só que é preciso reconhecer que esse sentimento eminente, que é de admiração já domesticada, seria em si mesmo fraco se ele não fosse veiculado pelo espírito de corpo, a aclamação, a cerimônia, que primeiro salvam da tristeza, da humilhação e da amargura por meios exteriores e de uma energia sem comparação. Assim se ficará preparado para aclamar seu próprio pensamento em algum outro homem, o que é saber ler.

LXXX

Nesses períodos de exames, a velhice está sentada de um lado da mesa e a juventude, de outro. Os homens de idade são pelo menos dois contra um. Atenção: isso é bem claro. Consequentemente a juventude se faz velha, imitando pela atenção as rugas da idade avançada. A velhice, como compensação, faz às vezes movimentos ágeis e tem sobressaltos espantosos de substância mineral; é para dar medo, e a juventude finge ficar com medo, aproveitando a ambiguidade que se vê frequentemente entre os sinais do medo superado e os da raiva contida. Tudo isso dá mais ou menos uma ordem social, em que os mais fracos decidem tudo, mediante artifícios muito antigos. Conta-se a respeito de certos selvagens que eles mandam as pessoas idosas se pendurar, segurando-se com as mãos, em galhos que eles sacodem para reconhecer aqueles que ainda têm permissão para viver. Mas é apenas um símbolo, sem qualquer realidade. Em toda sociedade a velhice está sentada na árvore, e é proibido sacudi-la.

Sócrates estava no chão, e bem contente ali mesmo; mas por vezes, com seu braço de membro de tropa, para se divertir, ele sacudia, derrubando-os, em meio aos velhos pontífices, também alguns jovens que já iam se pendurando; os jovens ficavam felizes com esse belo jogo; os outros, nem tanto. Isso acabou pela cicuta, que é uma poção calmante. E quem não vê que em vez de administrá-la em doses maciças, e a esse homem de idade, o que deu numa morte escandalosa, teria sido mais decente dá-la a beber um pouquinho por vez, de tempos em tempos, e desde o berço, a todos aqueles que se agitam indiscretamente? Os exames não têm outra meta do que dar a conhecer se o jovem Sócrates, que não se cansa de nascer, tomou de fato regularmente a sua cicuta numa dosagem infinitesimal.

Como saber? Trata-se apenas de propor a esses jovens perguntas das que abalaram o mundo mais de uma vez, e sacudiram a árvore em cima da qual os possuidores de queijos estão empoleirados. Religião, justiça, escala de valores, civilização, sina do homem, são problemas que não devem ser formulados; e justamente eles são formulados. É convidar a sacudir a árvore. E por aí se fica sabendo que aqueles que sacodem a árvore, ou que só fazem que ela se mexa de leve ao subirem nela, ainda têm necessidade da cicuta infinitesimal.

A juventude, portanto, se empenha em falar sobre o que ignora, pois isso não oferece riscos, e em resumir livros que não leu. Pois os grandes autores, como se sabe, são extremamente perigosos para a garotada; já pensaram se víssemos Platão desenfreado, ou até Descartes, ou mesmo Kant, se os víssemos tais como foram, e sacudindo como vendavais toda espécie de árvores, isso daria um grande escândalo, e uma chuva de frutas de pedra despencando. Mas há resumos, bem embebidos de cicuta infinitesimal; e desse alimento, que envelhece o homem sem perigo, não se pode produzir nada que não seja conveniente.

Até pode-se aceitar isso em se tratando das estátuas. Mas suponham que esses homens desnudos se ponham a reviver; eles não seriam absolutamente; não, seriam mais propriamente lenhadores. Pois como chamar de outro modo aqueles que desprezam a ordem tal e qual ela é, e a subordinam de longe à perfeição do homem livre, amigo apenas do livre? Em consequência, entendo essa sociologia em pó impalpável, cicuta sintética como dizem os químicos, com que se gostaria de poder regar todos os pensamentos, tão naturalmente subversivos. Assim que se toma o homem como meta, nada funciona, diz o Velho; mas assim que se toma a sociedade como meta, então tudo funciona.

LXXXI

A Grande Guerra narrada para crianças, eis aí um belo título. Mas o que haverá sob esse título? Uma pia mentira ou a verdade nua? Nesse ponto, vejo os políticos zunindo feito vespas. Conheço um punhado deles e, melhor ainda, dos que se dizem historiadores, os quais sempre se perguntam antes de escrever uma linha sequer sobre esse assunto perigoso: "A questão não é saber se é verdade; a questão é saber se o nosso país vai ficar melhor com isso". Foi com esse raciocínio que se condenou Dreyfus. E felizmente os mesmos homens, quando se trata de coisas que presenciaram, baixam a cabeça como carneiros, dizendo: "Não mudarei uma só palavra; e se isso não agrada a nossos cegos voluntários, tanto pior!". São assim os pontos de vista contrários, muitas vezes num mesmo homem, segundo os quais um professor primário comporá sua narrativa.

E o eterno Pilatos perguntará uma vez mais: "O que é a verdade?". O ceticismo é um meio elegante de trair; sim, nove entre dez vezes, eu dizia antigamente; mas agora, bem mais instruído sobre as artimanhas do espírito, tão hábil em servir, eu direi dez vezes em dez.

Está claro que ninguém dispõe de meios para reconstituir a guerra com todos os pormenores, dizendo: "Foi assim". Será que então só teremos panfletos contra a guerra ou a favor da guerra, contra a política tradicional ou a favor dela? Um panfleto! E para essas crianças que se tornarão juízes da opinião nesse grande processo, como fazer? Ora, o professor primário tem de saber que tirará grandes luzes do livro de Norton Cru intitulado *Témoins* [Testemunhas], e que começa a fazer barulho pelo mundo. Não tentarei avaliar em poucas linhas essa obra maciça, apesar de tê-la lido com grande atenção. Já se levantaram erros nela; e qualquer um pode notar um forte preconceito contra a guerra e uma predisposição para eliminar todas as cores que poderiam, em alguns momentos, torná-la bela, ou só tolerável. Aqui o soldado de infantaria se faz juiz dos Estados-Maiores; minhas próprias paixões encontram nessas páginas um alimento da melhor qualidade. Mas registro a essa altura para meu uso pessoal um conselho que dei a outros com frequência: "Exercitem-se em defender o melhor possível a tese do adversário". Trata-se de um método poderoso, que encontrei em Sócrates. Deve-se corrigir aqui as lembranças dos soldados de infantaria, como Pézard ou Delvert, pelo Grand Quartier Général [Diário do Quartel General] de Pierrefeu, que nos retrata o pensamento e as paixões do órgão diretor. Não nos surpreenderemos mais então que chefes, que ignoram a lama, o cansaço e o estado real das coisas, telefonem dizendo friamente: "Retomar o terreno perdido custe o que custar". Pelo contrário, nos esforçaremos para compreender um outro tipo de coragem, que é a que vai contra a piedade; e nos perguntaremos: "Poderia ser de outra forma?". Pois é óbvio que o executante não é juiz do que ele pode tentar. Enfim, esse jogo terrível tem regras. Assim, é importantíssimo contemplar em seu todo, e como se faria com uma máquina, esse sistema de ferro, tão evidentemente despreocupado com a carne humana, que esmaga e estraçalha com a força efetiva das pontadas, como se fosse material fornecido para esse uso.

Por esses meios, que nos aproximarão da possibilidade de traçar as verdadeiras feições da guerra, será que garantiremos a paz? Não tenho a menor ideia. O homem é um animal irascível e que se atira com facilidade na pior das desgraças, às vezes até para se livrar da espera. Mas só digo que é preciso que se saiba o que se quer. No tempo do famoso Frederico, deixava-se um belo rapaz estonteado com relatos de glória fácil, aos quais se acrescia uma garrafa de vinho. Ele assinava e decerto não sabia para quê estava se alistando. *Cândido ou o Otimismo* passou de uma ponta a outra por essa amarga experiência. Não creio que o método do recrutador tenha mudado muito. Cada um tem só de se perguntar se ele aceita desempenhar o papel de recrutador e embriagar literalmente a juventude, tão fácil de se enganar, a fim de prepará-la para a terrível aventura. O quê? Se eu tivesse segurado Cândido antes de ele começar a beber, eu não deveria ter-lhe descrito cruamente as marchas, a fome, a lama, o ataque, os açoites? Ou é preciso adestrar os homens feito cavalos cuja vista é tampada para curá-los de ter medo? Ensinar a coragem, seria isso? Instruir, será enganar? Aqueles que acham que sim ainda não se atrevem a dizê-lo. O que eles fazem, então, eles não podem confessá-lo. Será que conseguem confessá-lo a si próprios? Ora, essa timidez dos poderes, que não me engana, é a nossa única arma. Quem bem sabe disso, rompeu um elo da corrente; tudo já vai se soltando na hora; resta só ter um pouco de paciência.

LXXXII

As lições de moral cívica são cobertas de espinhos. Não me refiro aos perigos, mas apenas às dificuldades inerentes ao assunto. Esse é o inconveniente desses programas ambiciosos; se quer ensinar tudo a uma criança, até aquilo que um homem compreende a muito custo. Aliás, está claro que os poderes nunca pararam de querer que se ensine ao povo o que está em concordância com sua política. Fanatismo quando se obedece, fanatismo quando se resiste. Contra a paixão talvez só possa haver a paixão. Todavia, pode-se dizer em sã consciência que nenhum fanatismo é bom para a infância.

Nesse assunto Comte é excelente pelo que há nele de positivo e de razão. Pode-se acompanhá-lo; pode-se transferir suas ideias para o nível da criança. Enfim, evitando os recifes, que são aqui as paixões dos outros e as minhas, eis como eu governaria a minha barca. Cada um despreza o egoísta, que só pensa no que é vantajoso para si e seguro para si. Uma criança demonstra às vezes generosidade e até uma espécie de heroísmo, por um espírito de corpo que a sujeita às regras do companheirismo. Por exemplo, ela aceitará receber uma advertência e uma punição de preferência a denunciar ao mestre um aluno culpado. Nesse exemplo, com que todos estão familiarizados, se evidenciará facilmente uma espécie de fanatismo voluntariamente cego; pois o mestre age no interesse das crianças, e as crianças estão cientes disso. Mas deve-se distinguir aí certa coragem também, e um juramento sagrado, se bem que não formulado, com o qual a criança nunca falta. Por esse sentimento social, que a une aos demais alunos e em que já estão em jogo toda a honra e toda a vergonha, a criança se eleva acima do egoísmo animal; ela vive e age para os outros e desenvolve virtudes reais.

Será útil comparar esse fanatismo, que está longe de ser totalmente ruim, com o fanatismo na família, bem mais natural, bem mais forte e universalmente honrado. Quaisquer que sejam as evidências, não se julga o seu pai, nem sua mãe; presta-se o juramento de amá-los apesar de tudo; tampam-se os olhos. Não se vai denunciá-los; não se tomará partido contra eles. Aqui o sentimento social é mais forte e mais natural do que no outro exemplo. Aqui, de um modo muito mais evidente, o egoísmo inicial fica superado; aqui supera-se a si mesmo; aqui fica-se devotado. Percebe-se até, nesse caso notável, como o egoísmo se encontra estreitamente mesclado com o altruísmo e lhe transmite sua força característica, propriamente vital. Este aqui é um grande pensamento de Comte: nossos sentimentos mais eminentes são naturalmente também os mais fracos. O homem tem de aprender a amar.

Da mesma maneira, e ainda seguindo Comte, deve-se considerar o amor pela pátria apropriado para tirar nossos sentimentos altruístas desse estado de letargia em que estão mergulhados pela preocupação com trabalhos e negócios, que sempre nos levam de volta a nós e a nossos familiares. E é assim que se deve pintar com cores verdadeiras esse entusiasmo contagioso tão facilmente desenvolvido pelos discursos públicos, as cerimônias, as comemorações, e que vai transformar como que por milagre o grande medo em uma grande amizade. Não se quer mais julgar, tampam-se os olhos; a justiça fica esquecida; fica-se deleitado em se entregar a outras virtudes, coragem, paciência, dedicação; descobrimos que estão presentes em nós com mais força do que imaginávamos; nos sentimos melhores. Os poderes ousam tudo, quase sem risco. Esse fanatismo deve ser julgado como todos os fanatismos, e como o próprio espírito de partido. Não há como negar aí uma cegueira voluntária; mas há que reconhecer também grandes virtudes, e momentos de esquecimento de si que civilizam o homem. Se se quiser fazer o verdadeiro retrato do homem, se pintarão aqui algumas figuras de heróis, tomando cuidado para não confundir os poderes, que ficam então facilmente embriagados de si mesmos, com o humilde executante que se alça, por obediência a todos os riscos, até o sentimento sublime de viver e morrer por outros. Ainda não é a justiça; é pelo menos seu instrumento.

Estando assim reunidas todas as verdades preparatórias, é preciso avaliar os valores, e enunciar, de acordo com o sentimento universal, que a pátria não é o valor mais alto. Foi o que o catolicismo não desconheceu; é o que ele não pode desconhecer sem chegar a esquecer até seu próprio nome. Mas o bom-senso é suficiente para reconhecer que a pátria faz com frequência esquecer a justiça, que os poderes se enganam, digamos quase sempre, por essa ideia evidentemente imoral de que a força tem prioridade sobre a justiça. Daí resultam tantos impérios e tantas conquistas, em que, como a história comprova, um pouco de bem fica mesclado com muito mal. Consequentemente se concluirá, sempre de acordo com o sentimento universal, que todo homem digno do nome de homem deve salvar nele mesmo uma parte de julgamento livre e invencível, que pesará, como se diz, os reis na sua balança incorruptível, e enfim reconhecerá o mais alto valor no herói da justiça, qualquer que seja sua raça e qualquer que seja seu país. A humanidade estará em seu coração; ele desejará, ele há de querer fazê-la no mundo.

Eis aí o conjunto de ideias, inteiramente comuns, que serão aqui o texto do ensino. Por uma precaução natural de não comunicar à criança suas próprias paixões, se tomará o cuidado, a meu ver, de não dizer mais do que isso. Com certeza não se pode dizer menos.

LXXXIII

Eu ensino a obediência. O leitor ríspido vai me dizer que sou pago para isso. É verdade. Mas se nossos Grandes Senhores me ouvissem acerca da obediência, julgariam que estão investindo muito mal seu dinheiro; essa espécie é insaciável; não querem eles pois a obediência, o respeito e até o amor? Então, leitor ríspido, façamos as contas, entre mim e eles, entre mim e você.

Todo poder é absoluto. A guerra leva a entender coisas desse tipo. Uma ação não pode ser bem-sucedida senão quando há concordância entre os executantes; e mesmo que tivessem a maior boa vontade do mundo, eles só estarão de acordo pelo rápido cumprimento das ordens, sem que nenhum dos subordinados invente de querer julgar e discutir. O que isso significa, a não ser que diante da recusa ou tão só da hesitação o chefe tem de forçar a obediência? Isso leva direto à última ameaça e, no instante seguinte, à punição suprema, sem o quê a ameaça seria ridícula. Fico admirado que pessoas que aceitam facilmente a guerra como parte das coisas viáveis invoquem contudo, nesse particular, a humanidade e a justiça, como se ser humano e justo estivesse dentro de suas possibilidades enquanto o inimigo ataca. É preciso saber o que se quer.

Não há paz pois há mais de um inimigo. Por isso todo poder é militar. Pelo fogo ou pela água. A rua foi barrada. Você pergunta por quê; mas o guarda não sabe o porquê. Então, invocando os direitos do cidadão, você quer passar. O guarda se opõe militarmente; ele chama reforços; se você se faz de valente, você é um pouco espancado; se exibe armas, o guarda toma a iniciativa e o mata. Quando o poder não está decidido a forçar a obediência, não há mais poder. Se o cidadão não compreende e não aprova esse mecanismo poderoso bem antes de temê-lo, não há mais ordem; a guerra está em todas as esquinas, o espectador recebe os golpes e a justiça perece.

Muito bem. E aí está a verdade que o Facismo encerra; aí está o que muitos homens sentem intensamente. Mas é preciso compreender; é preciso circunscrever; é preciso limitar, controlar, vigiar, julgar esses terríveis poderes. Pois não há homem que, podendo tudo e sem controle, não sacrifique a justiça às suas paixões, e de boa-fé; pois o homem poderoso acredita nele próprio. É por isso que essa obediência dos civilizados seria para apavorar, se não jurassem a si mesmos resistir contínua e obstinadamente aos poderes. Mas como?

O que lhes resta já que obedecem? Resta-lhes a opinião.

O espírito nunca deve obediência. Uma prova de geometria basta para mostrá-lo; pois se você acredita na palavra dela, você é um tolo; você trai o espírito. Esse julgamento interior, esse último refúgio, e refúgio suficiente, é preciso conservá-lo; nunca se deve dá-lo. Refúgio suficiente? O que me leva a crer que sim é que o que subsiste em termos de escravidão provém muito claramente do fato de que o cidadão joga aos pés do chefe seu juízo também. Ele admira; é sua felicidade; entretanto, ele bem sabe o que isso lhe custa. Quanto a mim, não consigo entender que o cidadão-caçador a pé, é assim que chamo o bom cidadão, amigo da ordem, o executante fiel até a morte, ainda se permita dar algo mais, quero dizer, aclamar, aprovar, amar o chefe impiedoso. Pois de preferência eu gostaria que o cidadão permanecesse inflexível do seu próprio lado, com o espírito inflexível, armado de desconfiança, e sempre se mantendo na dúvida quanto aos projetos e às razões do chefe. Isso equivale a se privar da felicidade da união sagrada, a fim de evitar maiores infortúnios. Por exemplo, não acreditar, por um abuso de obediência, que uma guerra é ou era inevitável; não acreditar que os impostos são calculados com escrupulosa exatidão, bem como os gastos; e assim por diante. Portanto exercer um controle lúcido, decidido, sem coração, das ações e mais ainda dos discursos do chefe. Comunicar aos seus representantes o mesmo espírito de resistência e de crítica, de modo que o poder saiba estar sendo julgado. Pois se o respeito, a amizade, as atenções se infiltrarem por aí, a justiça e a liberdade estão perdidas e a própria segurança está perdida. Pense no caso Dreyfus que volta à tona em plena luz, o que vem a calhar. Sei perfeitamente que você, bom cidadão, que não viu essas coisas, não consegue acreditar nelas. É que seria preciso compreender que abusos tão enormes, e tranquilamente confessados, são o fruto inevitável do poder sem controle. Não há nenhuma razão para que o homem que se eleva ganhe as virtudes que o pouparão de acreditar demais em si; há muitas razões para que ao se elevar ele perca essas virtudes, mesmo que as tenha. Essas reflexões amargas, conquanto úteis, dão uma ideia do espírito radical, muito bem denominado, mas ainda mal compreendido por essas almas fracas que não sabem obedecer sem amar. Então, leitor ríspido, você está satisfeito? Talvez não. Não pergunto se o poder está satisfeito. Ele nunca está satisfeito; ele quer tudo.

LXXXIV

A união faz a força. Certo, mas a força de quem? O Leviatã popular sempre arrebatará tudo se uma mesma e única ideia ocupar todas as cabeças. E o quê mais? Vislumbro os frutos eternos da união; um poder forte; dogmas; os dissidentes perseguidos, excomungados, exilados, mortos. A união é um ser poderoso, que quer a si mesmo, que não quer mais nada. O raciocínio militar mostra aqui toda a sua força: "Não posso fazer nada com subordinados que vivem criticando; quero ser aprovado; quero que me amem". E não é pouca coisa fazer de dez mil um único ser; isso esmaga tudo. A imaginação se embriaga com essa concordância, sensível até no barulho dos passos. Cada um espera efeitos maravilhosos. Ora, os soldados de Bonaparte viram a sagração e toda a antiga ordem restabelecida; não viram nada mais. A união se afirma e se celebra por si própria; ela se estende; ela se conquista. Vamos esperar em vão por alguns outros pensamentos.

Só há pensamentos num homem livre; num homem que não prometeu nada, que se retira, que faz de si um solitário, que não se incomoda em agradar nem em desagradar. O executante não é livre; o chefe não é livre. Esse louco empreendimento da união os mantém ocupados a ambos. Deixar de lado o que divide, escolher o que reúne, isso absolutamente não é pensar. Ou melhor, é pensar em se unir e em permanecer unidos; é não pensar em mais nada. A lei da potência é uma lei de ferro. Toda deliberação de potência é sobre a potência, não sobre o que se fará com ela. O que se fará com ela? Isso fica adiado, porque isso dividiria. A potência, diante do mero pressentimento de um pensamento, se estremece toda e se sente desmantelada. Os pensamentos dos outros, quaisquer que sejam, eis os inimigos do chefe; mas seus próprios pensamentos não são menos inimigos. Assim que ele pensa, ele se divide; ele se torna juiz de si próprio. Pensar, mesmo sozinho, é dar audiência, é até dar força aos pensamentos de qualquer um. Lesa-majestade. Toda vida política anda rumo a uma vida militar, se a deixarmos seguir adiante.

Pequeno partido ou grande partido. Pequeno jornal ou grande jornal, liga ou nação, igreja ou associação, todos esses seres coletivos perdem a cabeça ao procurar por união. Um corpo constituído por uma multidão de homens nunca tem senão uma cabecinha, já ocupada o bastante em ser a cabeça. Um orador às vezes se oferece aos contraditores; mas é quando ele acha que triunfará. A ideia de que ele poderia ser derrotado e, melhor ainda, ficar satisfeito em ser derrotado, jamais lhe ocorrerá.

Sócrates ia e vinha, escutava, indagava, sempre procurando o pensamento do outro; não tentando absolutamente enfraquecê-lo, mas, ao contrário, tentando dar-lhe toda a força possível. E contra isso o outro muitas vezes se irritava; pois nosso pensamento, posto em pratos limpos, nem sempre é o que gostaríamos; longe disso. A sós consigo mesmo e livre de tudo; a sós com o outro, e ambos livres de tudo. Não há luz para o espírito fora desse caminho; não há educação autêntica fora desse caminho. O homem fala aqui com seu semelhante, que ele quer que seja o seu igual. A menor prova de geômetra restabelece esse reino invisível dos espíritos. A menor experiência também; pois se não se discute livremente, não há mais nenhum tipo de prova. E não se trata de saber muito.

Contudo é assim que nos instruímos; não há outro meio. Os que terão a curiosidade de ler Platão, o que significa seguir Sócrates em seus volteios e rodeios, ficarão espantados primeiro com esses grandes caminhos que não levam a nada. Mas também ninguém disse que um espírito livre terá certeza de muita coisa; ainda menos que ele concordará facilmente com muitos homens.

Um jogador de bola, em certo sentido, tampouco ganha nada; mas mesmo que perdesse a partida, ele já teria ganhado boas pernas e bons braços. Assim Sócrates saía ganhando ao se sentir forte contra os discursos de bela aparência. Naquele pequeno país da Grécia, naqueles tempos felizes, viu-se aparecer um princípio de liberdade. Vivemos ainda hoje dessa preciosa moeda. Em nossa massa de homens, espessa, dogmática, felizmente ainda sobra um pouco desse fermento. Assim, a formação imperial, que renasce sempre, em toda nação como em todo partido, mesmo que fosse só entre dois homens, nunca é totalmente vitoriosa. Sempre resta uma centelha de incredulidade. Ó vigias da chama, só faltava adormecerem!

LXXXV

Um grupo de proletários tomou por lema essa bela palavra: "Saber". De imediato isso desperta em mim agradáveis lembranças. Penso nessa opinião que de repente desabrocha e se une e a qual, só pela potência do olhar, faz caírem juntas as mentiras militares e as mentiras políticas. Exemplo único no mundo de uma revolução sem violência nenhuma. A ameaça de uma guerra estrangeira estava esquecida ao mesmo tempo que o medo. Os direitos do homem eram pela primeira vez elevados acima da pátria; tudo se inclinava diante da reivindicação do inocente injustamente condenado. O povo, tranquilo e seguro de sua força, como que reunido num imenso anfiteatro, escutava com desdém os melhores atores trágicos da política. O mundo inteiro contemplava com admiração esses tribunais que instalavam os alicerces da paz. Foi a época em que a burguesia e o proletariado se misturavam; os mais instruídos traziam sua ciência para o tesouro comum e saíam de lá mais ricos. Está claro que, nessas Universidades populares, a troca foi de amizade mais do que de ciência. E decerto não eram necessárias luzes superiores para compreender o jogo dos tiranos, e para rir quando eles queriam nos fazer tremer. Era preciso menos ainda, dez anos mais tarde, para julgar essa lei de três anos que não nos dava sequer um homem a mais, nem uma hora de adiantamento, e que não passava de um grito de guerra para a Rússia aliada e para a Alemanha inimiga. Então entendi que eu havia desprezado demais o adversário. O proletariado isolado em seus devaneios, a burguesia fechada, os funcionários prudentes, a juventude decidida e muda, eis o que se viu. A arte de governar é cheia de recursos e nos encontramos de repente empurrados de volta à infância. No fundo era mais difícil interessar os jovens em seu próprio destino do que chamá-los ao socorro de um só inocente; e isso é belo de se dizer. Mas a generosidade será enganada novamente, e mais de uma vez. Ei-la agora massacrada; a mediocridade tem um vasto terreno à sua frente.

  Procurando então descobrir como poderíamos manter alerta e desafiadora a juventude que agora está crescendo, gostaria de tirar o melhor proveito possível de uma experiência memorável. Houve uma espécie de conflito, naquele período, entre os doutrinários políticos e os professores primários do povo. Pois o mais importante, para o nosso grupo específico, era sacudir todas as crenças sem o menor constrangimento e expulsar todos os deuses puxando-os pela barba. Mas todo partido tem seus dogmas e seus deuses. O difícil era levar os nossos amigos a praticar essa livre ginástica do espírito, em que não se considera que a necessidade mais imediata e mais premente seja, só por isso, a mais útil de ser examinada. Trazíamos a cultura, que pede disponibilidade para o lazer, a homens sem lazer e que desprezavam no mais das vezes os nossos jogos mentais. A astronomia e a física, com seus pormenores, cansavam a atenção; a história provocava risos; o robusto auditório não podia acreditar que um dia os povos tivessem podido ser tolos o bastante para seguir políticos. Assim é que o homem zomba das paixões do amor, enquanto ele não experimentar os seus efeitos. Mas aquele que ria é o primeiro a ser fisgado. Seria preciso, depois de uma dura provação, sair agora da ingenuidade e se exercitar em sentir, por um treinamento poético, essas temíveis paixões em que nunca se crê o suficiente. Quero dizer que o que mais falta a nossos amigos, os proletários, é menos a ciência das coisas, relativamente fácil quanto ao essencial, do que essa antiga ciência da natureza humana, dispersa nos grandes livros que é preciso ler vinte ou trinta vezes; e se a trigésima leitura é agradável, a primeira é ingrata e difícil.

LXXXVI

Revejo na memória esse burgo bretão com seus vitrais chumbados nas janelas e todos os sinais da imóvel antiguidade. Era no tempo das Universidades populares, e nossa equipe toda se locomovera, ao chamado do professor primário, até essa depressão na região rural. Um povo estava reunido embaixo da imensa cobertura do mercado. Eu falava com eles como com amigos. E sobre o quê? Simplesmente sobre a questão que o diabo não existe. Provava isso a eles pelo raciocínio e pela experiência. Pelo raciocínio; pois, suponham que Deus exista, o qual por definição é todo bondade, será que ele permitirá a uma espécie de gênio maligno, que seria como o deus do mal, armar mil emboscadas para os pobres homens? Como se os homens já não tivessem dificuldade suficiente para se livrar das faltas e das paixões! Não, o mal só existe na nossa imaginação, tão naturalmente louca e inclinada a crer em tudo que lhe dá medo. Isso me conduzia à experiência, e eu explicava que fugir, ou se esconder embaixo do lençol, era a pior coisa a fazer em vez de constatar, e que não há mistério nesse mundo que não se esclareça se nos aproximamos dele e damos uma volta em torno dele. Depois disso, um outro da equipe fez alguns truques com cartas de baralho, e viu-se a dama de espadas dançar ao som do cornetim; o fio invisível foi mostrado e concluí, uma vez mais, que era preciso olhar de perto o que surpreende. Não houve protestos injuriosos; o bom humor esteve sempre conosco, e vimos belas danças.

Eu tinha ao meu lado, como reforço, o rapaz mais tranquilo do mundo, que agora é um dos nossos físicos mais famosos. Ele se levantava de tempos em tempos para confirmar minhas colocações em poucas palavras, à maneira lacedemoniana. Um pouco mais tarde, ele obteve uma vitória admirável sobre os espíritos malfazejos. Como jantássemos, uma noite, na nossa taberna costumeira, vieram buscá-lo do povoado, onde havia uma casa mal-assombrada. Notem bem que esses bretões não confiaram no filósofo; simplesmente perguntaram onde estava o físico, e se ele queria vir imediatamente com eles. O físico largou o guardanapo e seguiu-os. Ele purificou a casa; suponho que sua presença fez muito e quase tudo; pois nessas coisas nunca há nada exceto medo, e um homem que não tem medo é justamente o que faz falta.

Vou deixar as grandes questões; há bastante tempo para pensar nisso; elas só são temíveis pelo medo. Os padres que me instruíram até meus doze anos eram ignorantes, e isso era fácil de se ver; mas eles eram sobretudo uns medrosos que conseguiam me dar medo. Da mesma forma, por muito tempo tive medo do trovão porque minha avó pensava que ia morrer quando trovejava. O medo pega como uma doença. Mais tarde a convivência com homens sem medo me curou do medo, sem nenhum discurso.

As coisas são mais simples do que se pensa. Os padres têm medo e dão medo; e com frequência isso deixa uma marca. Conheci um incrédulo que tinha medo do inferno. O que a criança encontra na escola laica é uma visão do mundo sem tragédia e, muito pelo contrário, um espírito de audácia, de prudência e de atividade diante das coisas, as coisas que não pensam nada, que não querem nada, que não são boas nem malvadas. Esse primeiro sentimento de curiosidade sem medo nenhum é o que está na raiz do espírito humano. Purificado de superstição, isto é, do medo de olhos fechados, o espírito pensará bem sobre tudo, o espírito conseguirá ignorar, duvidar, conjecturar, inventar, julgar; que ele vá mais ou menos longe, ainda será o espírito; e o espírito, como a linguagem comum dá a entender, é sempre a parte do homem que sabe rir, a parte que não tem medo. Deu-se uma grande mudança, pela escola laica, tão grande que mal conseguimos avaliá-la. Um povo que não é mais dirigido pelo medo é algo tão novo na história que os políticos ficam assustados; mas paciência; vejo despontar uma geração de políticos que não terá medo de não mais dar medo; e se verá uma outra metafísica, sem medo, toda poesia e toda bondade.

LXXXVII

Dizem que as novas gerações serão difíceis de governar. Sinceramente, espero que sim. Entretanto ainda não se vê sinais disso na política, a não ser por uma extrema prudência dos poderes, atualmente muito atentos à opinião. Mas o que me interessa é o movimento da inteligência, pois o futuro depende dele.

Se não se quer ser escravo, é preciso primeiro não ser trouxa e resistir no nível dos detalhes. Recusar a acreditar é o todo.

Há um movimento católico. Aliás é o movimento todo, se tomarmos católico em seu sentido pleno, que é universal. E o universal, qualquer que seja a forma de honrá-lo, é o ponto mais alto do homem, o que recusa. Ninguém pode fazer que a ação de orar não seja uma imensa recusa, uma recusa de adorar a riqueza, a potência, a força; sim, uma preocupação em medir essas coisas, em tomá-las pelo que são. Não há homem que não adore nada. A inteligência só desperta ao imolar primeiro os deuses inferiores; mas esta só desperta também mediante uma ideia muito alta de seu poder e de sua destinação. A ideia de que é preciso pensar, e que isso depende de cada um, é a própria ideia de que cada um deve salvar sua alma.

Salvar sua alma? Você quer dizer que há mais de uma forma de compreender isso. Mas as diferenças não levam muito longe. Se você encontrar um teólogo que ensine abertamente que se salva sua própria alma adulando os poderosos, cuidando primeiro de ser bem-sucedido, repetindo o que agrada sem se importar com a verdade, eu lhe dou ganho de causa. Mas você não encontrará nenhum. A principal ideia de toda religião é que, com tudo bem contado e pesado, a família, a ambição, o poder, a ordem pública, a pátria, com tudo bem medido e até convenientemente tratado, há outra coisa. Nesse sentido, é necessário que toda igreja seja superada e negada; a Igreja não é Deus; há outra coisa. O próprio Deus não é Deus; há outra coisa. O livre pensador continua o movimento do monge teólogo. Esse mosteiro que recusa tudo também não passa de uma imagem. Todo pensamento é o mosteiro de um breve instante.

Ora, quer me parecer que a juventude de hoje diz não às potências, e em voz até muito alta, e diz sim a ela mesma pensante. Bem se poderia dizer que é porque alguns dos veteranos a direcionam por aí. Mas o movimento provém mais exatamente do âmago de cada um. Quando a juventude não vê mais mestres, ela zomba, dá as costas, vai à cata de livros que não esperavam ser lidos. Seja de ciência, seja de poesia ou de filosofia, o sucesso caminha rumo ao que é solitário e difícil.

Por quê? A onda vem de longe. Não medimos a liberdade; ninguém a mede. De tanto ser chamada, ela se levanta. A guerra atroz não a liquidou. Os povos em armas pensaram bastante. Esse mosteiro dirigiu à força os pensamentos ao que importa. Isso não ficou restrito a uns poucos. Quase todos pensaram que dessa vez eles matavam a guerra. Essa ideia aí não foi enterrada. Tema comum, tema profundamente religioso. Vem a ser não menos do que uma revisão dos valores, que está sempre por ser refeita diante da arrogância dos que ganharam. Fizemos a guerra, mas há outra coisa. Somos vencedores, mas há outra coisa. A guerra despertou o espírito completamente. Todo pensamento tem prolongamentos, que são pensamentos, e isso basta. À medida que os homens afirmam que há outra coisa que conta além do que o que conta, a tirania está morta.

Outra mudança ainda. As mulheres se metem a pensar. O movimento foi hesitante, contrariado, desviado. Mulheres se tornaram advogadas e médicas; isso não mudava grande coisa. Depois veio o batalhão das que cursaram o colegial; muita palha e pouco grão, quis-se acreditar. Mas o menor pensamento tem uma continuação. As mulheres se elevavam, em silêncio, até a grande recusa, até esse terrível exame a que o aluno submete o mestre. O sentimento não falseia a ideia, como se pensa sem fundamento, na verdade ele a alimenta com a sinceridade. E acontecerá que o homem se envergonhará de ter tido medo, apesar de toda a sua força, de tantas sombras inconsistentes. Como consequência teremos, definitivamente, não uma revolução instável, e sim mais provavelmente uma mudança pequena e suficiente, através de uma liberdade e de uma resistência difusas, cujo exemplo ainda está para ser visto.

PEDAGOGIA INFANTIL

Aviso ao Leitor

Em 1924, a sra. Salomon, diretora do Colégio Sévigné, pediu a Alain um curso completo de Pedagogia infantil. Alain redigiu então as 31 lições que compõem este ciclo de 20 de outubro de 1924 a 5 de junho de 1925. O material de preparação foi conservado na íntegra e constituiu o texto reproduzido na publicação original de 1963, aqui revisto e corrigido.

O público era o das "jardineiras da infância", ainda inocente e não iniciado na filosofia. Nessas lições de Sévigné, Alain mostrava-se atento ao auditório e escrupuloso em relação ao programa. Assim, nessa sujeição às condições impostas por sua função, como ele gostava, era toda a filosofia que era preciso apresentar e recuperar. Se lerá este parecer em Histoire de Mes Pensées [História dos Meus Pensamentos]. "Eu tinha mais pena das meninas do Colégio Sévigné que, por seu lado, não eram alimentadas, e isso ficava bem visível. De mais a mais, elas não sabiam nada. E o programa impunha em vez de aconselhar. Era preciso atirar-se ao centro e ordenar as ideias em torno do centro pela retórica." Ir então direto ao centro, já nas primeiras palavras ("Chamo criança..."). Do mesmo modo, a trajetória e a ordem das lições são determinadas previamente, estipulando um curso em duas partes: uma psicologia da criança, sentimentos, ideias, ação, e uma sociologia, família, escola, sociedade, humanidade; toda essa ordem de ideias para soltar a experiência, e isso de duas formas diferentes, por um conhecimento do ser real da criança e das suas condições de existência, por uma reflexão sobre a formação e o desenvolvimento desse ser, que é o fim único.

O leitor das Considerações sobre a Educação não encontrará aqui o mesmo tom, nem talvez a mesma maneira de ler. Cada consideração basta a si mesma porque a ideia se torna o objeto; lá, a reflexão transita pelo real e se completa, tanto quanto dá forma através de uma imperiosa descrição. Assim, a concatenação da coletânea se dá sem qualquer articulação pela constância e pela convergência. A doutrina é uma sem que a unidade se revele. Fazer surgir essa unidade na ordem e no desenvolvimento das ideias, segundo o trabalho próprio do pensamento, eis o que cabe ao curso. Ele próprio se distribui conforme o projeto de instruir na seriedade e na austeridade da classe. Ele fornece o desvio pela construção das noções, explicita as divisões sistemáticas e as séries; em suma, exibe todo o instrumental de ideias que respalda necessariamente a análise, qualquer que seja. Eis a razão pela qual toda filosofia deve ficar novamente reunida e presente, no ponto em que a pedagogia finalmente deixa de ser um empirismo cego ou uma autocrítica exacerbada.

Robert Bourgne

Primeira Lição

Chamo criança o ser humano em pleno crescimento, antes da formação, antes das paixões (altruísmo) vinculadas a esta, antes da preocupação de ganhar a vida, ou, o que vem a ser a mesma coisa, antes que ele possa se instruir por experiência direta, portanto alimentado, governado e protegido pela família. Esses caracteres são o quanto basta, mas por isso mesmo é imprescindível jamais esquecê-los quando se fala da criança.

Uma observação pode nos esclarecer acerca da principal divisão do nosso assunto. O primeiro caráter (crescimento-infância do coração) é puramente biológico. O outro (protegido, etc.) é sociológico. A família, a escola, o trabalho, a nação são objetos da sociologia. Uma criança pode ser precoce e, de certa forma, prematuramente velha *biologicamente*, isto é, por um crescimento travado ou uma formação muito acelerada. Uma criança pode ser precoce também se estiver abandonada pela família e até pela sociedade, obrigada a recorrer a astúcias e a trabalhos de homem. Não é mais uma criança. Deve-se levar em consideração a criança normal.

Está claro que toda pedagogia supõe uma psicologia. Sentimentos, noções, aptidões, o todo estando em desenvolvimento, eis o que não se deve perder de vista. Mas a psicologia em si, se relacionada ao sistema das ciências positivas:

1. Matemática,
2. Astronomia,
3. Física,
4. Química,
5. Biologia,
6. Sociologia.

está no ar. Segundo o método adotado há cinquenta anos, ela estaria diretamente ligada à biologia e desenvolveria a rica temática da união do físico e do moral.[1]

Mas a posição de Comte quanto a esse assunto começa a se desenvolver. Podemos nos colocar a seguinte pergunta: Será que a psicologia pode se desenvolver bastante, será que ela consegue até mesmo começar, sem se apoiar na sociologia? A biologia não apresenta senão um termo, o físico. Acerca da constituição do Ser moral ou do espírito ou do Coração (Inteligência-Sensibilidade--Vontade), tudo é deixado para o bom-senso e para a experiência íntima de cada um. Mas o bom-senso é um bem comum e social, e a experiência íntima é profundamente modificada pelas condições sociais. Dois exemplos serão suficientes. 1º) A ideia das ciências e dos métodos não é individual. A ideia da ciência é veiculada por uma organização poderosa (Museu. Instrumentos. Laboratórios. Bibliotecas, Liceus, Colégios. Universidades.) que ao mesmo tempo descobre, inventa e ensina. A ciência de cada um, pequena ou grande, é tomada do bem comum. Não apenas há em cada um o que ele bem sabe sem tê-lo verificado, e o que ele sabe de outra forma ainda, por aplicá-lo todos os dias (o funcionário dos correios: mais uma organização), mas para todos há os livros básicos, os livros de divulgação científica, a imprensa; é como um boato, um *rumor*, porém que se fixou. Por exemplo, o cometa Halley. Um eclipse. Um avião. As telecomunicações sem fio. Daí um saber imperfeito e muito indireto, mas muito potente, muito importante para a tranquilidade do espírito, para a paz interior e pública. Os povos já não se perturbam com um cometa (o físico em Lorient). Portanto

---

[1] Desenvolver um pouco:

Sensibilidade	Constituições / Temperamento / Aptidões / Bilioso sanguíneo	Doença / Loucuras / Preguiça
Inteligência	Villey	Lesões do cérebro / Anemia cerebral
Vontade	Hércules	Fraqueza / Abulia

um homem não encontrará em si próprio o segredo de seus conhecimentos; ele tem de olhar à sua volta. Mas vamos dar sequência à ideia. Esses conhecimentos públicos que são do nosso tempo não são o feito apenas dos homens que pudemos conhecer. Eles receberam uma herança humana (internacional), eles a administram, a ordenam e a aumentam. Foi preciso tempo, e com frequência desvios. (Galileu, Descartes.) Como a ciência de hoje não é separável de um estado da civilização (Política, Costumes, Religião = Civilização), ela tampouco é separável da história humana. E como diz Comte: "É somente na espécie que se pode descobrir os verdadeiros procedimentos do Espírito".

Outro exemplo. O amor. Invenção do século XII. Decerto esse sentimento se desenvolveu e até se codificou pela mudança dos costumes, da política, da religião (A mulher remida. As aulas de Amor. Os romances. O teatro.). Portanto não é verdade que o amor seja um sentimento individual, relacionado unicamente com a biologia e a psicologia biológica. É óbvio que está relacionado com elas, como a sociologia depende da biologia, mas é preciso algo mais. O psicólogo que observa a si próprio deve muito à sua época, e também à cultura, isto é, aos modelos de todas as épocas. Decorre daí a falsa posição da psicologia que se chama introspectiva. (Por exemplo, a experiência religiosa de William James se vincula à história sociológica das religiões.)

Vou me ater a essa exposição. Procederemos a uma aplicação especial dessa ideia.

Segunda Lição

AS EMOÇÕES

Não há inconveniente algum em adotar a divisão clássica Sensibilidade, Inteligência, Atividade. Nem em distinguir três patamares na sensibilidade infantil:

- Emoção,
- Paixão,
- Sentimento.

Cada uma dessas palavras é definida pela composição e pelo uso comum. *Emoção* expressa o movimento no corpo, movimento que depende principalmente da estrutura e das ações circundantes. A Emoção só se complica pelo fato de o ser humano ter consciência dela e frequentemente procurar suas causas. Por exemplo: *Insônia* (a emoção pura). Medo. Raiva.

A paixão expressa um estado de dependência que já está implicitamente na emoção. Vejo nela algo mais, que é que a consciência encontra-se aí bastante aguçada, que a emoção aí se complica pelo fator não só do ato deliberado, mas também do juízo pensado, de onde a emoção sai redobrada, provocada, guarnecida de meios expressivos, por fim ampliada para o passado e para o futuro, e recaindo sobre objetos determinados. A exemplo de um desespero de criança (Sou malvado ou mentiroso. Desprezado. Serei sempre assim). A ideia de fatalidade se mostra aqui, ao passo que as emoções ficam logo esquecidas.

O sentimento supõe ao mesmo tempo emoções e paixões, mas aprovadas pelo sujeito e simultaneamente disciplinadas, cultivadas segundo opiniões firmes e ponderadas. Por exemplo, a criança ama os pais, admira o pai. Desaprova um bruto, se indigna, etc.

Segundo essas noções, mesmo expostas sumariamente, fica claro que a vida sensível (o coração) da criança começa pela emoção; e que o estado da infância é sempre caracterizado pelo fato de que a emoção predomina.

A emoção é um acontecimento espontâneo do corpo humano (isto é, involuntário), que depende da estrutura e que termina numa agitação geral cujos sinais mais conhecidos são o choro e o riso. Habitualmente a vigilância sobre si, a imitação dos outros, a vergonha, sem contar a atividade, modificam profundamente as emoções. Mas está claro que na criança pequena elas estão no estado de pureza ou, se quiserem, de ingenuidade. Uma excitação repentina produz arrepios que correm de um membro para o outro, e ficam sensíveis no rosto onde se notam dois tipos de efeitos:

1º Contrações musculares,
2º Vermelhidão e lágrimas.

Algumas vezes tudo se resolve pelo riso. Que mecanismo é esse? Irradiação de movimentos ou então *irritação*. Toda excitação produz um movimento que se chama reflexo e frequentemente é limitado. O bocejo é um reflexo de origem interna. (Excitação do corpo por ele mesmo.) A tosse é um reflexo de origem externa em certo sentido. O premir das pálpebras (e a pupila) são reflexos que respondem a uma excitação externa.

Um músculo de rã reage à excitação elétrica. Mas num vivente os reflexos são mais compostos. O mecanismo compreende a excitação de uma terminação nervosa, o trajeto até um centro, o retorno deste centro até os músculos motores. Por exemplo, a pupila, o bocejo e a deglutição interessam evidentemente a sistemas mais compostos. Uma excitação forte ou prolongada jamais se limita a excitar um reflexo determinado. A exemplo do clarão de magnésio. Um disparo de pistola. Todo o corpo fica remexido, e cada parte motriz se agita a seu modo. Os olhos piscam, os dentes se cerram ou a boca se abre. Os membros se agitam. A respiração fica modificada. Os movimentos da garganta e da boca produzem gritos. Efeitos indiretos; o sangue é expulso daqui ou dali, o coração bate depressa e irregularmente. Chama-se emoção-choque essa emoção pura que em si é indeterminada. (Ainda não é prazer nem dor. Nem medo nem raiva.)

Duas soluções. Uma momentânea: as lágrimas. (O que leva erradamente a considerar as lágrimas quer como um sinal de dor, quer como próprias das emoções penosas.)

A outra, definitiva, que é o riso. O riso é, propriamente, um desligamento ou um *desenlace*. Tudo que solta, movimentos flexíveis, liberação do tórax, ampla saída para a respiração. Isso faz ver a verdadeira natureza da emoção-choque, que é estreitamento e sufocação. O riso é a salvação. E a salvação ela própria é convulsiva porque a emoção se reanima.

O esboço do riso é o suspiro, que também é uma descontração, isto é, um sinal indireto da emoção. Sem dúvida não há outro prazer, *entre as emoções*, senão essa espécie de alívio, depois do medo, da ansiedade ou da surpresa (a alegria dá medo).

É favorável à solução, isto é, à alegria, tudo que restabelece a circulação livre, o que descontrai os músculos, não raciocínios. Lavagem, massagem, fricção, mudança de atitude, excitação moderada e variável. A isso deve-se acrescentar a posição deitada, a escuridão, o silêncio. O que bem sabem as amas.

No extremo oposto da emoção-choque, deve-se colocar a sonolência, ou o feliz sentimento da vida equilibrada, sem vestígio de inquietação. Essa emoção, se é que se pode expressar assim, é passageira por natureza. Sobretudo na criança ela vai direto ao sono. No adulto, e até na criança (quase no fim do crescimento), essa emoção pode ser base de um rico desenvolvimento (Devaneio. Distração. Indolência. *Preguiça*.). Mas então vêm acrescentar-se aí as opiniões. Entramos no setor das paixões e dos sentimentos.

Em estado de pureza, a emoção se desenvolve a partir da sonolência, pelo medo, primeiro efeito da irradiação. Tumulto anárquico (surpresa). Depois pela raiva que está fisiologicamente na continuação do medo. A agitação muscular se traduz em ações. Morder, bater, se debater. O rumo fica incerto entre os dois. Porém ao medo vem misturar-se bem depressa uma impaciência do medo, elemento de ordem moral. Entramos nas paixões.

A solução se dá pelas lágrimas ou pelo riso. O cansaço finalmente traz de volta à sonolência, e eis a história fisiológica de todos os nossos sentimentos sem exceção. Porém com um prodigioso floreio de opiniões e de meios expressivos.

Regra. Já que as emoções dominam na infância, é sensato não interpretá-las conforme opiniões supostas (a criança não gosta do irmão, etc.), nem principalmente conforme sentimentos duradouros (essa criança é irritadiça). Notem o duplo sentido da palavra irritação. Cumpre *procurar a agulha* e não pensar muito além disso, analisar. (Como achar que uma criança está zombando porque está rindo.)

Uma palavra aqui acerca da imitação das emoções, que é um caso da imitação dos movimentos, sequência natural de uma semelhança de forma e também dos movimentos de percepção. Mas sem dúvida não é mais a emoção pura. As opiniões interferem imediatamente. Todavia o bocejo, o pânico, a crise de riso indicam que o contágio das emoções tem suas raízes por baixo das opiniões, na própria estrutura biológica.

Sabedoria: não fazer paixões com emoções (tampouco em si), tais como antipatia, etc. Não transformar temerariamente as emoções em paixões.

Terceira Lição

AS PAIXÕES

Para começar, as paixões humanas.

Elas correspondem à primeira relação que se estabelece entre as emoções enquanto tais (mecanismo) e o juízo (ou a consciência) que as observa, as recorda e as anuncia. O receio já é uma paixão. A raiva também. A alegria também. A leviandade também. Quase não há emoções que não participem da paixão ao menos pelo fato de se ter vergonha ou medo de senti-las sem conseguir dominá-las.

Porém a paixão em sentido pleno dá a ver os caracteres seguintes:

1º Pensamentos, isto é, percepções, lembranças, antecipações quer de acontecimentos, quer de objetos, quer de *pessoas* a quem estão relacionadas as emoções dominantes. Em especial todas as paixões ficam redobradas pela consideração do futuro (incerto) e assim se complicam com *esperança* e *receio*. (São, como a alegria e a tristeza, paixões gerais.) Aqui toma lugar a cegueira. A paixão dá provas, contra e a favor de si. (A imaginação.)

2º Um juízo moral, sempre contrário às paixões e sempre impotente, "eu não posso controlar isso". É preciso interpretá-lo com exatidão. Pode-se desprezar as leis, os costumes e o juízo de outrem. Resta que todo homem gostaria de se comportar (daí essa fúria contra si que redobra, por exemplo, a timidez) e se sente escravo (A consciência infalível) e, nesse sentido, decaído a seus próprios olhos. Eu sou assim. A paixão é sempre enfocada, e isso até mesmo na criança, pela ideia de fatalidade. Isso fica muito sensível no amor. Na ambição (eu deveria... eu sou muito estúpido. O que me importa a opinião alheia). Na avareza até: "Minha mãe era mão de vaca, e eu sou ainda mais mão de vaca do que ela". Mas vale dizer que a avareza é uma das paixões que melhor se justificam perante si mesma e até perante um juiz imparcial.

3º Objetos, um conhecimento, hábitos, costumes e superstições. (A ação.) O apaixonado se cerca de objetos, gosta das ações regulares e até de rituais (o jogo, a avareza), procura aqueles que têm as mesmas paixões, os livros que os representam (o teatro) e por fim vincula a isso todos os seus movimentos, bem como todas as suas percepções (Stendhal).

As paixões principais derivam dos regimes principais (Emoções):

Alegria	–	Ebriedade (jogo). Frivolidade. Amor.
Medo	–	Avareza. Timidez.
Raiva	–	Ambição. Ferocidade. Severidade.
Sonolência	–	Preguiça.

O amor, a ambição, a avareza se sucedem como as idades.

Agora as paixões infantis.

A alegria. Paixão pelo jogo. Frivolidade em que vejo uma parte de emoção que é a da natureza móvel ativa devoradora insaciável (crescimento).

Mas também um juízo sobre si (fatalidade) e uma espécie de culto. (Os jogos sazonais. A moda. Os brinquedos. As festividades, etc.) Indisciplina, revolta. Desordem.

O medo. A avareza é rara. Mas a timidez é o estado usual. A selvageria é uma nuança, também um tipo de credulidade e de docilidade. (A imitação, a vergonha, o pudor que já são sentimentos.)

A vaidade (Comte). A vaidade mesclada com alegria explica um tipo de coquetismo (Lisonja. Agrado. Afeição expansiva), assim como um tipo de ciúme. Esses sentimentos apaixonados, tanto quanto a inveja, estão relacionados mais com a vida familiar e social da criança do que com a vida escolar.

Enfim, o medo propriamente dito, tão natural na criança, e facilmente sistemático (A noite. Os fantasmas. Os ladrões. O medo do medo).

A raiva (Arrebatamento). A raiva chega frequentemente à convulsão na criança muito nova. Mas ela também se complica muito cedo com uma opinião sobre si, com uma feroz aceitação de si. Daí se poderá compreender:

A criança birrenta (sentimento de um mecanismo que não se sabe como vencer).

A criança teimosa. É uma braveza imóvel. É o emburrado ainda mais preso a si mesmo, acorrentado a si mesmo.

O desespero infantil. Está no fundo de qualquer raiva tão logo seja paixão. Vêm mesclar-se aí vergonha, sentimentos ofendidos (amor-respeito), acima de tudo a ideia de uma condenação irrevogável e totalmente interior. Esse sentimento é muito vívido na criança, frequentemente em razão de sua inteligência e de seus sentimentos morais. É natural que o primeiro encontro entre o mecanismo e o pensamento desencadeie um escândalo.

A sonolência. Esse estado feliz se situa no nível da emoção. Mas a preguiça é propriamente uma paixão. Com frequência associada à paixão pelo jogo. (Zombaria. Frivolidade.) Em que se percebe muito bem um juízo sistemático sobre as coisas e sobre si. É quase a *ironia*. A ideia de fatalidade está incluída.

Ela predomina na preguiça que é um pensamento frequentemente muito bem assentado. (Pelos juízos dos outros. Pela opinião.) O colegial se instala e se fortalece na sua preguiça (uma parte de frivolidade). Não apenas ele não consegue se interessar por nada de sério, mas também está seguro de que não consegue, e muito preocupado em prová-lo. (O que se chama "má vontade" vem da certeza de que qualquer esforço será vão.)

Com uma mistura de raiva (birra, brusquidão, força física), a preguiça forma uma espécie de grosseria impenetrável, não isenta de orgulho.

Quarta Lição

OS SENTIMENTOS

A natureza humana é indivisível. Não há sentimento puro (que esteja relacionado apenas com a alma), mas a paixão e a emoção (máquina corporal e máquina mental) são a matéria de todos os sentimentos, mesmo os mais sublimes. O gesto, o andar, a fala, até o esboço do movimento de derrubar os ídolos, tudo isso está em Polieucto; examinemos mais de perto. Um amor superado, mas mantido e, gradualmente, uma raiva alçada ao nível da indignação e do desprezo, finalmente um medo superado, o horror de sofrer e de morrer, superado, sem o quê ele não seria um homem, ele não seria um herói. O mesmo ocorre com o sentimento da honra em Rodrigo. (Ainda entra aí de permeio certo arrebatamento, mas superado, certo desespero, mas superado.) Ver as *estâncias* de Polieucto e de Rodrigo.[1] O canto lírico é o sinal de que uma ordem superior é imposta às forças animais; mas se elas não fossem conservadas, onde estaria a poesia?

Essas observações impedem de traçar uma teoria dos sentimentos no vazio. O sentimento é total, e engloba a vida; todas essas forças desordenadas descritas até aqui sob o nome de emoções e de paixões dão corpo ao sentimento; sua força disciplinada é o que faz a grandeza do sentimento. O que a palavra *coração* na sua tripla acepção comum (Amor. Coragem. Víscera.)[2] exprime às mil maravilhas. Como treme o coração humano!

Portanto, deve-se definir o sentimento pela emoção e pela paixão, mas submetidas conforme a ideia (que é propriamente sublime) de que é necessário vencê-las, de que só se é homem pagando esse preço. A expressão *Salvar sua alma*

---

[1] Respectivamente, personagens das tragédias *Polieucto* e *El Cid*, de Pierre Corneille, constantes no programa tradicional de ensino médio francês. (N. T.)

[2] Em português, o coração está presente na etimologia da acepção "coragem". (N. T.)

toma aqui seu pleno significado. O sentimento passou então por uma aprovação e um querer, é AMADO, cultivado com alegria.

Analisemos um exemplo mais próximo de nós. O soldado de 1914 tem emoções (transes, dizia um soldado de infantaria), mas ele as supera, ou, melhor dizendo, por ser o principal, ele quer agir e pensar como se as emoções (medo, ansiedade, calafrios, tremores) fossem alheias a ele, pertencessem ao mundo físico. Dessa maneira ele consegue não aumentar isso, nem imaginar, nem remoer (os transes).

O soldado tem paixões. Privações, disciplina, injustiça são intensamente pensadas, daí decorrendo a revolta, sempre se elevando, mas no fim transformada. (Passagem da raiva à indignação, ao entusiasmo, é o que faz o herói.) O sentimento sublime que o leva a morrer (as primeiras linhas de combate na região de Champanhe em julho de 1918) é feito de todas essas emoções e de todas essas paixões; nisso, ele é humano e heroico.

Da mesma forma, o místico (uma carmelita) está continuamente em luta e torna a descer e torna a subir; esses movimentos da alma. (Ver também a análise de Jean Valjean[3] mais para o fim: o ciúme furioso, o ódio, a ira, a violência voltam. A vitória é sublime.) Insisto porque o erro corriqueiro aqui é descrever sentimentos tranquilos demais, purificados demais. Eles não existem.

O sentimento do belo no artista, se ele estivesse sozinho, não teria potência. Mas deve-se levar em conta as decepções, a impaciência, a preguiça, a intriga, o desânimo, a cobiça, o desprezo; todo esse tumulto deve ser disciplinado (ver o Michelangelo e o Beethoven de Romain Rolland). Por sinal, a música (principalmente de orquestra) exprime o sublime bem de perto, pelo tumulto, o barulho, o feio, sempre ameaçador e sempre superado. A orquestra é naturalmente um tumulto, todo som é rangido, todo canto é grito (a Nona Sinfonia). É o que faz o *corpo* da música de onde sai o hino à alegria (vontade serena), porém não sem luta nas vozes. É um motim. Essas observações são suficientes. Temos de abordar nosso tema.

As crianças conhecem o sentimento. Elas são separadas dele com frequência e quase a cada instante por essa força de vida em crescimento que as atira no

---

[3] Personagem de *Os Miseráveis*, de Victor Hugo. (N. T.)

riso, nas lágrimas, na raiva, na futilidade, no desespero. Mas, por outro lado, são levadas ao sentimento por esse espírito novo, não desgastado pela experiência, que tem naturalmente em alto conceito a natureza humana e tende a admirar os heróis, e até a engrandecê-los, e, por fim, a imitá-los. Basta ler às crianças as narrativas de ações heroicas para certificar-se disso. E seguidamente são as naturezas mais pesadas, as mais violentas, eu diria até as mais grosseiras que se jogam melhor no entusiasmo. Não há criança que não admire os grandes homens, seus pais, o mestre, e que não sonhe em se sacrificar por eles. A força de crescimento multiplica esses sentimentos porque ela as leva a se desenvolver até o estado de homem e a formar enormes esperanças. Daí provêm também mágoas profundas pela experiência da instabilidade, da fraqueza, sobretudo diante das represensões desmedidas, diante do desprezo, diante das zombarias; consequentemente, elas recaem facilmente nas paixões, sobretudo nesse desespero arrasado das crianças. E por fim no sono, nos jogos, na futilidade e na agitação, por sua força de vida (Jean-Christophe[4] quando criança). Eis por que é difícil compreender a criança.

Essa dificuldade provém sempre de uma concepção abstrata do sentimento, sendo ela própria pueril. É preciso lembrar sempre a si mesmo a ideia de que o sentimento está sempre em movimento e mudança, em caídas, em recaídas e vitórias (Turenne: "Tremes, carcaça"). Já se disse o bastante que o que dá *corpo* ao amor é a impaciência, a fúria, a violência, e isso é patente. Não se disse que chegar ao amor mais sublime consiste em que essas reviravoltas da paixão (ciúmes, queixas) e até da emoção (humor agressivo) são continuamente superados pelo sentimento superior ao mesmo tempo da fraqueza da natureza e da força do querer (juramento).

Quadro dos sentimentos infantis.

1º Os sentimentos familiais. Profundos, naturais (a mãe e a criança), mas não isentos de lutas, pesares, promessas, remorsos. É bom não se enganar a esse respeito. Os próprios pais se enganam com frequência. A maioria dos dramas de

---

[4] Personagem-título do romance de Romain Rolland. (N. T.)

família (são os mais violentos) é motivada pelo fato de que não se sabe conciliar os movimentos do humor e até as paixões com os sentimentos profundos.

2º Os sentimentos sociais. Pela própria situação da criança, eles ficam limitados à vida na escola. Nem por isso são menores nem menos intensos.

É um sentimento de admiração pelo que é propriamente humano. Que chega facilmente até o entusiasmo ou a veneração. Redobrados pela imitação. Contrariados pela leviandade. Aqui se coloca o problema da disciplina, que se examinará mais tarde.

3º Os sentimentos pessoais, acerca dos quais eu acho necessário assinalar:

A esperança (ambição infantil) que é imensa e frágil. O que há para superar aqui é o desespero e a cobiça, que são paixões.

O arrependimento. Boa vontade frágil também, pela recaída, pelo sentimento da fraqueza. A criança recai frequentemente no remorso que é um pesar e até um desespero, acompanhado da ideia de que se está condenado, não se poderá... Ao passo que o arrependimento é esse desespero superado pela firme e confiante resolução de se corrigir.

Digamos sumariamente, enquanto aguardamos a oportunidade de voltar a isso, que é preciso prestar socorro à criança para que ela se alce do remorso ao arrependimento.

Quinta Lição

A EDUCAÇÃO DOS SENTIMENTOS

É preciso tomá-la em dois sentidos. Há uma educação dos sentimentos que resulta ao mesmo tempo da mudança biológica e das condições sociais. (*Amor. Família. Trabalho. Amizade. Pátria.*) Problema sociológico, reservado, tanto mais que não se vincula diretamente ao nosso assunto.

Por aí se percebem os limites do nosso problema. O grande motor e inspirador de todos os sentimentos, o renovador e recreador, falta na infância. Poder maravilhoso preferir a alegria do outro à sua própria. Ser duplo. Amor. Maternidade. Nós não dispomos dessa potente mola propulsora. Mas só dos ricos, vigorosos, violentos movimentos de uma natureza em crescimento, portanto ávida, despótica, devoradora. Para si, e é legítimo, e aliás ingenuamente, sem pensar. O regime natural é a emoção, que depende de alimento, de sono, de cansaço, e varia como o estado do céu. Fica tanto mais difícil regulá-la, isto é, elevá-la pelas paixões até o sentimento. Não vejo aqui outra forma de controle além da moderação pelo lado de fora. Três meios, indo de fora para dentro:

    Disciplina   —   de Dionísio a Apolo
    Ginástica
    Música (Musas)   —   (Nietzsche)

Disciplina

A disciplina é a condição primeira das outras duas. E, coisa notável, quase impossível na família (a criança participa das situações e as amplifica. Ela grita se se estiver brigando) e também com a criança isolada (l'*Émile*).[1] Os fracassos de Rousseau, Bossuet, tantas crianças indomáveis, vêm sem dúvida da educação por um preceptor. Inversamente, a grande alavanca da disciplina

---

[1] Jean-Jeacques Rousseau, *Emílio ou Da Educação*. (N. T.)

é a imitação. Voltarei a essa questão. Limito-me a assinalar, de um lado, a indisciplina por imitação que vem sempre do fato *de se julgar a falta pela intenção;* e inversamente a potência de uma classe disciplinada conforme o novato, por mais indisciplinado que ele seja. Supondo-se então resolvida esta questão, essencialmente sociológica, passo à:

Ginástica

Análise da violência exterior sempre ligada à violência interior. (O gesto brusco.) Não passa de falta de jeito consigo mesmo, decorrendo daí com toda a facilidade um humor terrível, e que pode durar pela vida toda (Desmarets, Gen. Duchêne, em Saint-Simon, em Pierrefeu).

Primeiramente, o verdadeiro remédio é a Ginástica. Soltar os nós dos músculos. Aprender a fazer um movimento sem tensão inútil. Hábito, Habilidade é quase a mesma palavra. Meio: decompor, exercer a vontade em problemas pequenos, em que a criança pode se sair bem. Tal é a primeira ginástica (Por exemplo: a escrita).

2º *Os Jogos.* Ginástica livre (voltaremos a isso). Sobretudo os jogos estéticos, o que nos leva à música. Aqui novamente a ordem é primeiro a dança, depois o *canto*.

3º *A Polidez.* Antes de entrar na música, observemos que a polidez pertence à ginástica e que nela se deve atentar menos para a intenção (sobre a qual o descortês se desculpa: eu não sabia, eu não achava, eu não fiz de propósito) do que para a maneira flexível e desembaraçada de agir conforme uma regra (Efeito profundo do hábito). A dança e a polidez: ligação profunda.

A polidez é, portanto, um efeito de ginástica e de música.

Música

Em sentido estrito primeiro. O ritmo disciplina, pela previsão, pelo recomeço, pelo contágio (confiança). A voz cantante disciplina mais profundamente já que rege a existência visceral. A raiva – a impaciência – a precipitação – o medo – a embriaguez são a negação do canto. Potência do canto conjunto. Boca fechada. Canto grave e harmonioso de onde se chegará pouco a pouco aos ritmos ágeis. Essa parte da educação ainda está bastante imperfeita (vantagens do padre).

Em sentido amplo. As Musas. Todas as artes disciplinam o sentimento. Eis a ordem.

O corpo humano. Purgação das paixões. *Cultura*.	A Poesia.	Leitura e recitação. Se preparar para experimentar sentimentos humanos.
	A Tragédia.	Aprender a sentir ao aprender a expressar.
	A Comédia.	
	A construção (aprendizagem da pintura) moderação nos movimentos.	
	O Desenho (A escrita).	
	A Modelagem (onde colocá-la?).	
	A Pintura (Precaução. A arte decorativa).	

Esse desenvolvimento foi antecipado (A ação), mas era necessário.

Sexta Lição

A INTELIGÊNCIA

A origem das ideias

A criança se forma no tecido humano; mas ali permanece durante toda a infância; e, até, esse estado se prolonga para muitos. Daí uma dupla consequência que se esquece com demasiada frequência:

1º As primeiras experiências da criança, das quais ela extrai suas primeiras ideias, não têm por objeto coisas nem ordem exterior, mas a ordem humana da qual ela recebe, extrai, obtém (cf. *Riquet et M. Bergeret*).[1] Por meio de que processos? Que engenho é esse?

Por *sinais*. Os gritos, os choros, o riso. A mãe, o pai, a ama. Agradar ou desagradar, conforme os casos. (Notem que a criança significa antes de querer e de saber.) Mas sua experiência incide primeiro e por muito tempo sobre um sinal e o efeito do sinal. Desejo, pedido. Tipo de trabalho peculiar. Chama-se magia a doutrina dos povos-crianças segundo a qual tudo que se obtém das coisas depende dos sinais (gestos, palavras). E todas as religiões conservaram vestígios de magia (as rogações). Lendas: encantamentos. (Livro de feitiços. Fausto.) Ora, a magia não está mais presente nos nossos costumes. Diferenciamos entre o intermediário (mágico) e o fabricante.

A criança, porém, não consegue num primeiro momento distinguir duas ordens por só conhecer uma. As coisas que ela obtém lhe são primeiro *dadas*, como as coisas que conhece lhe são primeiro mostradas. Primeiro ela é conduzida. O obstáculo é uma potência, uma vontade, e não uma coisa. Assim tudo é um milagre. A ideia do trabalho e da produção é alheia a ela. Dessa maneira se formam suas primeiras ideias que se assemelham às ideias dos povos primitivos. A partir disso poderemos explicar os contos.

---

[1] Contos de Anatole France. (N. T.)

2º Outro caráter bem mais paradoxal. A criança aprende primeiro sua língua tal como ela é. Ela fica então lançada para a maior das abstrações. Erro desmedido de acreditar que a criança forma primeiro conhecimentos particulares e se eleva depois às ideias abstratas e gerais. Se ela estivesse sozinha e se instruísse pela ação sobre as coisas... Mas, utopia. A condição da criança é que ela aprende as palavras antes de conhecer-lhes o sentido. E, para falar com todo o rigor, ela se faz compreender antes de compreender a si mesma. [Dessa] dupla condição (1º ela ignora as verdadeiras ligações. Tudo é possível. 2º a palavra não está num primeiro momento ligada ao objeto) resulta que a criança conduz a si mesma a um alto grau de abstração e de arbitrário (Tatibitati), não procura antes de tudo expressar a variedade das coisas, mas tão só ser compreendida.

Decorrem daí inúmeras consequências.

A criança procura longamente a resposta conveniente, e não a resposta que é *verdadeira*.

A imaginação da criança é sobretudo verbal. (Narrativa. Diálogo imaginado.)

O testemunho de uma criança é sempre suspeito.

A mentira de uma criança não é nada.

As coisas são vistas pelas palavras e desempenham por muito tempo um papel subordinado.

Por fim, sendo a língua extremamente difícil, a primeira formação da criança deve sempre ter por objeto a retificação da sua linguagem. Leitura. Escrita. Vocabulário. Sintaxe. É sempre para isso que se tem de voltar. É certamente por isso que se tem de começar. As lições são primeiro de correção (polidez), em seguida de verdade. Quando se esquece isso, é que se tem da criança uma representação de pequeno físico, não de pequeno mágico. Associa-se a criança ao concreto como se o concreto lhe fosse mais familiar e fácil. Mas a lei é outra.

As ideias da criança vão ao mesmo tempo:

        Do abstrato ao concreto
        Da magia à ciência
ou   Da ordem humana à ordem externa

Poder-se-ia chamar educação essa parte mímica ou ginástica que dá primeiro a expressão (ordem humana), a instrução sendo o conhecimento da ordem exterior.

Sétima Lição

PASSAGEM DA IMAGINAÇÃO AO ENTENDIMENTO

A criança é primeiro toda imaginação, isto é, avalia as coisas e os homens segundo suas próprias afeições, ou segundo os movimentos de seu próprio corpo. Tudo é capricho, e qualquer coisa está relacionada com qualquer coisa. Por exemplo, um grande medo torna temível um determinado lugar (a porta da adega). Tudo é igualmente possível e impossível (concedido ou recusado). O que falta é acima de tudo a ideia da necessidade exterior, isto é, uma ordem das coisas, completamente indiferente a nossos desejos, mas que, em contrapartida, pela lei puramente mecânica, dá ensejo ao trabalho. E o que falta também na sequência é a ideia de uma ordem humana, sem dúvida flexível às afeições, todavia regida pela lei do trabalho de modo que no fim das contas não se pode viver segundo as afeições, mas é necessário se fazer *útil*. A criança num primeiro momento só sabe se fazer agradável (ou desagradável).

Os *Contos*, que são a filosofia dos povos-crianças, nos dão uma ideia exata das opiniões infantis. A ordem exterior não tem importância alguma. (O tapete voador. O hipogrifo de Ariosto).[1] Todas as ações dependem de gênios favoráveis ou adversos; trata-se então de viver politicamente, isto é, de conhecer os sinais. Daí os objetos mágicos, lâmpadas, anéis, que são sinais por procuração. (Quando eu mostro o anel, faço um sinal em nome de outro.) Esses objetos são a mais antiga *escrita* (o cunho). Coisa notável, o que aparece de sensato, de constante nessas ficções, é a ordem em si das afeições, e isso até sem nuanças, conforme as marcas da imaginação (Simpatia. Antipatia.) que divide naturalmente os seres em *bons* e *malvados* (Psicologia da "Bibliothèque Rose").[2] Obviamente a criança

---

[1] Em *Orlando Furioso*. (N. T.)

[2] "Biblioteca Rosa", tradicional coleção de livros para crianças da Editora Hachette. (N. T.)

(ou o povo-criança) é conduzida aqui por sentimentos imutáveis que se devem à natureza (a mãe) e à vida em família (o pai). As irmãs de Cinderela continuam malvadas. Em compensação o que é bom continua a ser bom. O príncipe encantado é fiel; os encantamentos encontram aqui seus limites. Assim a *Lei* moral sem matizes (O Juramento. A Fidelidade. O Dever. A Provação.) é a primeira forma da ideia de lei, como a própria palavra o indica. Notem como a criança admite com facilidade a lei, a regra. Isso deverá ficar registrado, para quando tratarmos da questão da disciplina. O estudo dos primitivos (sociólogos) verifica muito bem essas concepções relativas à infância. Pois de um lado eles não têm a ideia de necessidade exterior, mas, de outro, vivem de acordo com noções absolutas acerca do Permitido e do Proibido (Tabu). Eis então o caos de que a inteligência deve sair. É preciso, aqui, tentar seguir a natureza. Como uma criança muito mal-instruída será quando adulta? Por uma experiência que primeiro o levará a compreender a lei do trabalho, decorrendo daí uma avaliação mais matizada dos caracteres e das verdadeiras leis da natureza humana (as engrenagens do interesse e o peso da necessidade). É a ideia de uma outra justiça (os serviços). (A criança mimada acha durante muito tempo que se trata de agradar, daí a vontade.) Depois disso, e principalmente pelo trabalho manual, a ideia da natureza indiferente (*non nisi parendo*).³ E ao redor, pelo que se ouve dizer, a ideia da ordem natural (astronomia, ciências mecânicas, físicas, químicas e até biológicas: medicina. As leis sociológicas são as últimas a aparecer).

Trata-se de levá-la ao mesmo ponto, só que mais depressa.

A condição prévia é o conhecimento da linguagem e principalmente da leitura, que é de muito longe a parte mais difícil. (A ortografia depende dela; ela é o sinal da verdadeira leitura.)

A lei da família é que ali a linguagem fica resumida, convencional, caprichosa. Abreviações, apelido. Gaguejos. Grito. Inflexão. Deformação. O que importa é ser compreendido. E a criança primeiro é ajudada pela mãe, pela ama, por todos. Daí uma corrupção contínua da linguagem falada, que prossegue nos jogos, no relacionamento, nas profissões (A gíria. A vulgaridade proposital.

---

³ Da expressão latina: *Natura non nisi parendo vincitur* [Não se governa a natureza senão obedecendo-lhe]. (N. T.)

A linguagem secreta, fechada, de casta, de ofício, de profissão. O operário, o operador da bolsa de valores, o militar).

É evidente que é a escrita que salva a linguagem e o livro ainda mais, pois pela ortografia ele preserva ou tende a preservar a pronúncia. É pela leitura que a criança se submete à ordem humana e adquire o conhecimento da natureza humana. Cumpre que ela assuma essa sujeição o quanto antes, sem condescendência para consigo, e até ficar perfeitamente familiarizada. Isso não é tão comum quanto se imagina. (O iletrado que lê. A mãe Plutarque).[4] A leitura deve portanto ser corrente, mas sempre ordenada. Um duplo resultado: pronúncia correta, até mesmo um pouco enfática (recitação), mas também leitura *visual*, isto é, muda. A poesia convém ao primeiro ponto, a prosa, ao segundo. É um problema que não está resolvido. Eis as dificuldades.

O costume de aprender as letras, de juntar, de soletrar é bom (do simples ao complexo). O jogo das letras. Mas não deixa de ter inconvenientes. Há outro método, natural (reconhecer a palavra), que se deveria praticar também, seguindo o método das rápidas aparições, por exemplo. E também a frase de uma vez só. Eu recomendo a leitura repetida de um mesmo trecho.

A gramática se apresenta do mesmo modo. Há a análise lógica e *o uso* (pelos autores), isto é, uma mescla de instrução e de educação.

A composição ou redação se ordena de duas maneiras igualmente. Por imitação ou por descrição. Por imitação; demonstra-se consideração pela ordem humana, representada pelos bons autores (o uso *comum*). Por exemplo: colocar versos em prosa. Uma narrativa segundo um autor. Narrativa depois de uma peça de teatro. Passar do estilo direto ao estilo indireto, ou o inverso. É a parte da educação. A ordem humana.

Descrição de uma coisa vista e, melhor ainda, de uma coisa presente. (Intermediário: de uma coisa mostrada e retirada. Por exemplo, uma flor, um inseto, um quadro, uma estátua, uma máquina, um móvel, uma ferramenta. Seria preciso fazer uma gradação.) Esse exercício deveria ser precedido ou acompanhado de um quadro de vocabulário e de sintaxe. A ordem exterior.

---

[4] Personagem de *Os Miseráveis*, de Victor Hugo. (N. T.)

Importante. A correção no quadro-negro. O texto irrepreensível, *relido, recopiado, aprendido*. Aqui nunca se irá devagar o bastante. O erro habitual é admirar demais toda a graça da infância e esquecer a *forma escrita*, digna de ser impressa.

Uma palavra aqui sobre as línguas estrangeiras, as línguas antigas, a explicação, a tradução, a versão. Vantagens e inconvenientes de cada uma.

>Para a tradução: ler bem e entender bem. Mas linguagem convencional.
>Para a versão: passar pela ideia ou pelo objeto. Mas adivinhar.
>Para a explicação: às vezes rápido demais, às vezes devagar demais.

A explicação francesa. Problema: substituir os três. Obstáculo: cair nos paralelos, não penetrar no texto.

Observação global. O aluno deve tanto quanto possível escrever, sempre agir. O mestre deve FALAR pouco.

Oitava Lição

PASSAGEM DA IMAGINAÇÃO AO ENTENDIMENTO (CONTINUAÇÃO)

A Cultura e o Saber

A linguagem por si civiliza o indivíduo, já que regula ao mesmo tempo o gesto e a voz, e requer atenção por ser uma lei humana ou lei comum. É óbvio que o estudo das línguas antigas ou modernas caminha para o mesmo fim. Daí o fato de se ser conduzido aos historiadores, aos contistas, aos poetas, isto é, àquilo que se chama cultura literária. Mas atualmente duas ordens de estudos disputam entre si o aluno. A discussão não gira mais em torno da necessidade de o indivíduo estar familiarizado até certo ponto com ambas (as Letras e as Ciências). Mas trata-se de saber se uma dessas duas disciplinas deve naturalmente preceder a outra, e qual delas.

É ponto pacífico que o estudo das línguas deve ser iniciado o mais cedo possível (a maneira pela qual Montaigne aprendeu o latim); entra aqui, como em toda a cultura literária, um certo grau de macaquice, ou, digamos, de polidez, que bate com a índole imitativa da infância. Por outro lado, nunca ouvi dizer que as ciências devam ser abordadas o quanto antes. (Não incluo aí o cálculo, sobretudo mental, e até mesmo escrito, que pertence à linguagem e se aprende maquinalmente.) Convenciona-se considerar que as noções de ciência, como são algumas vezes divulgadas nos jornais e em conferências, não formam realmente o espírito; assim será a ciência para crianças. A ciência deve ser de entendimento, ou então não é nada. Em decorrência disso se poderia supor que os estudos literários devessem preceder os estudos científicos. Conheci jovens que depois do desvio literário brilharam nas ciências; ouvi falar de muitos outros mais. Cogitei que era bom fortalecer o espírito e agilizá-lo pelos exercícios da retórica, e que era assim que ele era levado ao amadurecimento, por exercícios gradativos de atenção. O prazer, o sentimento, a beleza poética sendo aqui auxílios naturais, e a atenção nua, para com as ideias propriamente ditas, só podendo vir em seguida. Sem contar que um conhecimento aprofundado da linguagem é necessário à reflexão e ao severo trabalho de análise. (Falta-lhe retórica.) Em suma, se se tem de buscar ao mesmo tempo o pensamento correto e a expressão correta, é uma sobrecarga à qual, frequentemente, o espírito não resiste.

Essas observações não constituem uma doutrina. Mas a doutrina existe, e essas observações nos preparam a perceber sua importância. Trata-se de Comte, sem dúvida a maior cabeça pensante do século XIX. Deve-se a ele, primeiro, uma noção clara da cultura literária e da formação científica, conforme a distinção hoje clássica entre a ordem humana e a ordem exterior. As Letras nos fazem conhecer a ordem humana, isto é, ao mesmo tempo que os meios de expressão, todo o universo moral e político, os comportamentos, os costumes, os diversos povos, os grandes homens, as ações ilustres, as paixões, os sentimentos, as virtudes e os vícios, imensa paisagem que explica o meio familial, os amigos, os vizinhos; aqui se desenvolve a agudeza de espírito, isto é, a arte de observar, de adivinhar, de prever, de interpretar, de julgar, que não se dá no princípio por regras e que talvez não possa ser reduzida a uma regra. É como uma viagem e uma série de conversas com os grandes espíritos (e além do mais estudadas, como assinala Descartes) que vai mais longe do que a família e o país e nos desvenda a humanidade inteira (as humanidades), isto é, ao mesmo tempo o que muda e, correlativamente, o fundo humano invariável. Dizendo melhor ainda, um modelo (pela expressão ordenada) dos sentimentos, e uma purificação e purgação das paixões (Aristóteles). É como uma polidez aumentada, e uma sociedade com o que a Humanidade produziu de melhor. Sem contar que se aprende, aí, a agir no meio dos homens e sobre os homens, o que frequentemente é o principal da nossa atividade. Há profissões que têm por matéria o homem (Carreiras liberais. Burguesia. Um padre, um magistrado, um professor, um comerciante, um juiz, um militar). Diz-se com frequência de um homem que lhe falta psicologia; é preciso encarar os estudos literários como uma arte psicológica que a psicologia vem apenas complementar (sem essa arte ela ficaria sem matéria).

A ordem exterior é bem diversa, alheia, indiferente, cega e surda; em compensação, regrada e ponderada, no fundo, mecânica. Aqui a sutileza fica fora de lugar. É necessário conhecer, se submeter, se o que se quer é reinar. Aqui são os estudos científicos. O mesmo Comte procurou e achou a ordem de desenvolvimento histórico, que é também a ordem de dependência, *que é também a ordem pedagógica*.

1. Matemática,
2. Astronomia,
3. Física,
4. Química,
5. Biologia,
6. Sociologia.

Ordem do abstrato ao concreto, do simples ao complexo, do fácil ao difícil. Daí uma concepção da formação científica que tem tido uma aceitação cada vez maior. Só a medicina ainda alega não precisar (mas: P. C. N.)[1] das preliminares matemáticas. Toda formação científica (Politécnica. *Centrale.*[2] *Agro.*[3]) supõe primeiro a matemática. Aqueles que desenvolvem uma reflexão sobre a instrução das crianças novas nem sempre refletem o suficiente. Limito-me a indicar esse assunto imenso; por exemplo, parecerá cada vez mais impossível, apesar da aparência, abordar utilmente a mecânica, a física, a química, sem uma preparação matemática. E, da mesma forma, a biologia sem a preparação físico-química. Quanto à sociologia (Direito. Política. Economia), isso é ainda muito pouco conhecido.

Vamos voltar ao conjunto e decidir, com base nessas noções, começar pelas Letras ou pelas Ciências. A ordem humana, já o dissemos, é a primeira conhecida, a mais familiar, aquela que interessa prioritariamente. A criança é primeiro um político. Comte recebeu muito cedo uma formação em ciências. Porém,

---

[1] Abreviação de *Certificat d'Études Physiques, Chimiques et Naturelles* [certificado de estudos físicos, químicos e naturais]. (N. T.)

[2] *Groupe des Écoles Centrales*: graduação em engenharia de alto nível. (N. T.)

[3] Abreviação para as Escolas de Agronomia. (N. T.)

instruído por seus erros, soube reconhecer que a cultura era tão valiosa quanto o saber e, em seus trabalhos, no fim da vida, sempre reservou um lugar especial para a leitura dos poetas e para a *imitação dos grandes homens*. Consequentemente, ele chegou à decisão de que a educação compreendia duas partes, uma privada, dada principalmente pela mãe, isto é, as línguas, os poetas, os oradores, os contadores de histórias. A outra, pública e compreendendo, a partir dos onze anos de idade aproximadamente, a enciclopédia das ciências na ordem citada acima (também para as meninas). Depois, viria a aquisição dos conhecimentos especiais do ofício. O que não é senão seguir a natureza. Pois a criança entregue a si própria estudará primeiro a ordem humana, depois, através de seu ofício, a ordem exterior, de onde regressará pronta para um melhor conhecimento da ordem humana. Na educação metódica e desenvolvida, essa volta ao homem começa pela biologia e termina pela sociologia.

Nona Lição

PASSAGEM DA IMAGINAÇÃO AO ENTENDIMENTO *(FIM)*

A Ciência

Do ponto de vista factual, o Ensino Público, e por conseguinte o privado, não chegou ainda ao sistema de Comte. As Letras e as Ciências andam juntas. Não pode ser prejudicial preparar ou iniciar a criança ao que é a busca do entendimento. A única precaução a ser tomada aqui (já que se trata de instrução e não de educação) é a de se precaver contra a imitação e contra a memória que, pelo contrário, na educação, são os meios mais potentes. Trata-se de formar o juízo, o que impõe duas condições. De um lado, é preciso fazer aparecer a ordem exterior com suas leis próprias e seu caráter mecânico: o que impedirá de ameaçar e de suplicar, e levará a trabalhar.

Por outro, é preciso que a criança tome consciência de que o erro é algo comum e natural, que a primeira aparência é enganosa em tudo, enfim, que a lei das coisas nunca aparece para os olhares preguiçosos, ao contrário, fica escondida deles. Em vista disso, faz-se necessário diferenciar bem o que é educação e o que é instrução.

Educação. Como a criança deve conhecer a história humana, e principalmente os Predecessores e Benfeitores, é preciso contar-lhe pelo livro, pela imagem e, caso necessário, pelo brinquedo científico, as grandes descobertas. E essa parte da História que é evidentemente de grande interesse e de alta importância absolutamente não pode visar ser da última exatidão. As concepções de um Newton, de um Descartes, de um Galileu, de um Copérnico e até de um Arquimedes não podem ser expostas com rigor absoluto; há em todos esses espíritos uma profunda geometria (até em Pasteur) que é a chave de tudo, e da qual só o adolescente, e isso se for bem-dotado, poderá se dar conta. Por essa razão se terá de insistir aqui (o que fazem bastante bem os livros de vulgarização) nas aplicações (por exemplo, a telefonia sem fio). Trata-se realmente de educação; a criança deve estar integrada à sua época e entender a linguagem de sua época. É bom que ela saiba também que o que se sabe e o que se pode agora o homem não o soube nem pôde sempre. Mas, repito-o, é só uma parte de História; visto que a criança não consegue perceber as dificuldades de execução na marcha de um Alexandre ou de um Aníbal, o mesmo ocorrendo com as descobertas de Newton ou de Leverrier. (Pelo cálculo! E só isso. Halley também.) Mas procuramos aqui os elementos de uma primeira disciplina do entendimento, em outras palavras, uma primeira noção do possível, do necessário, do impossível. Aqui de novo voltemos ao quadro enciclopédico de Comte, de onde se depreende que o possível e o impossível na ordem social são ainda muito mal conhecidos; na psicanalítica e na biológica também; na química; e profundamente ocultos na física, visíveis tão só para o matemático e na astronomia também. Por conseguinte é preciso se familiarizar com a ideia de que a matemática (Aritmética. Geometria. Mecânica.) é realmente, com relação ao entendimento, a ciência mais fácil, a ciência elementar. Toda preparação e iniciação do entendimento tem, portanto, de se focar nisso. E fica claro que nem toda experiência convém aí. Em geral constatar é outra coisa do que compreender. (Por exemplo, observar um eclipse, um cometa. Experimentar um receptor de telefone sem fio.) As experiências apropriadas para despertar o entendimento envolvem primeiro os números, os comprimentos – superfícies – e volumes, as máquinas simples (onde só há movimento, sem deformação nem aquecimento: alavanca, balança, roldana, molinete). As experiências com os números (com o ábaco porque ele conserva a ordenação; depois com bolas de gude, pedregulhos, fósforos, moedas, feijões) são de tal natureza que, à medida que se percebe melhor o objeto, se consegue compreender a razão, isto é, a necessidade, o possível e o impossível. 3 vezes 4 = 12, eis uma fórmula polida e conveniente (recompensada). O mecanismo mental do cálculo pertence à educação (falar bem). Mas pode-se *formar* o produto contando quatro objetos, três vezes; a *constância* do resultado já é um conhecimento; mas a operação carrega em si mesma a sua razão. Quem considerar o que é quatro acrescentado a quatro sabe que é sempre um mesmo número, representado por uma disposição sem nenhuma ambiguidade

○ ○ ○ ○
○ ○ ○ ○

Dezesseis será até mais claro, se conhecerá mais facilmente do que doze. Sempre se pode entender a necessidade pela análise cartesiana. Por exemplo, de

3 vezes 8 = 24, se tirará 3 vezes 9 = 27, pois há *um* a mais, repetido três vezes. Há mil observações desse tipo a fazer, e concordantes.

Retomo a questão dos números figurados; pode-se dizer que a necessidade fica aí constatada. Percebe-se o interesse dos jogos de cubos e das constatações luminosas que propiciam. Por exemplo, eu duplico o lado de um quadrado... a aresta de um cubo. A *operação* tão bem denominada, a construção dá a comprovação. Laizant assinalou que por essas construções se pode chegar a entender relações surpreendentes por sua simplicidade. Por exemplo, se digo que a soma dos n primeiros números ímpares é igual a n^2, o entendimento fica inquieto e perdido.

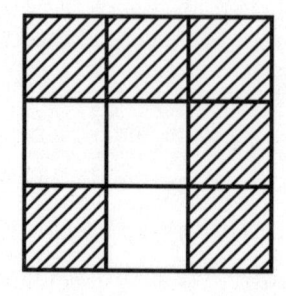

Figura 1

Mas, por essa construção, constata-se, primeiro, e logo compreende-se a lei, isto é, a necessidade. Não pode ser de outra forma.

As frações do quarto, do terço, etc.

Essa parte da iniciação é bem conhecida.

A iniciação geométrica,[1] mecânica, o é menos. Por exemplo, a polia ou a alavanca.

---

[1] A iniciação geométrica, o triângulo, o círculo e π: em diâmetros com menos de 4 e mais de 3. Mais perto de 3 do que de 4. Depois medição direta.

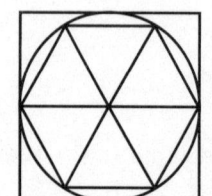

Figura 3

em A eu sustento apenas a metade do peso

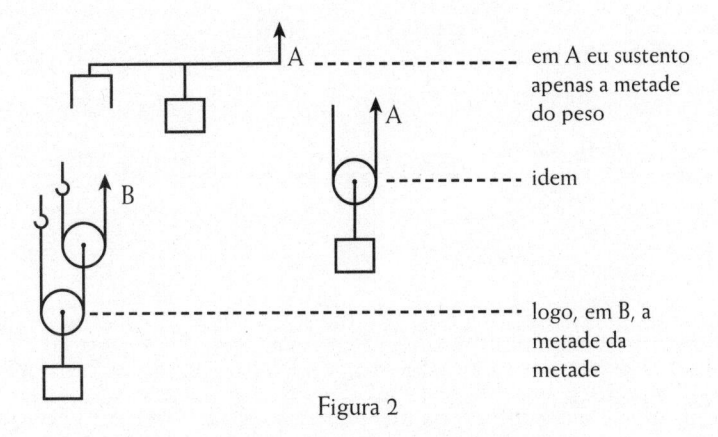

idem

logo, em B, a metade da metade

Figura 2

Mas o terreno mais favorável continua sendo a aritmética e, sobretudo, o cálculo mental.
(O entendimento descobre métodos.)

Mas o terreno mais favorável continua sendo a aritmética e, sobretudo, o cálculo mental. (O entendimento descobre métodos.)

Décima Lição

A ATENÇÃO

Problema da maior importância. O mais alto valor intelectual, e até um dos valores morais, é o de poder prestar atenção. Assinalemos de imediato que a atenção é voluntária; é a vontade na inteligência. No outro extremo, o sinal mais marcante dos retardados é a desatenção, a impotência em concentrar o pensamento. A desatenção deve ser descrita, pois esta se apresenta sob várias formas.

Há a desatenção total ou indiferença, que é a marca do último grau de estupidez. Nesse caso só as impressões fortes e súbitas ou os apetites animalescos provocam uma reação qualquer. Esse tipo de desatenção é encontrado também no desespero profundo (abatimento) e já em algum grau em qualquer mágoa. O próprio objeto, as causas do pesar acabam nem interessando mais. Nada interessa.

Passemos, por oposição, à descrição da desatenção móvel, que é, pelo contrário, cheia de vida e de movimento. Aqui não são necessárias impressões fortes; mas pegam-se no ar os menores incidentes. Os olhos e os ouvidos estão à espreita. Os pés assinalam a impaciência de ir atrás de novos espetáculos, as mãos agarram, manejam, largam todos os objetos. Da mesma forma, todas as reações são rápidas, instáveis; mil expressões diferentes vão passando pelo rosto. Geralmente essa atividade é acompanhada por uma fala contínua.

Uma terceira forma de desatenção apresenta correlação com a atenção e nos leva a descrevê-la. A distração do cientista, do pensador, do homem que medita, é um exemplo aumentado desse terceiro tipo. Newton pensava ter almoçado. Aqui o espírito não está nem disperso, nem tomado pela forte impressão; pelo contrário, é ele que dá força a uma impressão fraca e que se recusa a se deter nas demais. O triunfo do espírito é atribuir interesse ao que não importa nem minimamente ao animal. Tales, Sócrates. Mas temos de voltar à criança que obviamente está bem longe desse poder e talvez nem chegue até ele, jamais.

A psicologia experimental descreveu amplamente a atenção (ver Ribot). Nota-se nela a imobilidade, mas de modo algum a do sono, pelo contrário, contraída. É provável que todo o cansaço da atenção venha desse trabalho muscular sem efeito (tensão) que ao mesmo tempo age sobre a respiração. (Na extrema atenção, segura-se a respiração.) Enfim nota-se (temperatura ou balança) um afluxo de sangue no cérebro. E também uma fixidez dos olhos. Esse estado é penoso quando se prolonga. Reconhece-se nele sem dificuldade os traços da atenção animal, que se poderia chamar de *espera*. (O cão. O gato.)

Esse efeito é simples de produzir na criança normal. (Por exemplo, vou lhe mostrar uma imagem, uma estatueta, etc. Olhe bem.) O que fica despertado aqui é a curiosidade, que não denota, reparem bem, uma alta qualidade intelectual. A busca do novo não leva longe. E, pelo contrário, um dos melhores sinais da aptidão para compreender é o poder de voltar a coisas comuns e já conhecidas.

Mas digamos ainda uma outra coisa. A atenção que eu chamo amarrada chega a paralisar o espírito (como sempre faz a surpresa, o pasmo). É perfeitamente verdadeiro que esse estado favorece a fixação das lembranças, pelo interesse apaixonado que a espera suscita. Mas não se deve concluir que a lembrança será exata e fiel. Os espíritos que têm esse tipo de curiosidade guardam sobretudo a recordação do estado afetivo ou do choque afetivo; mas a recordação da coisa é, em geral, totalmente inexata. Como as testemunhas de um acidente ou de um crime. "É como se eu ainda estivesse lá"; porém isso não quer dizer que eles enxergaram corretamente. Da mesma forma que não basta prestar atenção para agir como se deve (por exemplo, o tímido), assim também não basta prestar atenção para pensar como se deve. (O tímido num exame.) Há um mau uso da vontade, em todas as coisas, que enrijece e paralisa. E é o hábito, em todas as coisas, que nos liberta.

Toda a arte de instruir, desse ponto de vista, consiste em levar a criança da *atenção amarrada* à *atenção solta*. Inclusive, é preciso eliminar o medo de não captar, o medo de não entender e finalmente qualquer espécie de emoção. Por exemplo, no cálculo mental, é óbvio que o medo de se enganar leva direto ao erro, e a precipitação também. Todo mundo dará preferência à criança que em velocidade moderada se engana raramente, e não à criança que anda muito depressa mas erra seguidamente. De modo que o estado de tensão, sinal de atenção animal, sinal ainda de desejo de agradar, de ambição e até de boa vontade, deve no fim das contas ficar reduzido e como que dissolvido. Notei com frequência em alunos muito bons e muito atentos os sinais da indiferença, sempre uma certa tranquilidade, sem inquietação; e é essa soltura que, como nos exercícios corporais, possibilita a verdadeira rapidez. (Não aperte os dentes. Não aperte as rédeas, o arco, o florete.) Há uma fúria de atenção (sempre associada à ambição e à timidez) que destrói a própria atenção.

Digamos primeiro que o ensino oral, e com isso entendo desenvolvido em aulas contínuas, apresenta muitos inconvenientes enquanto a criança não estiver acostumada a controlar seu espírito sem perturbação, sem inquietação. A fala humana é naturalmente comovente; a eloquência só faz aumentar isso, trazendo de volta, aos sobressaltos, a tensão animal; esse estado não está tão distanciado do sono quanto se poderia acreditar; experimentos conhecidos referentes à sugestão e à hipnose bem o mostram. O hábito de tomar notas tem antes de tudo um efeito ginástico, que rompe, ou melhor, solta essa atenção enrijecida; mas a arte de tomar notas está bem acima da infância.

Aqui, com antecipação, tenho de esboçar o quadro de uma classe em atividade (Dewey). O regulador da atenção é a ação. Seu efeito é puramente ginástico, mas isso não é pouco. É necessário que a criança maneje e faça, ou, no mínimo, que fale (Leitura). Esses movimentos soltam o organismo e, ao mesmo tempo que deslocam a atenção, a conserva nos mesmos caminhos. É bom também ler, porque é uma ação; é melhor escrever e reler. Fez-se a experiência de duas lições diante de dois grupos de alunos: 1º fala com interrogações (com os braços cruzados); 2º leitura, resumo ditado e relido (no quadro-negro e nas ardósias individuais, com as mesmas condições de tempo). A segunda lição deixou, na média, lembranças ao mesmo tempo mais precisas e mais duráveis. É claro que para crianças muito novas, a escrita será substituída pela manipulação de objetos (colocar em ordem, juntar, enfileirar, associar), o que aliás é um tipo de escrita.

O método socrático (fazer a criança descobrir o que ela não pode descobrir) é questionável enquanto a fala for a única a ser empregada. Mas seus efeitos são excelentes se as respostas e até as perguntas forem *escritas*. (Exercícios de vocabulário, de sintaxe, de descrição, de narrativa. Uma palavra em branco. Transformações, etc.) Adio até uma próxima lição os efeitos da imitação e da competição.

Décima Primeira Lição

A ATENÇÃO INTELECTUAL

Há que distinguir três graus de atenção.

1º A *atenção afetiva*, que é o efeito da emoção, da paixão, do sentimento de

- Surpresa,
- Espanto,
- Alvoroço,
- Contemplação,
- Adoração,
- Êxtase.

Essa atenção é a base de toda atenção; mas deve ser superada.

2º A *atenção ativa*, ou melhor, operária. É a atenção que sucede à ação, qualquer que seja, incluindo-se a ação manual. Voltaremos a ela ao tratar da ação e dos métodos ativos. Aqui as paixões ficaram acalmadas, o que não é um resultado desprezível. Mas, enfim, o tipo de cultura que resulta dos ofícios não leva muito longe.

3º A *atenção intelectual*, que é a que se deve sempre ter em vista, e à qual se deve elevar a criança. Observem que a palavra interesse é ambígua. O interesse afetivo é o primeiro motor. O interesse da ação marca um progresso; mas o fim da instrução é dar interesse às operações intelectuais propriamente ditas. E é o que temos de explicar.

Qual é o objetivo? Chegar à atenção intelectual. Caracteres – *Analítica*. Aqui cumpre seguir Descartes. (Procurar o simples – Recompor por ordem – Fazer listagens.)

Por exemplo. Observar uma paisagem. Uma imagem. Uma flor. Uma árvore. Um animal.

- Analítica,
- Ordenada,
- Reconstrutora,
- Imparcial e até desafiadora.

É o que se chama prestar atenção nas ideias. Mas a regra das regras é que algum objeto tem sempre de estar presente. Todo conhecimento de ideias é uma experiência. As ideias não estão em nenhuma região imaterial.

O meio de conduzir a criança por aí.

1º *Atenção afetiva*. Procurar ou reencontrar a ordem humana. É o que se faz de costume. Por exemplo, um quadro, uma estátua. Uma *estação do ano*. O jogo da comerciante. (Contas, volumes. Pesos.)

2º *Atenção operária*. Que aparece neste último exemplo. E todas as vezes que a criança, ao mesmo tempo que pensa, faz alguma coisa. Esse método se aproxima do de Descartes tão logo se trate de desfazer e de refazer um agrupamento de objetos.

Correspondência – Os botões e as casas na roupa. As rolhas.
Classificação – Tamanho. Forma. Cor. Peso.
Construção imitativa – Uma casa. Uma ponte.
Jogos de paciência – Cubo. Quebra-cabeça.
Jogos de letras.
Todos os exercícios de vocabulário – de sintaxe – e de composição.
Notem que o pensamento geométrico ou algébrico não procede de forma diferente. Construir. Transformar. Transpor.

Mas não vamos esquecer que o fim é observar ou constatar, *sem tocar*. É a provação suprema para a atenção intelectual. (A astronomia é para os homens uma instrutora muito superior aos ofícios.) É preciso que a criança chegue à atenção quase imóvel, isto é, superando ao mesmo tempo a emoção e a necessidade de agir. (Pensar, diz Spencer, é impedir-se de agir.) O desenvolvimento do método dos testes (provas para classificar as crianças) tem a vantagem de dar a ideia dos exercícios de atenção, nos quais o principal obstáculo é a própria emoção (Surpresa. Desejo de compreender. Receio de não conseguir. Atenção amarrada).

Eis o problema. Toda operação difícil desanima a atenção. Mas o fácil também. Consegue-se purificar o interesse sem enfraquecê-lo por meio de *condições de tempo*. O exercício e o treinamento gradual darão rapidamente a tranquilidade, a autoconfiança, o aquecimento preparatório, enfim, a segurança com relação às emoções (precipitação), que são o equilíbrio intelectual em si. É compreender a grande ideia cartesiana, segundo a qual todos os nossos erros provêm das paixões.

Eis alguns exemplos de exercícios de atenção.

1º Cálculo mental (tempo limitado),
2º Operações matemáticas escritas,
   Riscar uma letra (tempo limitado),
   Adicionar dois números (tempo limitado),
3º Descrição (tempo limitado para a observação),
4º Julgamento.

Aqui, temos de nos limitar a dar indicações. O julgamento deve dominar o raciocínio e todo pensamento. É uma visão de conjunto contra as ciladas do mecanismo. Um homem inteligente pode fazer um cálculo. Mas os erros serão indiferentemente pequenos ou enormes; esse é o perigo das operações. Uma das funções do julgamento consiste em circunscrever de antemão o resultado de modo a eliminar a resposta absurda. Por exemplo, medindo pela sua sombra a altura de uma casa, é possível se enganar. Mas 100 metros é uma resposta absurda.

Todo cálculo, toda medida, toda operação de entendimento deve ser precedida de uma antecipação do julgamento estabelecendo limites para o resultado. Por exemplo, para π. Para a quantidade de grãos de trigo num copo, de centímetros cúbicos num decímetro cúbico. De tijolos num muro. O cálculo mental deveria ser orientado por esse lado. Por exemplo, uma dona de casa que faz compras bem sabe que ela não gastará 100 francos. A arte do julgamento é a arte da avaliação, da aproximação. Quanto trigo em francos numa charrete, etc.

A verificação desperta um interesse puramente intelectual e muito vívido.

Décima Segunda Lição

A ATIVIDADE INFANTIL

Teria sido possível começarmos por aqui. Uma ideia evidenciada pelo Pragmatismo é: a Ação é a primeira; entendam não a veleidade ou, como se diz, a tendência (que supõem ao mesmo tempo reserva e reflexão), mas o movimento do organismo mediante o qual ele muda os seres à sua volta. Está claro que a ação precede o pensamento (pensar é impedir-se de agir) e se gostaria inclusive de dizer que a ação precede o sentimento. (Quem está inerte não sente nada. O sentimento supõe uma luta. Por exemplo: o toque ativo, rico em sensações porque rico em ações.) Vimos que as emoções se desenvolvem pelas reações do organismo. Para falar a verdade, o que sabemos sobre uma criança que grita? O que ela está sentindo? Ou será que ela começa primeiro pelos movimentos instintivos, que interpretamos erroneamente como sinais? Pode-se sentir sem pensar? Tanto um como o outro não deixam supor que haja uma reflexão acerca da ação primeiramente tentada? O momento do pensamento, como o do sentimento e, numa palavra, o da consciência, não seria o momento da parada (que é, assim, o sinal natural da atenção)? Sem tomar uma decisão definitiva a esse respeito, pode-se considerar que a ação antecede naturalmente o conhecimento, Tudo que a criança aprende por si (Conhecimento do mundo exterior. Educação dos sentidos) ela o aprende por uma exploração contínua, por uma tentativa contínua, por um empreendimento que só é interrompido pelo sono. Todos os nossos conhecimentos referentes à posição das coisas (e é exatamente nisso que consiste a educação dos sentidos, exemplo: o cego de nascença curado), todos esses conhecimentos são recordações de ações, antecipações de ações. Quando vejo ou quando ouço que um objeto está longe, o que significa senão que eu imagino e na realidade que eu começo, que eu esboço a ação determinada que me possibilitará tocá-lo? A percepção da distância pela visão só é real por uma mímica enérgica dos músculos que torna sensível a profundidade ou o relevo. Assim, o corpo que vê está continuamente em movimento, em atitude, em mudança de atitude. O relevo estereoscópico só é sentido através de uma parada ou de uma preparação para recuar, segundo alguns sinais; e é por isso que o relevo nos impressiona. Há um caso notável em que o vazio nos abala: isso se chama vertigem; e isso tem repercussão sobre o corpo inteiro, como todos sabemos; a vertigem não passa do comentário muscular de uma percepção visual, isto é, do esboço de um movimento por meio do qual estaríamos testando essa profundidade. Daí um recuo enérgico dos movimentos refreados, enfim, um medo daqueles (Montaigne, Pascal); o que não aconteceria de modo algum se avaliássemos o abismo segundo os sinais visuais, bem friamente, como calculamos o volume do Sol (e eis um exemplo desse saber em que o corpo – a ação – quase não entra). Entretanto, com relação ao precipício, nós não conseguimos enxergá-lo sem imediatamente já ir saltando para dentro dele. De resto, a contraprova existe. A inação completa (forma do líquido) é equivalente ao sono, isto é, à eliminação das percepções. Portanto, se limitássemos o conhecimento à percepção (como é sensato fazê-lo para a criança), deveríamos dizer exatamente que pensamos nossas ações e que um objeto não é nada mais do que um plano de ação e uma regra de ação. Não é uma certeza que o homem tenha o privilégio de eventualmente saber antes de experimentar. Resta que o saber natural é sempre técnico, isto é, é uma habilidade prática, que pressupõe um fazer. Sem sombra de dúvida, na criança a ação precede o pensamento. A criança não compreende o que faz e não se interessa senão pelo que faz.

Para convencer-se disso, basta observar como a criança se expande em ações. O feliz estado de crescimento determina uma atividade que se pode chamar devoradora. Estado este que o ser humano não tornará a encontrar novamente. Riqueza. Feliz dispêndio de movimento. Mobilidade espantosa, mesmo sob a aparência do descanso. Jogos barulhentos. Explosão, em sentido literal, da atividade. (A contração de um músculo é realmente uma explosão.)

Resulta disso, antes de tudo, esse humor instável, depressa irritado, tão facilmente agressivo e maldoso que se constata com tanta frequência, e não sem espanto, e que faria que se acreditasse tratar-se de alguma malvadeza. É aqui que cumpre lembrar que a ação vai à frente e que o pensamento segue atrás. A criança bate porque ele dispõe de força para gastar. Ela grita pelo mesmo motivo. Ela é brutal com facilidade. A raiva é o regime costumeiro da criança desocupada e entregue a si mesma. (O jogo de bater na mão.) A sua própria atividade a irrita. A excitação cresce conforme o efeito bola de neve (pelas reservas de força). O tédio da criança é um tédio ativo, se poderia dizer quase explosivo. Essa atividade espontânea, que cria por si mesma uma necessidade, sem qualquer outra utilidade, é a atividade de brincar. E a primeira observação a fazer a esse respeito é que as brincadeiras sem regras caem seguidamente no brutal, no convulsivo, sobretudo na presença de testemunhas ou com os adultos (pelo jogo das opiniões e da timidez, depressa transformada em cólera). Da mesma forma, uma dança desregrada se degenera em agitação, excitação, descontrole. A criança não recorre a astúcias para consigo. Ela fica ingenuamente irritada e diretamente desagradável (gritar, bater) sem o menor pretexto; e esta é de fato a ordem natural. Mas é isso que os adultos nem sempre entendem. A criança desocupada, isolada do povo criança. Em decorrência disso, vê-se que é necessário regrar a ação da criança antes de se preocupar em regrar seus pensamentos. Aqui novamente a educação deve anteceder a instrução. De mais a mais, essa disciplina é espontânea na criança, principalmente em crianças reunidas. Os jogos são um fator da infância. A observação dos seus jogos constitui obviamente o começo da sabedoria. A partir disso se chegará a uma conclusão a respeito da qual vocês podem refletir desde já: a inconstância própria da criança tem por remédio a seriedade própria da criança (Imitação. Ambição. Esperança. Sentimento de que ela não permanecerá criança, que é só uma passagem).

Décima Terceira Lição

OS JOGOS

Os jogos infantis são ações regradas, sem nenhuma obrigação, independentes de qualquer fim exterior como a utilidade, portanto sem resultado, e que têm interesse por si mesmos. Por exemplo, um jardim com areia, um forte na praia, etc. Os jogos se dão por períodos, segundo as estações e também segundo uma moda que tem retomadas. Por aí se pode avaliar a potência da imitação, e da opinião; uma parte da felicidade da criança é imitar os outros, e fazer o que todo mundo faz. Todo jogo é uma espécie de dança, mais ou menos livre (bolinha, corda, pião, bolinhas de gude, barras) que dá às crianças uma segurança do mesmo tipo que aquela que a moda dá a todos, a partir do momento em que se fica submetido a ela. Daí podemos compreender que, uma vez estabelecida a disciplina, ela terá poder sobre a revolta. (Não se chora no jardim de infância.) E, inversamente, que a desordem é contagiosa.

Vejo duas espécies de jogos:[1]

		Coletivos	Individuais
1º Jogos com regras A criança se submete a uma regra	Estéticos	Canto, danças, rodas	Canto
	Força e habilidade para se esconder	Amarelinha Barras Pega-pega Bolas Gato e rato Pique-bandeira	Bolinha Corda Pião Diabolô (o objeto dá a regra)

---

[1] Na listagem, substituímos os jogos desconhecidos no Brasil por equivalentes. (N. T.)

2º Jogos livres Sempre de imitação Mas em diferentes graus	Imitação	Boneca, visitas, mercearia, carrinho, cavalo, escola, as profissões
	Imaginação (coletivos)	Caçadores Ladrões Guerra Disfarces As profissões
	Imaginação (solitários)	Escrever (crianças muito novas) Desenho livre (insistir nos tipos de desenho) Construções Botões Navio (talvez entre os jogos com regras) A *narrativa* (monólogo)

É preciso examinar de perto primeiro os jogos coletivos; as paixões que levam a trapacear, mas a indignação; o que significa que a criança aceita muito bem a regra. Principalmente num jogo individual, como brincar de bolinha, porque então trapacear não faz mais sentido. O interesse desse jogo solitário reside tão só em se aceitar a regra. É a mesma coisa com o canto (mesmo individual), mas aqui a regra não está mais relacionada com o objeto nem às leis da natureza externa, e sim em adequação com a natureza humana. As canções populares são belezas naturais que reconciliam todas as partes do homem. É uma parte da estética (com a dança) à qual a criança é muito sensível. Dançar, fazer roda, cantar. As palavras mágicas. Ela o é bem menos a outras partes por não encontrar com facilidade um meio--termo entre imitar servilmente e inventar livremente. Há uma diferença entre copiar um desenho ou um objeto e aprender uma canção. A criança se interessa mais naturalmente pela música, principalmente por intermédio do ritmo (começando pelo coletivo). Por sinal, a arte da dança situa-se entre as mais antigas.

Já se vê de que maneira o jogo se diferencia do trabalho e da arte.

Com relação ao trabalho. O jogo apaga o resultado. O jogo agrada pela própria ação. O dispêndio de energia é agradável; o fim é desprezado (Por exemplo: a jardinagem. Frivolidade). O jogo não continua, mas ao contrário recomeça (As construções). A severa lei do trabalho fica esquecida (agricultura).

Com relação à arte. O jogo estético beira a arte. Mas o jogo não busca nada de duradouro (o jardim). A arquitetura, mãe das obras, fica completamente alheia à criança. Não há contemplação. A ação devora tudo e destrói o que ela fez.

Décima Quarta Lição

O TRABALHO ESCOLAR

Há uma oposição demarcada entre o trabalho e a brincadeira. No trabalho há uma economia de esforço e uma preocupação com o resultado (a taylorização). Na brincadeira é o contrário: prodigalidade de esforço, sem preocupação com o resultado (quero dizer: *durável*). É da natureza pueril recomeçar desde o começo. Nela, a tradição não vira coisa (Os jardins, as casas. Os brinquedos). Nesse sentido, a criança é negligente. (Ela perde. Ela esquece. Ela destrói.) Nesse sentido, pode-se dizer que ela não tem seriedade, nem naturalmente nenhuma ideia da imperiosa necessidade, nem da continuidade humana. Esse é, pelo contrário, o traço marcante do homem. Todo homem deve servir; daí provém toda a honra. E os próprios jogos do homem feito são as Belas Artes sempre construídas para durar. (Também a música e a dança absolutamente não se concebem fora da arquitetura, das instituições, das festas periódicas.) E a escultura e até a pintura extraem sua potência da arquitetura (Michelangelo) essencialmente *durável*. (O gesso. A modelagem, etc.). Daí a dura lei do trabalho humano que é de continuar e de dar a continuar. Daí decorre que na existência viril os erros e as faltas têm consequências não apenas nos fatos, mas também na opinião. É preciso reparar, expiar; cada um colhe o que semeia. A falta persegue o homem e a honra o sustenta (Quer na guerra. Quer nos ofícios. – As antigas famílias. O caráter de um homem. A nobreza. O nome. A raça.). Todas essas ideias ficam alheias à criança, exceto a última, que corresponde a um sentimento forte, à admiração ou à veneração para com os pais.

O trabalho escolar ocupa uma posição intermediária entre o jogo e o trabalho propriamente dito. Ele se diferencia do jogo pelo fato de ter de deixar um resultado e dar continuidade a si próprio. Do trabalho escolar deve resultar uma obra, e essa obra requer uma continuação. Daí a teoria do caderno. É necessário que o decorrer dos trabalhos escolares seja representado por uma obra individual e também por uma obra coletiva. São necessários registros. Isto é, cadernos firmes de capa dura. Não há meio melhor de despertar a seriedade e de obter o esforço. Seria loucura confiar nos discursos, na memória, nas folhas soltas. Seria jogo. Recomeçar-se-ia sempre. Daí os cadernos com os textos aprendidos; cadernos de redação. A um só tempo leitura, escrita, ortografia. Mas muito mais ação continuada. (Pedras de espera.) Lindos cadernos com títulos caligrafados (sendo viável, encadernados pelos alunos). Um caderno de honra. Esse meio é mais necessário aos mais novos; é bom para todos. O livro não o substitui. (O *Calendário* estende isso para a humanidade.) *Copiar*.

Por outro lado, o trabalho escolar não está sujeito às leis rígidas do trabalho humano. Na avaliação do trabalho humano, ninguém leva em consideração as disposições, nem as intenções; uma falta que denota inteligência, iniciativa, é tida como perda. As *tentativas* são desprezadas. É-se rogado de só agir se o resultado for garantido. Esse regime já sensível na aprendizagem, tão diferente da instrução, conduz os que estão submetidos a ele a enfocar o resultado; faz deles técnicos, profissionais voltados para a prática, que desprezam a inteligência. Eis também o motivo pelo qual, no mundo do trabalho, o especialista mantém seu cargo; porque um sucesso ocasional é pouca coisa. Assim se constroem as reputações; assim as reabilitações se tornam bastante difíceis.

O trabalho escolar, por mais severo que seja, é muito mais brando do que a aprendizagem. A falta é facilmente perdoada, esta parece ser encarada como algo natural; um movimento benfeito, um problema bem resolvido reabilita imediatamente. Uma prova não depende da anterior. O primeiro da turma não tem nenhum direito; não há posição garantida. A esperança é nova em folha para todos. E isso resulta da natureza das coisas; a criança se põe a caminho num dado momento, que é preciso aguardar. E se resignar com tanto estrago de papel. O que há aqui de belo é que todos miram mais alto do que sabem; todos almejam a obra-prima. Aqui reina uma justiça que não tem memória. Esse mundinho fica fora da natureza e fora da humanidade.

Em decorrência disso, podem-se definir dois desvios.

1º O ensino profissional que imita a aprendizagem. O erro sempre revela a inteligência. Não há pensamento sem risco. Toda técnica avança tateando e teme o erro. É por isso que a oficina em certo sentido fecha o espírito (ela o deixa fixo, petrificado).

2º O ensino pelo Jogo. Certamente mais próximo da criança, e mais apto a despertar seu interesse, pelo movimento, a variedade, a liberdade, a iniciativa. Mas fica faltando a seriedade. Há outra coisa além da frivolidade, que é a seriedade. Uma grande ambição. Um desprezo pelas coisas pueris está presente na criança. Uma busca entusiasta, uma necessidade de admirar e de venerar. Talvez seja preciso dizer que a seriedade, a regra (quadro de horários), o silêncio, a disciplina são tão necessários à criança quanto a brincadeira. Talvez o contraste entre ambos seja em si uma grande lição. As questões *difíceis*.

Décima Quinta Lição

A PEDAGOGIA PRAGMATISTA

O pragmatismo renovaria a pedagogia. Se compreender não é outra coisa senão construir, se a inteligência nunca está separada da ação, se, portanto, a contemplação tão louvada se reduz a jogos de palavras estéreis, se, por fim, a ação é o regulador e o juiz supremo do pensamento reto, não se deve esperar fazer que ideias entrem no espírito da criança apenas por meio de discursos. Como diz aproximadamente Dewey, ao mesmo tempo pragmatista e pedagogo, a criança que escuta não aprende nada; ela só aprende à medida que faz, à medida que experimenta. É quando a atenção, a reflexão, o pensar enfim (pesar) terá sentido; será um meio, um instrumento e, como dizia Bacon, o instrumento dos instrumentos, o órganon.

Queremos que a criança se interesse, isto é, queremos produzir nela uma espécie de prazer que desperta a atenção. Mas há dois meios bem diferentes de alcançar isso, porque há duas espécies de prazer; um que deriva da estrutura dos nossos sentidos, e no qual ficamos passivos. Por exemplo, quero que a criança goste da escola; quero que esta seja enfeitada, decorada com cores agradáveis. Assim toco a criança independentemente de sua vontade, cativo-a com agrados. Do mesmo modo os contos, as narrativas históricas ou morais terão por finalidade despertar na criança sentimentos agradáveis que, pela recordação, farão que ela se disponha a prestar atenção; se dirá então que ela gosta do mestre, por todos esses prazeres de curiosidade, de aprovação, de entusiasmo, cuja fonte é o ensino. Sem ignorar o fato de que há prazeres mais elevados, mais propriamente humanos do que outros; é preciso reconhecer que ao agir assim imita-se os que dão doces à criança. Poder-se-ia dizer que é sempre uma certa sensualidade que está sendo cultivada. Mas vamos ver bem onde se situa a falha; a criança é espectador; ela espera que despertem seu interesse. Como aquela que tinha um teatro de marionetes e se instalava em sua poltrona. Essa atenção é preguiçosa, no fundo, e de qualidade inferior. Por toda parte se encontra, e ainda nos estudantes do Ensino Superior, esse gosto pelos espetáculos, essa passividade natural que assiste à aula, e espera que esta seja interessante, que pensa já ter feito muito se a aula for interessante. Como Dewey nota com argúcia (a escola e a criança), essa atenção nunca é total; ela se desvia facilmente, é preciso conquistá-la e mantê-la pelos recursos do orador. A criança, principalmente a pequena, se habitua assim a desdobrar sua atenção, isto é, a não dá-la senão sob uma espécie de pressão, cedendo diante do interesse, mas permanecendo sempre prestes a dirigi-la para outras coisas, incidentes, colegas, brinquedos, conversas, devaneios. Estudos desenvolvidos (ver Sociologia e Psicologia da criança) em classes do centro urbano de Paris mostram que a desatenção é quase a regra, e isso até mesmo nas alunas consideradas boas. Presenciei e observei esse tipo de atenção mesmo entre os meninos estudiosos; eles prefeririam fazer outra coisa; eles escutam de vez em quando, escutam o que lhes agrada. É a escola da preguiça.

Comparem essa atenção, que infelizmente pode-se chamar escolar, com a de uma criança que brinca, ou a de uma criança fazendo alguma coisa. Aparece claramente então que a ação interessa de outra forma distinta do espetáculo. (Goethe fazendo as marionetes andar.) E recupera-se assim uma outra teoria do prazer, que se deve a Aristóteles, bem mais profunda e, no fundo, pragmatista. Pois, afora os prazeres derivados dos sentidos e os quais partilhamos com os animais, os prazeres propriamente humanos resultam da ação, isto é, da potência exercida, sentida, da tentativa, do risco, da vitória; e as mágoas todas resultam, inversamente, da passividade (tédio), da impotência, da escravidão, como bem o mostra o exemplo do atleta. Pois ele tem prazer em receber a coroa, mas por tê-la ganho sem mentiras, sem favores. Seu prazer é ter triunfado sobre a preguiça, a inabilidade, o receio. A mesma coisa acontece com o explorador. "O prazer se soma ao ato como à juventude sua flor."

Voltemos à criança. Em razão disso não quero absolutamente que ela escute de braços cruzados; quero que sua atenção siga sua própria ação. Tomo como exemplo as tentativas de redação e de dissertação. Refeitas. O trabalho na lousa, a correção, em que cada um espreita e agarra o que lhe servirá para construir o desenvolvimento que previamente esboçou. Os efeitos são maravilhosos pelo seguinte fato: o aluno não para de examinar, de experimentar sua própria ação, que, nesse caso, é escrever. É uma ação que deixa supor já certa cultura. De acordo com esse exemplo, que conheço bem, minha concepção da classe é a de que ela deve se parecer com uma oficina (quaisquer que sejam as idades) onde todos fazem alguma coisa; e não o fazem porque lhes interessa (teríamos de esperar bastante tempo); o mais certo seria dizer que eles se interessam porque estão fazendo, porque inventam um pouco a cada instante. Quer se trate de calcular, de ordenar, de construir, de escrever ou de desenhar, a atenção não está mais dividida; o corpo inteiro está ocupado ao mesmo tempo que o espírito. Esse ponto de vista transformou o ensino da faixa etária inicial. Mas é necessário dizer também que o ensino tradicional (sobretudo o secundário) encontrou há muito tempo o meio de fazer que o aluno trabalhe com vistas a uma obra determinada. As traduções, as versões, as composições francesas formam bem melhor o espírito e disciplinam bem melhor a atenção do que essas *aulas* imitadas do Ensino Superior, as quais estragaram o ensino primário. A mera ação de ler (por sinal tão necessária) faz reter bem melhor os conhecimentos, como já ficou comprovado na prática. A dificuldade está em encontrar para cada estudo um exercício em que todas as crianças ficarão ativas. O cálculo mental está entre os melhores. E também o exercício de elocução, contanto que os resultados sejam registrados na lousa e escritos e recopiados por todos. Sem essa precaução, o método socrático (descrever um quadro – um jardim, um animal) produz apenas colocações frequentemente penetrantes, divertidas, mas descuidadas quanto à forma. Em todos os trabalhos escolares, nada é melhor do que retomar, aprimorar o esboço imperfeito do aluno, até a perfeição; o aluno reconhecerá suas próprias invenções, sua própria iniciativa. Por exemplo, o exercício com versos franceses é bom, como o era o dos versos latinos. Em suma, cada natureza se instrui conforme sua própria ação.

O princípio é bom. O risco é cair, quer no jogo das mãos, quer no trabalho de aprendizagem, o que levaria a descuidar da leitura e da cultura. Não há trabalhos que levem a descobrir o que está nos livros (a humanidade), nem que se aproximem de saber ler. A técnica não tem pensamento, por um tipo de seriedade (telefonia sem fio, avião); o jogo também, pela falta de seriedade.[1]

---

[1] São meios de despertar a inteligência na infância; mas será sempre uma inteligência técnica. Toda a arte está em ensinar o que diz respeito à cultura instigando sempre o aluno a fazer, a inventar, a descobrir, a aplicar. O que a matemática e o latim (Napoleão) fazem bastante bem.

Décima Sexta Lição

A EDUCAÇÃO PELA AÇÃO

O espetáculo, qualquer que seja (Lição oratória. Sequência de imagens. Cinematógrafo.) instrui mal, porque o interesse se situa no objeto e solicita a criança como que tomando-a de surpresa. Ora, todo o problema da educação é levar a criança a *se interessar* (bela expressão) por coisas que por si mesmas não a interessam. Por exemplo, pode-se ouvir música indefinidamente sem aprendê-la; pois se permanece passivo; a atenção escapa a todo instante. E mesmo nos momentos em que a atenção está presente, fica claro, pelos movimentos que se esboçam, que o adulto, e sobretudo a criança, gostaria de agir também de um jeito ou de outro. Porém, se não se passar à ação determinada, a uma ação que se possa fazer, não se aprenderá nada. (Escutar um pianista não ensina a tocar piano. Olhar um pintor. Ouvir um homem culto.)

A criança só se interessa pelo que ela faz. Melhor dizendo, não se pode querer senão o que se faz. A vontade em projeto não passa de veleidade. Para aprender a querer é preciso agir. A atenção que é tão só a forma intelectual da vontade, não pode se separar da ação. Para conseguir o interesse (a atenção voluntária) é preciso, primeiro, conseguir a ação, *a tentativa*. Está aí o ponto por meio do qual o pragmatismo nos acorda; está aí o que ele nos traz de útil e de bom. Todo homem se interessa por aquilo que faz e nenhum homem se interessa por nada além disso. É a lição dos jogos e a lição dos ofícios.

Só que com isso não fica tudo resolvido. A ação das profissões apaga o pensamento, pela dura lei do trabalho, que faz que se receie o erro e paralise a iniciativa. Nenhuma atividade de jogo levará à leitura corrente, nem às Humanidades. É certo dizer que uma classe, ou uma escola, deve se assemelhar a uma oficina, não a uma sala de espetáculos; cada um deve agir ali sem parar, e tentar sem parar; o trabalho do mestre deve ser uma correção contínua, um endireitamento contínuo. Assim também a criança deve refazer frequentemente, tentar novamente. A regra é, portanto, que a tarefa proposta à criança esteja sempre a seu alcance. Que ela possa sempre tentar. (Como o lembram os métodos dos mestres de piano e de desenho. Mas o músico é aqui o melhor modelo porque ele divide a dificuldade o quanto quiser, nem que seja graduando a rapidez.) Devemos ter sempre esses modelos em mente. Quando se vê o que um professor de piano ou de violino consegue ensinar, mesmo a crianças bem pouco dotadas, fica-se confuso de ensinar muitas vezes tão pouca coisa em tantas lições. É que as crianças são, demasiadas vezes, espectadores (isto é, inertes, distraídas, entediadas). Por exemplo, uma redação. Ela não sabe como começar; ela perde o ânimo. Aqui, na maioria das vezes, escolhem-se os temas brilhantes, deixando os demais de lado. Portanto seria necessário dividir as dificuldades. Isso também se dá com o cálculo ou com os problemas. Para muitas crianças são enigmas. Seria necessário repetir os exercícios fáceis. E aqui há uma dificuldade: as melhores sentirão tédio, e todas esperarão novidades.

Nesse ponto, o método dos testes (além de ser um método de classificação pragmático para ofícios e profissões) é de grande ajuda, por meio desses exercícios simples, mas com tempo de execução limitado, que possibilitam despertar a atenção, dirigindo-a às condições pessoais de cada um (isto é, condições em que tudo depende de mim, das minhas paixões, da minha própria disciplina, da minha própria resolução). Por exemplo, uma adição simples chateia. Uma sequência de adições (5 + 3, etc.) chateia mais ainda. Mas o teste correspondente, com tempo limitado, interessa todo aluno, se a prova for escolhida de modo que os mais hábeis mal consigam contar tudo. Até o teste das letras para riscar tem a vantagem de voltar a atenção para o detalhe e os elementos das palavras, coisas em si sem interesse.

O exercício de redação é a mesma coisa. Pois 1º encontrar palavras relacionadas a um assunto é fácil demais. A criança adia, se desvia, não se investe inteiramente. Mas limitem o tempo, e despertarão, disciplinarão pouco a pouco um trabalho de pesquisa que é aqui essencial, equivalente às escalas musicais.

2º Para trabalhar a forma. Uma frase sobre um objeto (mostrado durante um segundo ou dois) ou sobre uma leitura – ou sobre uma coisa anteriormente estudada. Sempre com tempo limitado. Além de esse processo possibilitar que se interrogue com proveito quarenta alunos ao mesmo tempo.

Para a própria memória o teste dos quatro versos lidos três vezes é decerto excelente pelo fato de despertar um interesse intenso completamente voltado para a coisa a reter. Comparem com esse exercício prodigioso que consiste em ouvir uma lição de meia hora com a vontade de guardar tudo. É uma vontade frouxa, sem sustentação, sem esperança, sem controle; não é mais que veleidade.

Napoleão. A geometria e o latim. Tanto um quanto o outro têm resultados relativamente bons. O difícil é substituí-los, seja para o início, seja para todo o decorrer dos estudos. Há muito que inventar.

Geografia. Astronomia
História. Geografia
Agrimensura

Décima Sétima Lição

A EDUCAÇÃO DA VONTADE

Primeiro, deve-se compreender que o principal na educação moral depende da vontade, porque nossas principais faltas (Platão, após Sócrates, diz todas: Ninguém é mau por vontade própria) resultam dos impulsos – emoções – e paixões, isto é, do mecanismo corporal mal governado. Basta acompanharem os efeitos, para o caráter, de uma desgraça física pensada, por exemplo, falta de jeito e timidez. Entretanto, há muito mais. Pode-se considerar as virtudes definidas por um enérgico governo de si, em oposição aos mais temíveis movimentos involuntários.

	Movimentos	Virtudes
Tremer	Recear Tremer Estremecer	Coragem
Quebrar	Enraivecer-se Embebedar-se Irritar-se	Temperança
Pegar	Cobiçar Guardar Pegar Propriedade Poder	Justiça
Dormir	Imitar Aprovar Acreditar Adorar	Sabedoria

Por que se governar? Isso é categórico. Ninguém gosta da escravidão. Mas muitos desistem de escapar dela. Eu sou assim – não estou no controle – não posso fazer nada. Não são ações dessas que são ruins (Prudência – Entusiasmo – Economia – Precaução – Veneração), é o estado interior do sujeito, conhecido apenas da consciência, e sempre muito bem conhecido.

Por exemplo: Coragem. Eu me deixo arrastar, tudo acaba bem; sou condecorado e louvado. Mas...

Temperança. Uma cólera dissimulada e invencível (insônia). Minha reputação é de ter autodomínio.

Justiça. Gostaria de guardar para mim um depósito, não me atrevo (Vauvenargues).

Sabedoria. Repito o que dizem, e acontece que eu disse a verdade (Preguiça).

Em comparação com a moral individual, o que se chama moral social se assemelha a uma polícia, aliás respeitada sem maiores dificuldades, desde que nos governemos sem desprezar *de modo algum* as práticas da polidez, da civilidade, da consideração, da conformidade, da sociabilidade, que são de grande auxílio também contra as paixões, e sempre bem-vindo. A Civilização é essa parte da ordem social que contribui para a moralidade individual. É preciso, tão logo seja possível, visar ao centro e treinar as crianças para dominarem suas reações fisiológicas, *para quererem*.

O princípio dessa educação já apareceu em lições anteriores. Da mesma forma que não se pode prestar atenção sem primeiro agir, de modo mais óbvio ainda não se pode querer sem fazer alguma coisa. Esse princípio leva longíssimo. E antes de tudo, ao fato de que o pensamento não pode acalmar as paixões senão trocando a posição do corpo. A possessão de si é atlética no sentido estrito (como mostra o exemplo do cavaleiro, do esgrimista, etc.). Em suma, a meditação sobre as paixões não tem saída.

Mas quem pensará na ginástica então? É preciso agir. As paixões nascem na ação (medo, raiva, avidez, credulidade), mas também, ao se regular a ação, se acalmam as paixões e se toma ciência de seu próprio poder.

Daí se compreende que os discursos referentes às ações que não se esperam da criança no momento presente são praticamente inúteis.

Por exemplo, prepara-se melhor o futuro soldado pela ginástica, habilidade, paciência, constância, educação para a responsabilidade nos pequenos trabalhos das crianças na escola do que por discursos comoventes. A economia não é nada para a criança, mas a ordem, a precaução, a limpeza são alguma coisa. A justiça social é uma abstração, mas o respeito pelo material escolar, pelos livros, pelos lápis, com uma boa gestão do que se tem é alguma coisa. Um discurso contra a revolta ou a violência é apenas tocante; mas a polidez escolar, o pudor, o comedimento, o sorriso já são alguma coisa. A *opinião* pública (o cidadão) está no porvir. Mas fazer que a criança remonte sempre do erro até sua própria desatenção é uma lição de julgamento. Em suma, a criança, em sua situação escolar (familiar ou social), como criança, pode agir; é nessas ações que ela aprenderá a querer. Por exemplo, cuidado com a caligrafia, com a ortografia, isso pode ir tão longe quanto se quiser. "Não seja direito, mas endireitado." A criança só se instrui moralmente pelos erros que comete. Por exemplo, um discurso sobre a bebedeira fica fora de lugar, mas uma falta contra a disciplina (acesso de raiva, fúria) instrui a criança e os demais. Que ela aprenda a querer dentro do que ela pode querer.

A boa vontade não é o bastante; é a ação que forma a criança.

Duas maneiras. 1º Na escola. Por exemplo: Michelet, aquele que tem a chave da sala de estudo. Um bedel do vestiário. Um protetor dos novatos. Varrer, arejar, pôr os papéis usados nos cestos de lixo. Guardar o giz. Contar as lousas individuais. Essas pequenas tarefas confrontam a criança consigo mesma, com o que depende dela. Uma coisa levando a outra (monitores), pode se chegar a uma liberdade quase sem limites. (Deslocar-se. Pedir uma informação. Ajudar o vizinho.) Os grandes educadores não veem limites aqui (sistema inglês).

2º A própria disciplina pode servir para o mesmo fim. Por exemplo, formar fila quando toca o sinal; aparentemente é uma imposição. Na realidade, felicidade de se governar, surpresa de se mudar tão depressa. (Desfazer as filas.) Em toda ação evitar a lentidão, a moleza, a indecisão, a falta de jeito e a tolice. É necessário aqui não desprezar o modelo militar que faz pela educação real muito mais do que se pode achar, aliás, sem pensar muito nisso. Felicidade de executar bem, e *depressa*. As provas (testes) de que falei são em si exercícios de vontade contra as paixões. (Por exemplo: um cálculo em 4 segundos. Quem impede? Timidez. Mau humor. Indecisão. Duvidar de si. Reflexão sobre si, inoportuna. Todos os exercícios escolares. Por exemplo: Terminar na hora estipulada. Economizar no tempo de aquecimento. Fazer o que todos fazem. Mãos à obra. Pôr-se ao trabalho como se dá início à brincadeira.) Vivacidade, precisão, imobilidade depois da ação, eis os sinais de uma vontade já exercitada. Acreditar em si, jurar que se quer, está tudo aí. Mas é preciso tentar.

Depois, o hábito e a ginástica.

Décima Oitava Lição

O HÁBITO E A VONTADE

É preciso insistir mais sobre o Hábito e o Costume, que as análises clássicas não distinguem o suficiente. É em Hegel que se encontra a ideia essencial. (Filosofia do Espírito.) Deve-se partir do costume, que se pode chamar também rotina (nos ofícios) porque é como um mecanismo montado pela repetição (Rastros, caminhos oferecendo menor resistência). O costume nos leva a reagir da mesma maneira em situações muito diferentes. Cada um tem costumes em sua linguagem. – Já chega. Com certeza. Estamos entendidos. Então está fechado. – A família desenvolve um sistema de costumes que caminha em direção a uma linguagem fechada e sem variedade. Os chavões são costumes. Os provérbios também. O costume adormece. É o primeiro momento.

Mas pode acontecer de que uma situação nos jogue para fora do costume. O efeito, como Hegel bem o percebera, é uma espécie de fúria, em que entra medo, falta de jeito. (O gaguejo.) Todos os costumes se agitam (é propriamente o jogo da imaginação). Daí um sentimento de humilhação que não encontra remédio, como se vê naqueles que discutem de modo estabanado ou que age violenta, descontroladamente. (Raiva contra uma fechadura, contra um colarinho postiço.) O costume é quase da mesma natureza que o fanatismo (Fúria contra aquele que perturba a ordem do cerimonial, também quanto aos pensamentos). O costume é, portanto, como o traje social de mesmo nome que nos acorrenta. O costume é uma escravidão. O acontecimento insólito provoca estupor ou fúria. O ensino deve contar com o costume, primeiro porque a criança traz consigo os costumes familiares e individuais (de que a timidez, a teimosia, o mau humor são sinais). E também porque tudo que se quer fazer que seja feito por vontade, o costume o retoma (As letras mudadas numa figura de geometria). Um exemplo de costume: duas operárias levarão duas vezes mais tempo. Um mecanismo se cria continuamente; não se pode dizer que ele seja ruim. Mas, enfim, agir e falar dessa maneira, sonolentamente, não é coisa de homem.

O costume é o grande obstáculo para a vontade, não só porque traz de volta o mecanismo, mas principalmente porque toda mudança no mecanismo significa perturbação e, não demora muito, raiva. (O tímido.) Daí a rigidez, a atrapalhação, o desespero. Fazer o que se quer não é fácil logo de início.

Aponto aqui um chavão sobre a ação de costume, pois ela fica perturbada pela atenção e pela vontade. Não passa de um chavão, se for aplicada ao hábito. Cumpre repetir que o hábito (*Habitus*, possessão) não é absolutamente um obstáculo para a ação nova. O primeiro efeito do hábito é o de acalmar esse espanto muscular, se é que se pode falar assim, que nos paralisa assim que somos intimados a inventar. Mas como chegar a isso? Consideremos o piano ou a ginástica. O principal do estudo consiste em repetir parte por parte, não com o objetivo de repetir imperturbavelmente, mas, ao contrário, com o objetivo de repor os músculos sob o domínio da vontade. O obstáculo é a rigidez, que no começo toma o corpo todo e vai se reduzindo pouco a pouco, até ser finalmente vencida. Mas bem se vê que há duas maneiras de aprender: aprender uma sequência de ações e, ao contrário, aprender a fazer o que se quer. Esse assunto é novo e da maior importância. É preciso distinguir dois proveitos num ensinamento. Saber uma coisa e, ao contrário, estar apto a inventar na presença de toda e qualquer coisa. Recitar O *Lago*[1] é uma coisa; descrever uma paisagem e um sentimento juntos é outra coisa. Na aparência, não se vê grande diferença entre um modo de aprender e o outro. Em ambos os casos, é preciso repetir. A diferença é interior e até íntima. Num caso nos atiramos, nos *mecanizamos* se é possível dizer assim, nos proibimos de querer; retomamos o impulso, passamos adiante. A ação se torna uma estranha à medida que a fazemos melhor. Esse é o puro ofício; e é o que a aprendizagem tem em mira. Ao contrário, no outro tipo de trabalho, não se para de querer, não se para de comandar cada vez melhor o querer parar cada vez melhor e o retomar cada vez melhor. (Por exemplo: a esgrima. A fala. O estilo.) Por esse tipo de trabalho, que de certa forma rompe a

---

[1] Alphonse de Lamartine, *Le Lac*. (N. T.)

memória, ficamos em pouco tempo na presença, a cada instante, de várias ações possíveis, sem que haja uma necessidade nos impelindo para cá e para lá. Disso decorrem segurança e serenidade (Bach lendo um trecho difícil). Portanto percepção clara, logo seguida da ação. (Esgrima: o véu.) O estilo proporciona surpresas do mesmo gênero; pois há um *treino* (é a palavra empregada pelos mestres de ginástica) que torna o homem senhor de si a tal ponto que tudo que ele faz é inventado; as palavras são seus criados; o vocabulário todo está às suas ordens. Equivale a dizer com Hegel que pelo hábito nosso corpo se torna fluido, isto é, próprio a traduzir exatamente o pensamento, isto é, a situação percebida. Um exemplo notável; os senegaleses a cavalo; eles ficam imediatamente como se deve ficar, pela flexibilidade. Os animais parecem agir (tanto quanto é possível dizer que eles agem) nesse feliz estado de indiferença que torna aguçado, preciso, hábil. Sem dúvida o costume participa do pensamento. A repetição, gostar da repetição, é de alguma forma perseverar no seu ser. O costume é benquisto. O testemunho dos outros acrescenta-lhe muita força. O *bem pensar* adquire um sentido singular; há um *bem pensar* diretamente oposto a este aqui: duvidar, saber duvidar. Reter-se. Não se atirar. Da mesma forma o juízo está acima das regras. A arte de viver abre um espaço para as regras e os costumes, mas sem deixar-se aprisionar. (O estilo.) Duas maneiras de aprender inglês; mas sempre o costume sai ganhando, porque há ingleses. Vantagem do latim.

Abordarei novamente os exercícios com limite de tempo, que se assemelham aos movimentos elementares da ginástica, pelo fato de que o único obstáculo é o medo (mesclado com a raiva) e essa opinião apaixonada. Preço de 28 objetos a 0,25 cada; a 1,00 cada seria 28, é ¼ de 28, isto é, a metade da metade. Mas não se deve pensar em outra coisa (Conta-se um, dois, três segundos); principalmente, não se deve ficar impaciente, irritado, enlouquecido, dizer consigo mesmo que não vai se saber. Se se prestar atenção, num caso como esse, o mecanismo é dominado. Com exercícios assim, conquista-se o hábito de contar. O cálculo escrito corresponde muito mais ao costume.

O problema é de grande alcance. Pois todo ensino deve formar costumes (uma certa conformidade), mas também rompê-los sem parar (iniciativa, invenção). Todo trabalho deve transitar sem parar de um termo a outro.

Décima Nona Lição

A VONTADE E O TRABALHO[1]

Trata-se aqui da moralidade. Aprender a querer é aprender a se conduzir, em vez de se deixar conduzir. E é preciso, antes de mais nada, eliminar o sofisma segundo o qual se confunde vontade com resistência à autoridade, resistência à regra. É muito raro que o homem oponha resistência à regra (Disciplina militar. Obediência às leis. Obrigações do ofício) senão quando levado por suas paixões. Todas as regras, tomadas sob determinado ângulo, incitam o homem a superar as fatalidades (ou necessidades) de sua natureza. Por esse lado, a obediência (epíteto) é sempre boa pela potência que ela nos faz conquistar a nós mesmos (raiva, medo, preguiça, lerdeza, impaciência). Mas enfim há homens que recusam a regra exterior em razão de uma obrigação de consciência muito clara e diante de penas bem piores que aquelas que a obediência poderia impor. Polieucto. Absolutamente não há crianças que resistam à regra escolar em razão de um dever superior. Mas a desobediência sempre indica não a força, e sim a fraqueza. (Teimosia: A criança birrenta, resistente, fechada – Raiva: A criança violenta, insolente, impulsiva – Frivolidade: A criança faladeira, desatenta, negligente. – Preguiça que consiste em que a criança faça só o que lhe agrada: Dormir. Não se lavar. Não estudar. Não prestar atenção.) A preguiça é uma fraqueza. A frivolidade, a raiva, a teimosia também.

A regra escolar se assemelha a toda lei pelo fato de ter dois sentidos: a imposição e o incentivo a querer. Assemelha-se à lei também pelo fato de que aqueles que recusam a boa vontade ficam obrigados, por razões de ordem. (Mais prementes ainda em se tratando de crianças, sobretudo ao só disporem de poucos anos para se instruir e ao serem confiadas ao mestre.) Mas de qualquer forma é preciso obedecer. Porém essa imposição não passa de um meio

---
[1] [Os exercícios da vontade.]

externo, preliminar, preparatório, alheio à verdadeira educação. Uma vez que a ordem esteja assegurada, é necessário que a imposição pare de agir e que as boas vontades (admirável pleonasmo), digamos simplesmente as vontades, despertem. Parece-me que o ensino moral real consiste nessa passagem. E notem a vantagem do mestre relativamente ao pai. O pai comanda em nome do sentimento. O mestre no fundo não comanda nunca. Ele aguarda – como Moisés (Claudel)... O discurso mais enérgico que ele possa fazer é do tipo deste aqui.

"Eu não falo da ordem. É preciso que a ordem seja. Ela será. Não há a menor dúvida. A esse respeito eu não tenho de aconselhar, nem de repreender, eu exijo, eu forço. Mas tendo obtido isso, considero não ter ainda obtido nada. Não há virtude alguma nem proveito algum na obediência forçada. Quero seres livres, isto é, coloco cada um de vocês diante de si mesmo. Vocês valerão conforme seu querer. Um homem fraco não é nada. Vocês se remexem e conversam, é fraqueza. Um nada os desvia, é fraqueza. Vocês se deixam levar pela impaciência, pela raiva, é fraqueza. Faltam-lhes coragem, confiança, esperança, é fraqueza. Cada um dos exercícios escolares é uma oportunidade para cada um se governar por si e se elevar acima do animal. Ora, para o acessório se pode ajudar, mas quanto ao principal, que é querer, não se pode ajudar. Eu não posso querer no lugar de vocês. E até, nesse ponto, não devo fornecer-lhes ajuda de fora (sentimentos, recompensa, etc.), nem mesmo castigo. E não há a menor sombra de esperança para quem não quer. Os erros de ignorância não são nada. É preciso tempo para tudo. Mas os erros (as faltas) de vontade são fracassos para vocês. Não há pequenos erros. Falta-lhes coragem para levantar, é falta de coragem. Não há outro heroísmo no momento presente para vocês além da escolha contínua do difícil, do desagradável, do repulsivo. E todo heroísmo pressupõe isso. (Os soldados cumprem sua função.)" O fato é que o hábito de trabalhar quando se quer, tão logo se queira, pelo tempo que se queira, é uma virtude que falta a muitos homens. (Eles adiam. Perdem tempo. Buscam encontrar uma desculpa.) E já é muito ter trabalhado com um trabalho puramente escolar. Há um exemplo espantoso. (Pierrefeu. Os Titulados.) Não é paradoxal. São homens que durante os estudos souberam se governar e só por isso já são e permanecem superiores, seja qual for a tarefa. É sempre preciso classificar, examinar, decidir. Saber começar e terminar. Se prestar atenção nisso, se vê que não há virtude que não pressuponha esta aí. (O juiz Popinot em *A Interdição*.[2] E também a sra. de la Chanterie – Associação de Caridade.[3]) Trabalhar é a grande virtude. Examinemos (o ócio, etc.).

1º A assiduidade que consiste numa série de resoluções em concordância (Por exemplo, receia-se faltar). O acordo consigo mesmo. Notem que se é assaltado pelos pretextos, eles nunca faltam.

A assiduidade pressupõe confiança no tempo e na acumulação (considerar o trabalho feito).

2º A pontualidade (por receio da precipitação, de depender das coisas) que diz respeito a uma ação determinada. Chegar na hora. Ter terminado na hora. (A lebre e a tartaruga.)

Não é difícil estar atrasado.

3º O aquecimento. Não se divertir com *preparativos vagarosos*. Atenção disponível prontamente. Imediatamente ao trabalho. (A regra escolar aqui deve ser uma ajuda.) (Recreio. Sala de estudo.)

4º A ordem. *Uma coisa de cada vez*. Economizar a parte material do trabalho (que dá a ilusão do trabalho). Não adiar o importante e o difícil (As Notas, as Fichas).

5º O descanso. Fechar a torneira. Dormir ao comando. Esquecer. Não pensar frouxa e apreeensivamente na obrigação de pensar amanhã. Estar lá por inteiro ou retirar-se, relaxar. O trabalho não é assunto para conversas.

6º A regra. Estabelecer um calendário de atividades. (O Cavaleiro de São Luís na Trapa.)

7º A paciência e a tenacidade, a continuação. A ideia que deve dominar aqui, e ser frequentemente lembrada, é que não há artista (romancista, pintor, ministro, general) sem imensos trabalhos (Balzac). E mais uma vez é imprescindível

---

[2] Honoré de Balzac, *L'Interdiction*. (N. T.)

[3] Honoré de Balzac, *A Prima Bette*. (N. T.)

retomar a ideia de que "Paciência e demora / Fazem mais que força e fúria".[4] Por exemplo: Uma ponte, uma casa. Pavimentar uma rua. Ler Voltaire. Não se sentir esmagado sob o peso das perspectivas. E aqui novamente a experiência escolar é mais valiosa do que tudo. Nada a substitui. O ofício a substituiria. Mas o ofício (trabalho manual) tem qualquer coisa que desprestigia o trabalho, porque não se usufrui a obra. Ao passo que se instruir é uma obra que é primeiro um fim e só depois um meio.

É importante apresentar sempre os exercícios escolares como exercícios de vontade. Fáceis *quando se quer*, impossíveis *quando não se quer*. Esse tipo de dificuldade deve ser o único. À desculpa: eu não sei, deve-se poder responder: você não quer.

A ideia de *reparação* substituindo a *punição* (é a punição voluntária).

Prometer a si mesmo. Jurar a si mesmo. O mestre: "Não é a mim que você deve prometer. O que eu tenho com isso? Você quer ser tolo, ignorante ou *sem coragem*? O que posso fazer? E acho JUSTO que seja como você quiser. Por que eu empurraria você? É uma injustiça. Você tem de combater com suas próprias forças".

---

[4] *"Patience et longueur de temps /(Font plus que force ni que rage.)"*, moral da fábula de La Fontaine, "O Leão e o Rato", proverbial em francês. Apresentamos dela uma tradução literal. (N. T.)

Vigésima Lição

A DISCIPLINA INDIVIDUAL

Trato aqui da disciplina individual e distingo-a da disciplina coletiva que não passa de polícia. Deixemos a ordem; vamos supô-la. Restam ainda as faltas e as sanções. Por exemplo: preguiça; dever feito sem capricho. A ser refeito. Cortar algum lazer ou passeio ou jogo. Pior: o aluno mentiu, alegando que a mãe está doente. Castigo mais grave. Comunicação aos pais na caderneta de notas ou carta. Reprimenda, eventualmente pública: penalidade excepcional (Expulsão temporária. Antigamente, confinamento. Copiar versos. Ficar retido fora do horário, ditado de versos). A punição aqui não pode tomar uma aparência de vingança. O mestre se resigna rapidamente. Mas ele volta atrás ao pensar em duas coisas. Em primeiro lugar, os pais lhe deram poderes para exercer autoridade e vigilância. Depois, ele pensa na própria criança, e não só nas consequências materiais (insucesso, escravidão, pobreza, humilhação), e ainda no fato de que a criança não se desenvolverá, não será ela própria. Um pensamento que não se acenderá. Falta cometida contra a civilização, contra a Humanidade. No fundo, falta contra a caridade se nos resignarmos. Assim a punição é um bem. Sócrates o diz no *Górgias* de Platão. Feliz daquele que é punido, isto é, impedido de seguir os prazeres e a natureza inferior por uma penalidade previdente (que antecipa) que o detém, que o faz refletir, que o compele por meios externos (Imposição. Ameaça. Promessa.) a tomar outro caminho e a experimentar outros prazeres que ele desconhece completamente (Christophe e a música. A cultura. A leitura. O juízo. A palestra consigo mesmo e com os outros. A vida superior.). Platão insiste no ponto segundo o qual o inferior não é juiz e não pode fazer a comparação. Não se pode fazer que o preguiçoso desfrute do prazer de trabalhar; primeiro é necessário que ele trabalhe.

Mas, por outro lado, só há prazer na ação livre. Ambiguidade da noção de *trabalho*, a pior e a melhor das coisas. É o que há de livre no trabalho que agrada.

A imposição por si mesma não leva a nada a não ser a uma vida triste e entediada. Círculo do qual se deve sair.

O objetivo é alcançar um esforço livre, generoso (como Descartes formula tão bem). A primeira condição é que tal esforço nunca passe despercebido. Evitar o preconceito (Não fará nada). Não abandonar a criança. Interrogar. Corrigir. Esperar pacientemente (a isso se soma o capricho fisiológico. Na fase do crescimento, há períodos de inércia intelectual e despertares repentinos). É preciso acompanhar esses fatos da natureza com grande isenção de ânimo, e é o que os pais absolutamente não sabem fazer. Mesmo que uma criança ficasse triste e desanimada, seria preciso lembrar-lhe justamente essa ideia. Mas também a outra ideia, a de que ela deve se dominar e se impor a tarefa, mesmo que os resultados não sejam bons. Uma composição muitas vezes apavora. É preciso apresentá-la como um exercício de vontade, sendo que a vitória consiste não em fazer bem, e sim em fazer. Inconveniente da classificação. Mas é necessário que um aluno tenha a coragem de se conhecer e de se comparar com os demais. (Por que essa comparação tem de lhe dar coragem. O primeiro e o último: tanto faz.) Portanto, perceber os sintomas do despertar, esperá-los, não se espantar com eles. Dizer: "Você vai resolver começar e aí a coisa vai andar sozinha. (Como para nadar. O sangue frio admirável do mestre.) Você está aqui para errar e eu, para consertar. Eu era como você".

Fazer entender que o castigo de nada serve se não for voluntário. Pode-se levar o aluno a atribuir uma nota a si mesmo, a determinar ele próprio a reparação. Na família as promessas (moeda fiduciária) têm aceitação. Na escola deve-se prometer expressamente a reparação. E a quem prometer? Não ao mestre que não precisa de nada (que nunca deve se mostrar aflito nem irritado, a criança gostaria desse poder). Mas prometer-se a si mesmo. E não fazer a si mesmo essa promessa de maneira irrefletida. O arrependimento não redime e não repara (Rubempré). Prometer pouco e *cumprir* (sr. de Saint-Louis). Sempre formular a pergunta assim. Você quer ser tolo, ignorante e *sem coragem*? Não? Mas não posso fazer nada. Não posso querer no seu lugar. No fundo, *eu não devo*. Compare um pobre que estuda sozinho, um rico que tem um preceptor culto e severo. Injustiça. (Aqui entra o inconveniente dos concursos, se o mestre encara isso pelo lado pessoal. Jamais ele deve deixar transparecer um sentimento desses; ele tem de se proibir isso).

Contraste entre o jovem burguês (que espera) e o proletário, que não conta senão consigo mesmo (expressão de Jeannin).

O problema das aulas particulares. É preciso primeiro merecê-las. Mas nunca está isenta de inconvenientes.

Vigésima Primeira Lição

OS CARACTERES

Introdução. Os Temperamentos
O Humor. A Saúde
A Personalidade. A Individualidade

Duas coisas a dizer ainda, às quais o educador deve sempre se ater.

1º As naturezas quase não mudam.
2º (Comte) Uma variação muito fraca basta, e não há predestinação.
Todo o nosso estudo se propõe a tornar ambas as ideias mais familiares e mais firmes.

Alçamo-nos agora ao caráter que é o humor pensado. No humor não há pensamento. Ao contrário, um caráter se pensa a si mesmo, se conhece e se reconhece. Quando eu dizia que se podia jogar com seu humor, eu estava chegando perto do caráter; mas talvez eu estivesse passando por cima dele. Pois jogar implica essa sutileza que não se está levando a si próprio inteiramente a sério; um caráter se leva a sério. Diz-se algumas vezes com exagero que se se conhecesse o caráter de um homem, se poderia prever seus atos como um químico... Não é tão simples; o homem não termina no caráter; mas o próprio do caráter é que ele põe um término a si mesmo: "Assim é o meu caráter". O ranzinza sabe o que ele deve a si próprio. O frívolo também. O violento também. O astucioso também. Um homem que não perdoa jurou que nunca perdoaria. Um obstinado, que nunca cederia. (Grandet e a filha.[1]) Há presunção em todo caráter e uma espécie de tirania. Por exemplo, não gostar dos cheiros. Não conseguir dormir em meio ao barulho. O homem faz de tudo uma vaidade; e alça para o nível do caráter tudo que se deve bem claramente às vicissitudes da saúde. Por

---

[1] Personagens de *Eugénie Grandet*, de Honoré de Balzac.

exemplo: o doente que não consegue dormir e se irrita por ter dormido. Vê-se que há no caráter como que uma personalidade moral, só que limitada às pequenas coisas; a forma está longe demais da matéria. A Grandeza da alma tem por característica deixar correr o humor sem se preocupar em inseri-lo num sistema; e com isso ela cai bem depressa. Todo homem esbravejaria por um barulho inesperado (uma porta) mesclando a seu discurso seu caráter pessoal e aquele de outrem. O homem de verdade se sobressalta, inicia o discurso, mas logo ri-se do barulho e, melhor ainda, o esquece, o deixa de lado como uma ninharia, a que não vale a pena dar atenção. Eu diria a mesma coisa de quase todas as faltas das crianças que não são devidas ao humor, e que se deve esquecer, e não lembrá-las de modo algum, pois se modela com isso o caráter. "Quem mentiu mentirá." "Ela enganou o pai..." *Otelo*. Mas não é verdade para as crianças, nem, para os homens, tão verdadeiro quanto se pensa.

Vigésima Segunda Lição

ESBOÇO DE UMA CLASSIFICAÇÃO DOS CARACTERES

Como classificar os caracteres; ou como preparar um vocabulário que possibilitará descrever sob esse aspecto tal ou qual homem. Invejoso. Ciumento. Vaidoso. Dissimulado. Violento. Ranzinza. Indolente. Frívolo. Preguiçoso. Irresoluto. Obstinado. Eis traços de caráter. Eles têm em comum o fato de reaparecerem em todos os sentimentos, em todas as ações, em todos os pensamentos.

Essa divisão clássica talvez fornecesse uma classificação interessante dos caracteres:

Os Afetivos. Os Ativos. Os Intelectuais.

Essas três funções devem se equilibrar. De um lado, a afeição (sentimento ou paixão) não chega a seu desenvolvimento sem a ação (culto, prática, prova), ou sem o pensamento.

Vigésima Terceira Lição

O DESENVOLVIMENTO INDIVIDUAL PELA CULTURA COMUM

É abaixo do caráter, o mais perto possível da natureza biológica, que é preciso apreender a criança. O que impressiona, então, é essa natureza, única em cada uma, e imutável quanto ao principal, que aparece ao observador. Esta aqui é um ativo sanguíneo e o será sempre; sempre a ação antes do pensamento; emoção de preferência à paixão. A atenção segue-se aos atos. Essa outra é um sentimental (afetivo) e bilioso. A afeição será sempre seu principal motivo para agir e para pensar. Esse nervoso será curioso e instável. Deixo as nuanças de lado; seria preciso descrever indivíduos. E é claro, como diz Spinoza, que tal indivíduo não poderá jamais desejar o que quer que seja se não desejar primeiro perseverar em seu ser; portanto, ele só se desenvolverá de acordo com seu próprio plano. Tudo lhe servirá de alimento, mas digerido e transformado à sua própria imagem. Não apenas é bom que assim seja; é necessário que assim seja. Toda incitação a mudar seu ser e a revestir-se de uma natureza estranha é portanto vã. As virtudes nele estarão bem mais próximas de seus defeitos ou vícios do que das virtudes do vizinho. Por exemplo, a prudência da dissimulação. A coragem da brutalidade. A probidade da secura. A ciência do espírito de contradição. A perseverança da obstinação. Mas isso é ainda muito geral; há tantas maneiras de ser obstinado, brutal, dissimulado, astucioso, distraído, quantas são as naturezas individuais; tantas passagens à virtude correspondente, tantas caras para a perseverança, para a coragem, para a probidade, para a sabedoria. Deve-se, portanto, levar a ideia até o fim, e gostar das diferenças.

É necessário gostar delas pois elas são a força. Esse apego de cada um à sua natureza é a garantia de um conhecimento, de um sentimento, de uma virtude; o que lhe convém, ele o apanhará e o conservará pelos meios que lhe são próprios.

Só se toma apoio sobre o que resiste. Por exemplo, uma promessa repousa sobre a promessa de ser fiel a si, ou então ela não vale nada.

Outra ideia. Pequenas variações, suficientes. Desconfiança para espírito crítico. Brutalidade para coragem. Atenção para com seus próprios interesses e probidade. Mania de ordem e espírito de ordem. Mas vamos dizer ainda melhor: toda virtude resulta de um vício, não combatido, e sim desenvolvido. Um explorador. Um inventor despreocupado. Um soldado. Um administrador.

E por fim vamos dizer que não há motivo para temer que a natureza um dia acabe cedendo, o que nos dispensa de tomar tanto cuidado com ela e de cultivá-la por ela mesma.

Assim é a natureza. Deve-se primeiro abster-se de trancá-la num caráter, de condená-la. É brecar um desenvolvimento certamente bem mais rico do que podemos prever. Não falar aos homens, diz Spinoza, de sua escravidão (*Privatio nihil est*), mas de sua potência. O que equivale a elogiar de preferência a reprovar, e a encorajar, segundo as lições de Platão, cada um a ser plenamente o que ele quer ser. Reconhecer o que existe, o que anuncia ou promete, largar o resto. Absolutamente não definir, mas assistir à definição em ato; pois na criança nada está feito. Libertar a ideia interior, a fórmula própria do ser; isso não pressupõe que se tenha pressa para terminá-la. Depois disso, fica fora de cogitação impedir o mestre de observar, de conhecer... É a sua recompensa. Eu apenas aconselho que se qualifique de preferência a obra e não o ser, que não se prediga nada de ruim: "ainda não deslanchou; ainda não acordou".

Bom, agora é preciso agir, ajudar, estender a mão; é o ensino em si. Como? Uma feliz necessidade (feliz sob outros aspectos ainda) nos impõe um ensino coletivo. Jamais conseguiríamos escolher, ensinar para esse ou aquele. Esse conhecimento ultrapassa todo homem. Mas – muito melhor – não precisamos pensar nisso. Os meios de cultura pelos quais a tradição optou são justamente os que se põem ao alcance e à disposição de todos. (Como a música fala a cada um, sem ter sido feita para ele.) O verdadeiro e o belo têm esse privilégio de desenvolver as naturezas. O verdadeiro, porque as coisas exteriores se impõem de qualquer forma e porque, qualquer que seja o uso que delas se faça (fazê-las, buscá-las, mudá-las), a primeira condição é conhecê-las o melhor possível.

O erro diminui toda natureza, toda potência. Assim, a observação, a prova experimental, o cálculo e a *dúvida* que é o sal de todas essas coisas, tudo isso é bom para todos, e acabará interessando cada um, pela variedade, pela realidade, pela necessidade. O espírito geométrico, que comanda todas as buscas, é bom absolutamente para todos. Portanto é preciso obstinar-se, retomar, conforme a ideia de que o prazer (o interesse), a curiosidade não são sinais suficientes. Os prazeres são efetivamente (Aristóteles) os sinais das potências, mas só quando se sabe pelo menos um pouco. Por conseguinte eu tenho o[1] dever de não dar escolha (Pais e crianças se enganam nesse ponto) e de estabelecer como regra que aquele que não teve a menor oportunidade de contato com a Geometria (a Ciência) está certamente falto de um certo desenvolvimento de si mesmo, de sua originalidade própria.

Mas ainda há mais a ser dito. É imprescindível, em meio às diferenças, procurar seu semelhante, *acreditar* no espírito humano. A história dos grandes espíritos o prova. O que haveria de mais diferente? Sócrates, Platão, Aristóteles, Descartes, Leibniz, Newton (as diferenciais). Mas a ciência se faz; o espírito humano se define por todas essas naturezas tão diferentes. A cultura aprende a gostar das diferenças sem deixar de gostar do humano. E essa cultura boa para o mestre é boa também para o aluno: que ele se veja diferente, mas não estranho. Pensar é exatamente isso.

O culto das belas obras (como a poesia) leva aos mesmos caminhos, com maior eficiência ainda. A música sabe bem encontrar a natureza, ela acalma todas as paixões. A poesia também toca cada um naquilo que lhe é particular; ela reconcilia o inexprimível e o humano. Toda cultura aproxima os homens sem lhes pedir que renunciem a si próprios. Na verdade, quanto mais um escritor for ele mesmo, mais ele toca o indivíduo. Assim a amizade, e familiaridade, dos grandes homens nos revela a nós próprios. Por exemplo, Montaigne; ele não se preocupa em nos ajudar. Por exemplo, não modelo (R. Rolland). Somos salvos por homens que se desenvolveram por si, sem pensar em nós. A experiência revela que um Descartes, um Balzac não conseguem desenvolver sua natureza

---

[1] [Direito].

a não ser por amplos estudos. Portanto, expor que o Grande Homem é o que convém, e que o medíocre não convém a ninguém.

Qual é a razão maior disso? É que o Bem não é uma fórmula de uso geral, mas a fé de cada um em si. Toda obra humana é a história de um homem que tudo salvou em si, que não temeu a si. Essas obras, portanto, dão esperança e fé. A própria ideia aqui expressa é tônica no mais alto grau, descartando completamente essa frágil ideia da conformidade pelo amor às diferenças (caridade). (A ideia jansenista da predestinação.)

Vigésima Quarta Lição

A ESCOLA E A FAMÍLIA

A família é facilmente considerada um meio natural (isto é, onde a vontade humana não introduziu alteração alguma quanto ao fundo, dado, feito). A sociedade também, apesar de ser mais difícil. A sociologia se define pelo seguinte: ela vê a sociedade não como regida, e menos ainda como formada, por leis decretadas pelo homem, mas, ao contrário, como manifestando, pelas leis escritas, leis naturais análogas à astronomia – física – química – biologia (Montesquieu: ambiguidade da expressão lei reconhecida: ideia sociológica). História natural das sociedades. (O poder reformador.)

Temos de encarar a escola exatamente da mesma maneira, não como uma instituição que parece boa para tal sábio; mas como um fato da natureza humana, tão claro quanto os outros dois, e opondo-se a ambos.

A assembleia das crianças (por idades) é um fato de natureza e de sociedade. Essa assembleia (jogos – explorações – amizades) se opõe à família; e ainda melhor quando ela se organiza sob o mestre (um velhinho contador, moralista, aconselhador).

1º A lei biológica da família reúne seres de idades diferentes. A hierarquia está por toda parte; as relações entre os pais e os filhos são imitadas e repetidas. – A escola não oferece essa hierarquia, nem nenhuma. (O primeiro não tem nenhum privilégio duradouro.) A escola é o único exemplo da igualdade (por classes) sob um poder que não é nem julgado, nem discutido.

2º A lei do sentimento rege a família. De um lado, exige-se sem medida (O sentimento logo tiraniza, diz Aristóteles); de outro, se reclama dessas exigências porque se vê nelas o sinal de um sentimento fraco. Por exemplo, a severidade dos pais é mal compreendida; e eles próprios sofrem com isso. "Essa

criança não tem coração"; e do outro lado "Ninguém me ama". Daí os mal-
-entendidos que são quase a regra. Os ciúmes. No fim todos se incomodam e
ninguém está contente. Em especial o ensino fica impossível, pelo jogo dos sentimentos. Os pais exigem demais, ficam humilhados com o erro, com a desatenção. As crianças, em contrapartida, são muito influentes, pela tristeza fingida,
pela gentileza, pela estimulação dos sentimentos.

Ao contrário, na escola, a criança nunca joga com o sentimento; ela bem
sente que o terreno não é firme; ela não obtém nem tristeza, nem mesmo cólera
(o que é mais uma prova de afeição, isto é, uma esperança de potência; prestar
muita atenção aqui). O sentimento é subordinado. Polichinelo, vou contar um
segredo, a mamãe nunca fica zangada. A professora tampouco, mas num sentido
muito diferente. (Comparação das crianças. Hábito do ofício.)

3º A isso se acresce o fato de que a família, sendo biológica em essência, é
naturalmente dominada pelas funções biológicas. A saúde. A faxina. O trabalho
real. A economia. As preocupações com o comércio e a clientela. Não há regra
própria à infância, ou então ela tem de se tornar flexível a cada instante. (Atrasos
na lição. Feriado, etc.)

O humor também depende disso; e a fonte, o fato econômico, é o que a
criança menos entende (Não gritar. Não sujar. Não incomodar. Há dias tristes
e dias felizes, etc.). Em decorrência, ela frequentemente acha que está sendo
vítima de uma injustiça (e o sentimento nesse caso não tem limites já que ela se
compraz em testar, em exigir, em seduzir).

Na escola, a necessidade econômica fica esquecida. Trata-se apenas de
se instruir. Tudo é feito, quer para os tateamentos da criança, quer para seus
jogos. Tudo está regrado, e a regra jamais se torna flexível. Um dos traços da
infância é que ela questiona apenas a regra incerta. (Na família, fica-se obrigado
a *dar os motivos*, o que desencadeia a discussão. Rousseau observou que a criança discute interminavelmente. Discussão: infância do espírito). Enfim, desse
modo a criança se encontra no meio que convém à sua fraqueza, à sua inexpe-
riência, à sua despreocupação, a esse espírito de crescimento e de movimento,
e também à sua ignorância. Comparar com a aprendizagem na família. Mas isso
leva ao outro desenvolvimento.

Vigésima Quinta Lição

A ESCOLA E A SOCIEDADE

A sociedade em volta da família está fundada principalmente no intercâmbio dos serviços e nas funções (situações fixas e honradas).

1º Quando a criança esbarra nos interesses fora da família, ela fica imediatamente infeliz, pois erra, na maioria das vezes, por querer fazer direito; porém ela quebra, estraga, desarruma. Ela *dá despesas* em vez de prestar serviços. Por isso ela é severamente cobrada com a exigência de se emendar (já na família, principalmente pobre). As experiências da criança, suas tentativas, seus erros cheios de valentia e de confiança ficam aqui fora de lugar. A aprendizagem é uma coisa árdua. Como instruir-se quando não se tem o direito de se enganar? Simples imitação, prudência, medo. Toda e qualquer iniciativa fica perdida. Em compensação adquire-se com isso o escrúpulo do ofício, decerto admirável quanto aos efeitos, mas que provoca um estreitamento do espírito. (As castas, as especialidades. Não faz parte do meu ofício.)

A escola instrui porque não se propõe a lucrar com o trabalho da criança. Porque o erro é natural, e fica esquecido tão depressa quanto sua correção. Porque a boa vontade é sempre bem-vinda (Um erro na conta de somar em papel timbrado). A datilógrafa aprende a *nunca se enganar*, o que é negar o espírito. O pensamento é o que se engana.

2º) Na sociedade, por essas mesmas causas, e por outras, propriamente políticas, cada um é julgado. (Por exemplo: o marechal Joffre e Monastir). Portanto cada um tem de evitar a falha; daí o espírito de prudência administrativa. Se pode, de tanto nunca fazer nada (fugir das responsabilidades, abster-se, acobertar-se), ir bastante longe. Isso é verdade no comércio, na indústria e na existência política toda.

Ora, a criança não pode jogar esse jogo de sutileza e de prudência; ela cairia no desespero. Essa é a sina da criança que ganha seu sustento em vez de frequentar a escola. Ela não pode carregar seu erro e as consequências. Se ela for bem-sucedida, será por uma prudência prematura (A criança velha) que resseca o espírito. A política não embrutece menos do que a aprendizagem pelo fato de que uma falta simplesmente não tem conserto.

Na escola, essa dura lei fica esquecida, apagada. Ninguém é julgado por seus antecedentes. O erro de ontem não conta no ditado de amanhã. O primeiro da turma é destituído sem cerimônias de sua posição. Não há direitos adquiridos assim como não há faltas irreparáveis. Isso é uma necessidade básica numa idade em que nada está dito, em que novas potências se manifestam, em que o crescimento rege o espírito, o esforço, o progresso. O trabalho escolar se assemelha à brincadeira pelo fato de se recomeçar sempre. E sobre isso reina a temível imparcialidade do mestre, que transfere seu interesse de um ao outro, tão facilmente quanto de uma geração à seguinte.

Vale acrescentar que as dificuldades são progressivas, o que nunca acontece nem nos ofícios, nem na política. (Na ação mais simples, se pode estragar, quebrar, distorcer.) Na escola absolutamente não há essa responsabilidade esmagadora. Daí uma notável despreocupação em relação aos melhores.

Assim é, em resumo, esse meio natural; ainda mal estudado porque se pensa no que ele deveria ser (programas, reformas) em vez de pensar no que ele é. Por exemplo: a própria sociologia. Mas as classes seguirão em frente. A realidade sempre nos traz de volta! É de acordo com isso que cumpre tratar todas as questões: recompensas, castigos, classificações, programas, métodos. O princípio é sempre: variações pequenas e que bastam. Por exemplo: a mudança de programas com um mau mestre (sem autoridade, preguiçoso, sentimental, instável); e o mesmo programa com um bom mestre: poucas mudanças. Mas é a noite e o dia.

Vigésima Sexta Lição

A DISCIPLINA E A POLIDEZ

É aqui que se vê bem a insuficiência do sentimento. É válido dizer que frequentemente na escola a criança obedece melhor à regra e a aceita melhor. Sabemos quais as razões disso. Porém, em contrapartida, as revoltas da criança na família estão sempre marcadas pelo sentimento; o respeito está no fundo, ou, em todo caso, o amor; assim a insolência encontra rapidamente seu limite. Que ela não encontra na escola. Assim que a ordem fica perturbada, a turbulência triunfa, e, pior ainda, se descobre então um certo desprezo: está claro que um aluno de escola não trataria assim um estranho que estivesse de visita na casa dele. O mestre não deve, portanto, contar com respeito pela sua função nem pela sua pessoa. É um primeiro erro a ser evitado, como também o de apelar para a razão e para o sentimento, por exemplo, mostrando-se ofendido. É um erro grave. É óbvio que o aluno não reconhece aqui uma pessoa moral, como ele faria num bonde e por toda parte. Eu observei que a impolidez, a partir do momento em que é tolerada, é adotada sistematicamente, como a conversa, a atitude de dar as costas quando entra o professor, etc. Esse espantoso esquecimento das convenções, esse mesmo até *nos mais educados*, se deve ao fato de que a situação (relação) mestre-aluno não encontra nenhuma analogia no mundo fora da escola; em consequência, as relações vigentes no mundo não devem aqui ser imitadas. Deve-se instituir uma polidez especial e sem equivalente. Portanto, tudo está por fazer, e depressa. Cito ainda uma boa máxima: "Quando se deixa espaço para os alunos, eles tomam posse dele na hora". Eles usam o anterior como argumento. Há uma ideia importante por baixo disso: "Se é proibido, por que permiti-lo? Não cabe a nós saber o que é permitido e proibido". Na defesa de um aluno punido há sempre uma censura, às vezes explícita: a ordem escolar não existe na sua classe. Então eu não vejo mais limite. Nesse aspecto quase todos os chefes se enganam. Eles dizem que é preciso fazer-se respeitar, que um ensino deve interessar, e outros chavões em que há pouco de verdade. (O professor deve dar o exemplo da boa conduta, etc.) Isso se deve a que eles têm principalmente relações individuais com o aluno. Fora da classe, a educação do mundo e da família deixa seus efeitos visíveis. Quando há então revolta, isso se deve a paixões bem determinadas em que a disciplina não tem nada a ver. Por exemplo, um aluno se recusa a continuar um certo tipo de estudos, etc. Pode-se notar uma polidez natural (e sem hipocrisia) num aluno que depois da aula vem se desculpar. Outra máxima ainda: essas desculpas não têm valor, e uma punição nunca deve ser suspensa.

A disciplina escolar, portanto, é uma coisa que não se assemelha a nenhuma outra. É uma polidez coletiva que é necessário inventar e manter. Eu atribuo uma extrema importância aos sinais coletivos de polidez. Pôr-se em fila para aguardar, ou se levantar. O começo da aula deve ficar bem marcado (daí a necessidade da pontualidade).

Vigésima Sétima Lição

A DISCIPLINA (CONTINUAÇÃO)

É necessário que o tempo seja preenchido e que uma ordem seja seguida de modo a evitar a indecisão, a incerteza, as perguntas, a confusão. Uma causa de desordem: a aprovação (Merlet), a discussão. Cada um está livre para exigir a imobilidade, ou a ação de escrever. De arguir com ou sem originalidade. Mais vale sem originalidade: lições recitadas. Mas, seja como for, as faltas, sobretudo as que tendem a levar ao tumulto, à confusão, devem ser punidas. As condições são:

1º Não se enganar, se informar. É um requinte do ofício (conhecer prontamente, ter olho), (o bom aluno punido).

2º *Não se irritar.*

3º Um bom sistema: não dizer nada; mas nunca ESQUECER. Acompanhar a execução (Lagneau). Há mil esperanças que é preciso liquidar. É o princípio de toda repressão: uma penalidade pequena, porém inevitável.

4º) Não discutir (sistema militar). É claro que tudo deve ficar coeso. Por conseguinte, é preciso interessar-se pelo vizinho, colaborar. Conhecer os bedéis; solidarizar-se com eles. Os alunos são mestres no jogo da divisão dos poderes. O sistema da caderneta de recados. Aqui tudo é armadilha. Quando os alunos são conhecidos por se ter aula com eles frequentemente, tudo fica fácil. Todos nós gostamos de achar que é o nosso prestígio pessoal que impõe respeito (ilusão quase inevitável). É uma ideia pela qual sempre se paga. Em uma hora por semana, não há prestígio que aguente. Aqui ajudar os seus colaboradores. Informá-los. Não dizer: "Ele é perfeito". Principalmente não se divertir no íntimo.

Os pais colaboram muito mal. Eles aceitam de bom grado o professor severo. Mas riem de um professor que não sabe controlar a classe. Eles tomam isso como um fato da natureza. (Semelhantes aos alunos nesse ponto, eles se tornam espectadores.) O fato é que há mestres que carregam a desordem consigo. É de se pensar que isso é visível. O aluno dispõe aqui de uma atenção que não perde um só detalhe. Só resta um meio, a punição, sempre inflexível.

Uma das causas da indisciplina é que, se a deixarmos chegar até determinado ponto, não ousamos mais confessá-la e desculpamos nós mesmos o aluno. Os alunos conhecem muito bem esse jogo que consiste em agravar a falta, a fim de atenuá-la (por exemplo: quando o menino entra). Eles gostariam de testemunhas que dissessem que todos sempre agiram assim.

Um sintoma surpreendente é que os bons alunos, eles próprios, riem; pois perdem a esperança de trabalhar e no fundo desprezam o homem fraco.

Quando a ordem está instituída, o mestre então tem, por um jogo da imaginação que não falha nunca, um prestígio inexplicável, próprio da classe, e que não se parece com nenhum outro. Repetidores preguiçosos e até bêbados podem igualmente gozar dele. Nos liceus os bedéis o detêm sempre, etc.

Concluo dizendo que da mesma forma que o tumulto acarreta (Por exemplo, os psiu! no teatro, etc.), a ordem e o silêncio acarretam muito mais. Essa ordem é tão natural, convém tão bem às paixões da infância, define tão bem a seriedade para a qual ela ruma, mesmo não sendo capaz de tê-la ainda, que a desordem parece então impossível, e *causa escândalo*. É esse escândalo que está no fundo da desordem quando a desordem é tolerada: escárnio, indignação, desprezo. Uma classe perdida.

Agora entra em jogo o vívido poder de movimento e de barulho. A criança é dupla. De um lado, ela é movimento explosivo, tumulto, pelo excesso de força (RECREIOS). De outro, ela é séria porque seu estado presente a abandona sem parar, ela vai, ela *atenta* (observa com atenção), ela aspira. A seriedade da classe é o que a faz participar da humanidade.

Há contraste em sua natureza (o bom aluno, que brinca sem a menor preocupação). O contraste deve ser aceito e ficar bem delimitado, *sem mistura alguma entre os dois lados*. (O apito.) A *desordem* é a *lei* do recreio. (Obrigação de brincar, de se agitar, de gritar; é aqui que é proibido *fazer-se de homem*.) Por contraste, é preciso que a classe se imponha subitamente por uma mudança repentina de atitude que apaga todas as paixões do jogo. *Os movimentos*.

Os exercícios em sua relação com a disciplina. A atitude atenta. Uma ação atenta. Escrever. Ler falando bem baixinho. Repassar a lição enquanto se aguarda a vez, etc. (As aulas, as aulas ditadas, os resumos, os cadernos.) O problema dos castigos. O castigo útil, inteligente. Inconveniente: a negligência não fica discernível. *Copiar* é bom (escrever sob ditado), a negligência podendo então ser reprimida. É profundamente lógico impor uma atenção maquinal a quem não tem autodomínio. Essa parte da atenção é sempre importante; ela tem sido demasiadamente desconsiderada. Os textos ditados.

Os conselhos de disciplina. As punições graves. As relações sociais. Os grandes personagens.

Vigésima Oitava Lição

A EMULAÇÃO E O ENSINO MÚTUO

A vaidade e a inveja se desenvolvem juntas na vida em sociedade (como a presunção e o ciúme na vida em família). Há sempre vaidade na inveja, pois não se invejam as virtudes, isto é, as potências reais. Ninguém deseja ser outro; se ele quer se tornar melhor, é permanecendo ele próprio. Assim eu não invejo a avareza, nem a riqueza que dela resulta. Eu não invejo a coragem, nem a glória que dela resulta. Eu não invejo o trabalho, nem o saber que dele resulta. O que se inveja é a parcela de sorte e de acaso que entrou nisso. E pode-se observar também que o orgulho se centra quase inteiramente nisso (uma reputação a resguardar, e não muito bem fundamentada). Na presença do Sucesso, a Inveja diz consigo mesma: e eu, será que não valho isso? É um conflito (a inveja e o orgulho) entre as partes medíocres e as que buscam apoio. Como viu Comte, há essencialmente vaidade nos sentimentos sociais; procuramos esse respaldo e essa ajuda, queremos participar dessa existência pelos sinais; e quando se diz que o homem é um animal sociável, não se diz outra coisa. (O amor-próprio e a potência se recusam a jogar esse jogo. Stendhal, etc.)

Na escola não se trata de vida social; ou melhor, a relação social se transfere por inteiro para a relação dos alunos com o mestre. Fora disso, não há nem respeito nem potência; estabelece-se uma igualdade lúcida e bem fundada; pois os jogos, os esportes, a camaradagem apagam as diferenças de aptidão; é aí que se vê, que se sente que entre o primeiro e o último não há grande diferença; que tudo, ou quase tudo, depende só do trabalho contínuo; com frequência há apenas um obstáculo mínimo que impede que se compreenda. (Por exemplo: o ensino mútuo no quadro-negro.) Essa ideia deve ser retomada, sobretudo no Primário onde a Sala de estudo e a Sala de aula ficam menos distintas. Um mestre da mesma idade (isso apaga a distância da idade) que frequentemente tira a coragem da criança. O bom aluno tem a simplicidade de sua idade; ele segue direto em frente, como nos jogos. Ele vai primeiro ao que é mais importante. Esse método tem recursos que nem se imagina. O professor percebe obstáculos, escrúpulos; e nisso nem sempre ele é sábio. Falta-lhe maleabilidade, juventude. Ele procura seu próprio progresso. A famosa transição de Voltaire (*m'y voilà*[1]) é um gesto de juventude. A força do bom aluno é que ele não procura complicação, e não tira vanglória (por exemplo, uma versão latina: é preciso primeiro juventude).

Decorre dessas relações que são constantes (conversas de aluno – informações – ajuda) um duplo sentimento que tem a pureza da juventude. O aluno exímio não desdenha o outro, porque tudo lhe parece fácil. (Por exemplo: as três perpendiculares). É como para correr, saltar, lançar a bola, brincar de diabolô, andar de bicicleta. Isso parece impossível, e de repente fica fácil, ultrapassado. Nem se pensa mais naquilo. (Qual o motorista que se sente orgulhoso de guiar bem? É seu ofício.)

Por outro lado, o aluno fraco admira o outro, mas ele está no ponto (que se encontra raramente mais tarde) em que se admira a espécie e a si mesmo (como uma mãe que admira seu filho que sabe mais que ela. Mas ela não enxerga tanta distância). (Você não acredita nessas besteiras.) Porque o espírito sempre sente suas potências, e ainda melhor quando não as experimentou. (O proletário e Painlevé. Tissot.) Daí esta máxima sublime que admirar é igualar. Daí decorre, é verdade, que o preguiçoso se consola rápido demais. Mas, por outro lado, ele participa, ele é como o público em relação a Shakespeare; e é um caminho para chegar a compreender. Há uma faixa de coisas que nós estamos a ponto de compreender. Há generosidade em deixá-la para outros. E eis a escola do Julgamento. (É para fulano que se deve perguntar isso.) Os alunos de Lagneau. Fica-se espantado de encontrar, mais tarde, *homens*. Mas eles participaram. É comum se queixar dos arrastados. Mas para começar eles são uma oportunidade de recapitular. Reflexão dos de melhor nível (o que falta nas elites, caso sejam reunidas). Por outro lado, os que se arrastam ficam melhor com os de melhor nível do que entre si. (Será possível conceber todos os últimos reunidos?

---

[1] Eis-me. Cá estou. Já cheguei lá. (N. T.)

Eles perderão a fé na espécie.) Os acasos são bons. É preciso aceitá-los e tirar deles o melhor proveito. Trazem também consolo ao fraco; ao exaltar o primeiro, ele próprio se eleva. Daí decorrem belos sentimentos, esssencialmente sociais (Uma velha ama. Uma velha criada e seu amo, Pasteur ou Renan).

A palavra emulação expressa bem essa relação, própria da escola, porque a inveja fica apagada. (Deve ficar: o sucesso deve ser sempre possível.) O acaso, a sorte, a opinião não interferem em nada. A espécie, de qualquer forma, é o modelo do indivíduo. Ao mesmo tempo ele se satisfaz com seu lugar e espera muito. Mesmo sentimento para com as grandes obras, bem antes de compreendê-las já se pode sentir-se à vontade nelas, só pelo ritmo poético. (A música oferece essa relação num estado de pureza.) Assim a emulação (ousar e se consolar admirando) é o principal da cultura. Que reconforto ter sido colega de um grande homem. Esses sentimentos dão sustento ao espírito. Daí a segurança no juízo, com a modéstia. O espírito se mantém tanto por aquilo em que ele acredita (Halley, Branly) quanto por aquilo que ele sabe.

Vigésima Nona Lição

A CULTURA LITERÁRIA E A CULTURA CIENTÍFICA

São como as duas caras do espírito, que não olham para o mesmo mundo. Duas ordens.

1º A ordem exterior (a mais bem conhecida, a reguladora dos nossos pensamentos. Também a última conhecida).

O acontecimento a que se fica submetido. O acidente, a guerra, o ciclone, a inundação, o incêndio. O jeito é se conformar.

A Necessidade
{
Conhecida primeiro claramente nos números, a álgebra, a geometria, a mecânica.
Discernida no acontecimento pela confrontação da hipótese com o fato.
Tomada como ideia diretora:
1º Para o estudo da Natureza inanimada
2º Para o estudo da Vida (Descartes)
3º Para o estudo da própria Sociedade humana
Do conhecido ao desconhecido.
}

Espírito Geométrico. Ideia do Materialismo segundo Comte.

2º A ordem humana.

O primeiro conhecido (A criança), o menos conhecido, em certo sentido o perturbador dos nossos pensamentos (Animismo. Antropomorfismo. Os Primitivos).

Caracteres da ordem humana (refletida no mundo da criança):

Tudo depende das vontades. (O milagre.)

Portanto ameaça ou súplica. Tudo é possível. *Os Contos.*

Potência das paixões (Contágio). Potência do Querer.

Jogos de imaginação. (Simpatia. Antipatia. Imitação. Associação. Superstição. Os sonhos. A linguagem. A eloquência. A poesia. As artes.)

Nesse caos, há entretanto leis a descobrir. (Verdade da natureza humana.)

O homem se reconhece nas obras de arte (Poesia. Drama. Comédia.) Assim, se forma pelas obras (Seleção. A opinião. O Cortejo dos admiradores) uma psicologia da inspiração (*Já na linguagem*. Coração. Povo. Justo. Ebriedade. Ordem. Humanidades, etc.).

Quem sabe sua língua e as línguas já conhece a ordem humana.

As próprias línguas ficam garantidas, purificadas, conservadas pelos autores.

É fácil compreender qual é o objetivo do estudo das línguas e antes de tudo da língua materna.

1º Saber bem, isto é, elevar-se acima do uso coloquial (Língua pobre e sem nuanças, em que o sentido se expande, em que a sintaxe se apaga).

Vocabulário (Pelas raízes, se for possível)

Sintaxe (Pela lógica real)

2º Os grandes autores porque eles fazem renascer o gênio oculto da língua. (Uma *familiaridade inusitada*.)

Poetas	–	(Homero, Virgílio, contos e lendas).
Dramaturgos	–	(Ésquilo, Shakespeare, Corneille, Racine, Goethe, Molière).
Romancistas	–	(Rabelais, Le Sage, Hugo, Balzac).
Moralistas	–	(Marco Aurélio, Montaigne, Pascal, La Bruyère, Vauvenargues).
Filósofos	–	(Platão, Epíteto, Descartes, Kant, Comte).

O estudo dos autores: "Conversa...", como com um homem de cultura e de experiência imensas.

Notar-se-á a importância das obras escritas (para a cultura): poesia e prosa. As demais artes não agem menos energicamente, mas sem palavras; moderam nossos pensamentos regrando nossas ações. A cultura literária, com a mesma potência, regula ainda mais diretamente nossos pensamentos pela expressão (é a beleza aqui que o comprova *primeiro*. Se notará que, segundo a ordem biológica (a infância) e segundo a ordem histórica (os primitivos), esse modo de aprender *é o primeiro*.

Na psicologia as melhores testemunhas são os gênios literários. Consequentemente:

1º A cultura pressupõe um equilíbrio dos dois (Geometria, Fineza).
Pode-se imaginar dois perfis:

Aquele que conhece muito bem as Humanidades (a Humanidade), muito mal o *mundo* em volta.

Aquele que, pelo contrário...

Naturalmente o 1º detém uma física de selvagem. Ele acredita na sorte e na fatalidade,

o 2º tem uma noção sumária e risível do homem, das paixões, dos sentimentos (religiões).

2º Apesar da aparência, a cultura literária é a preparação natural da outra. (A lei dos 3 estados.)[1]

Aqui, cuidado. A ideia está escondida. Pois parece que a geometria pede somente atenção para com o objeto. Mas justamente essa geometria prática acaba levando vantagem se não se tiver primeiro o sentimento de uma ordem dos pensamentos, que vale por si mesma. Há dois geômetras. Dos quais um está sempre focado na mecânica (O rapazinho. A menina é mais precavida por natureza). O outro vislumbra um fim mais amplo e um horizonte das ciências até a sociologia. (O que é o espírito, como é o espírito?)

Outra coisa ainda. É preciso uma retórica primeiro, para reunir bem a prova. Observou-se que os grandes geômetras escrevem bem (elegância), mas

---

[1] O problema da escola única. 1º) Ponto de vista do recrutamento da elite. 2º) Democracia. Começar pela Cultura Literária e explorá-la sempre a fundo. Por exemplo: Leitura, Recitação, Ditado na escola Primária. Não se preocupar tanto com as escolhas nem com as aptidões. É em razão da inaptidão que a mais alta cultura é necessária (O Catecismo).
A religião da Humanidade

	um sentido	um sentido
Humanidade	↑	
Pátria		
Família		↓

seria preciso, inversamente, mostrar que uma linguagem bem conhecida, até então firme (o humano), sustenta o espírito nos raciocínios difíceis.

3º Seria portanto um erro acreditar que um ensino primário deva ser sobretudo científico.

4º O essencial da cultura literária. As Humanidades. A Língua. Os Poetas.

5º O essencial da cultura científica. A Geometria (Aritmética, Álgebra, Mecânica).

Regras da explicação de textos francesa – Verdades a respeito da natureza humana:

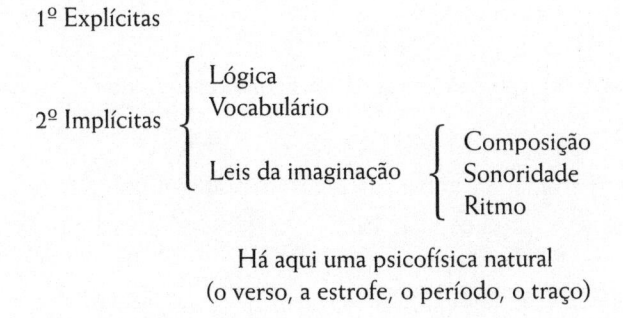

1º Explícitas

2º Implícitas
$\begin{cases} \text{Lógica} \\ \text{Vocabulário} \\ \text{Leis da imaginação} \begin{cases} \text{Composição} \\ \text{Sonoridade} \\ \text{Ritmo} \end{cases} \end{cases}$

Há aqui uma psicofísica natural
(o verso, a estrofe, o período, o traço)

Como o *espírito histórico* (Espírito de conjunto) coloca todos esses conhecimentos em seu lugar pela consideração sempre presente da Humanidade inteira (Em cada época – Antes – Depois).

Trigésima Lição

DO CONFLITO ENTRE O INDIVÍDUO E O ESTADO

O Estado é um poder abstrato (mais do que jurídico), administrativo, que *faz* os regulamentos e os aplica. Entre as funções do Estado moderno está a Instrução Pública. Desse ponto de vista, examinemos a antiga oposição.

O indivíduo biológico é independente do Estado. O Estado regula as trocas, mas é o indivíduo que produz. O conflito consiste nisto, que é o Estado que:

1º retém uma parte da produção (Trabalhos, Exército, Polícia, Funcionalismo público).

2º intervém nos fatos da produção e da troca. (O preço do pão. A vida cara. As oito horas. A greve.)

3º ele próprio produz (Estradas de ferro. Estradas. Obras Públicas. Arsenais, Tabaco, Correios), e produz mal. Falta o interesse pessoal (O olho vivo do patrão).

Limito-me a esse esboço.

Isso também ocorre com o indivíduo pensante. Ele depende inteiramente de sua consciência. Ele pode seguir a sua religião ou largá-la. Escolher tal ou qual regra de moral ou renegá-las todas. Preferir esse ou aquele regime político. Julgar os acontecimentos e os homens. O voto consagra esse direito.

Mas o Estado regula as opiniões. Isso é evidente e aceito para os bons costumes. Também para as doutrinas que ensinam absolutamente a revolta. Também, em tempos de crise, para as doutrinas que colocariam a humanidade e os deveres correspondentes absolutamente acima da pátria.

Na verdade há duas partes em todo ensino.

1º Uma cultura segundo o princípio da liberdade do julgamento. Principalmente científica. A prova. A dúvida. O exame. O espírito de desconfiança e de precaução. Tanto com relação às teorias quanto com relação à experiência.

2º Uma cultura nacional e, ao mesmo tempo, humana segundo uma antiga tradição. Essa cultura vai naturalmente do sentimento (admiração) à ideia. Quer dizer que ela toma as ideias humanas, ocidentais, nacionais por fatos humanos respeitáveis. O esforço do espírito não se exerce tanto aqui em exigir provas quanto em esclarecer o primeiro movimento que é *instintivo*.

Há aqui um método fundamentado na experiência (esclarecida: crítica dos testemunhos e dos textos), mas na experiência das coisas humanas (ao mesmo tempo psicológica, moral, sociológica). Em ambas as partes, é sempre a Razão, mas em dois sentidos:

1º É a razão formal, a educação do juízo, sem preconceito acerca dos objetos. É a escola da dúvida.

2º É o conteúdo, isto é, o inventário do bom-senso. A natureza humana comum na realidade.

Vejam bem a diferença. O método racional e experimental nos leva à arte de observar e de experimentar, que não é pouca e que seria ainda a mesma coisa diante de outros fenômenos.

De mais a mais, a cultura humanista nos faz reconhecer uma constância das condições humanas. Por exemplo: a linguagem, as religiões, o direito (o arbítrio). As paixões. Os crimes. Aqui, o acordo entre os homens não é mais feito de negações. Tal é a *realidade social*.

Por exemplo, um crime. As circunstâncias dizem respeito ao método Crítico. Não acreditar em nada. Mas as paixões – raiva, avareza, cobiça, amor, ódio, rivalidades – vêm ilustrar a experiência humana, por uma concordância sempre confirmada com os poetas e as artes, com as crenças de todos os tempos, com a linguagem e os provérbios, enfim, com os nossos próprios sentimentos que ao mesmo tempo verificam esses testemunhos e deles recebem esclarecimentos. Sentido ao mesmo tempo psicológico, mas também e principalmente sociológico (O espírito de conjunto. Método histórico).

E isso leva a compreender que não há realmente conflito e que o indivíduo sem essa cultura seria um ser puramente biológico. Sob esse prisma, vale repetirmos que aceitar a linguagem comum (mesmo ortograficamente) é a educação desse respeito pelo humano.

Agora, há conflito entre o humanismo e o nacionalismo? Necessariamente ambos se aprendem ao mesmo tempo. A nação, como a família, é um fato humano. Ver a concordância em meio às diferenças, esse é o efeito de uma cultura amplamente entendida. Na poesia ambos estão em concordância.

Observações sobre o Instinto:

1º Definir. Ação útil ao ser vivo, mas que ele executa sem saber que ela lhe é útil.

2º Visão bergsoniana do instinto, que é o prolongamento, o efeito exterior da ação organizadora, reparadora, reguladora (a pata de lagostim). Ao passo que a ação inteligente se faz *por ferramentas*.

3º Que a oposição está também no homem.

Toda ação repousa sobre o instinto.

Nossos sentimentos são o conhecimento de movimentos instintivos já esboçados (tendências).

Por exemplo. A cólera, o entusiasmo, o amor. Os instintos sociais (Comte).

Reconhecê-los é um dos grandes objetos da inteligência (biologia e sociologia).

Desenvolvê-los é uma parte da moral, não cortar o homem em duas partes. A realidade humana, a ordem humana.

Trigésima Primeira Lição

AS HUMANIDADES

Comte gosta de dizer que "a humanidade se compõe de mais mortos do que vivos", e que "os mortos governam os vivos". Não o interpretem em relação à hereditariedade nem em relação aos costumes. Trata-se da imortalidade subjetiva (Homero – Platão – Descartes – Pascal – Goethe). O culto dos mortos é tão antigo quanto a humanidade, ele finalmente encontra-se purificado nas humanidades, tão bem denominadas. Eis em que consiste essa purificação. O morto, enquanto dissolvido, envelhecido, desaparece. (Rito da Sepultura – Exigência dos mortos. Antígona.) Deve-se compreendê-lo assim; tudo que foi fraqueza, decadência – animalidade – corrupção – dissolução (o que é contínuo e que a morte torna apenas mais sensível), tudo isso *deve ser* esquecido. (Queimado – Purificações.) É o nosso primeiro dever para com os mortos; nossa devoção o cumpre de qualquer forma, esquecendo de imediato o que foi pequeno, procurando o que foi grande; é assim, é somente assim que nós depuramos, cultivamos, honramos os nossos melhores pensamentos. Os mortos são portanto deuses imortais por meio da nossa duração, imortais de mais a mais por não estarem mais sujeitos à morte, nem a qualquer tipo de decrepitude. Daí o mito antigo: eles estão satisfeitos, eles não voltam mais sob seu invólucro grosseiro, quando uma vez forem soterrados. É então por essa devoção que a Humanidade se separa de seu corpo e se torna pensamento. A morte natural, diz Hegel, é o começo da vida do espírito. Os mitos sempre traduziram esses pensamentos. A apoteose é o movimento invencível da admiração. Somos enfim livres para amar; eles são como queríamos. Eles nos ajudavam mal; com frequência eles iam de encontro à veneração. A devoção é sempre a busca ativa do melhor; ela só triunfa plenamente para com os mortos (Os Olimpianos. Os Santos). Em Platão e em todo o Cristianismo já se vê um esforço constante para superar erros ingênuos e bastante naturais. Pois o amor gostaria de conservar tudo. Esse belo esforço, na família, chega depressa a uma espécie de esquecimento pela insuficiência dos documentos, e também das virtudes. Faltam sinais duradouros. Na ordem política um pouco melhor ainda; mas não purificada da carne e da falsa potência.

É nos grandes homens (artistas, escritores, pensadores) que a humanidade se reencontra, e pensa sua própria duração. Os grandes homens deixaram o melhor de si e de nós, o que torna mais fácil esquecer o resto. A glória se termina pela lenda (Homero) que refaz a vida conforme a obra. (Assim frequentemente as pesquisas históricas são ímpias; só a admiração joga luz sobre elas adequadamente.) Então as obras vêm até nós, carregadas pelo cortejo de admiradores (Imortalidade da multidão pelos autores). A humanidade toma consciência de si própria por esse culto (*cultura*), até nos detalhes. (Um poeta com nada menos do que 4 mil anos). Neles, encontramos a nós mesmos. Por eles, a melhor parte de nós toma consistência em meio aos nossos frágeis pensamentos. Ler, recitar. Solidez das obras. *Rogação* (um pensamento) (Comte). Não há, portanto, homem sem cultura. E entende-se melhor agora o que eu afirmava, que a verdadeira geometria pressupõe a cultura; sem o quê o espírito torna a cair na invenção mecânica, que caminha para uma civilização animal. "O mais vivo dos seres conhecidos." "Um mesmo ser..." (Pascal). Sob essa ideia, a história e a literatura tomam sua significação. E o simples estudo da gramática já é a primeira iniciação.

O problema do ensino fica assim colocado diante de nós em termos não ambíguos. (É preciso desenvolver o espírito do catecismo. Ideia de ensinar *a todos* o que mais importa.) Aqui aparece a ideia da escola única, e essa grande ideia que não se deve escolher entre as crianças, e que entre os autores se deve escolher os grandes. Essa ideia dificilmente consegue se purificar.

Recrutamento da elite; instruir aqueles que são dignos. Chegamos ao ponto. Mas é só um começo. A ideia cristã nos impele mais adiante. Pois, na dúvida, deve-se batizar.

A democracia não tem aí como se enganar. Ela tem por base (e fica aterrorizada com isso) as luzes de todos e consequentemente a instrução, dada mais firmemente, mais obstinadamente àqueles que parecem os menos dignos dela. É uma falta contra a Justiça e contra a Caridade ceder diante das aptidões e permitir uma escolha. Certamente essa escolha é cega; para escolher, é preciso conhecer. Fica-se pasmo diante da ideia de que a faxineira, a operária, a açougueira decidirá que o filho não estudará latim, desconhecerá a poesia ou a matemática. Tanto mais que o pior é que a escolha dos pais é sempre a da criança. É permitir que os antepassados verdadeiros sejam renegados.

Temos um equivalente desse catecismo obscuro e comovente, primeiro chamado ao espírito adormecido. É a poesia. A poesia toca antes de iluminar; a mais bela é aqui a mais conveniente para todos. Não acreditem que é pouco para o jovem bárbaro recitar La Fontaine ou o Sonho de Athalie.[1] Repetindo uma vez mais, é, segundo uma lei comum a todos, aprender a expressão antes da ideia e curvar o corpo a fim de iluminar o espírito. A mesma coisa com a música: sempre o mais belo. Aqui, forçamos a atenção e superamos a inaptidão. Quem não começa assim não começa absolutamente. Aí reside a fraqueza desses métodos (inspirados por uma nobre preocupação com os antiquados, nobre mas nem sempre lúcida o bastante. O erro é desenvolver primeiro a inteligência em vez de despertar e de disciplinar o sentimento), que querem rebaixar-se até o nível do aluno e ir de uma noção clara para outra noção clara. Mas o que está no nível da criança é, ao contrário, o mais obscuro e o mais rico.

Em suma, é preciso que a criança descubra primeiro uma perspectiva de poetas, até o primórdio dos tempos. Religião da Humanidade. "O peso crescente dos mortos não cessa de dirigir cada vez mais nossa instável existência." Por exemplo, Tissot é uma inteligência nua, uma ignorância do humano (as religiões) e por um contraste espantoso uma impotência diante da abstração geométrica. Para resumir, uma irreligião sem remédio que constituiria o espírito primário. O objetivo é, portanto, abrir a todos não *o acesso aos lugares*, mas o acesso às Luzes Humanas; cada um servirá humanamente no seu lugar. Finge-se que precisamos de uma elite dita esclarecida; mas estamos muito longe disso, precisamos é de um povo esclarecido, de juízo amplo, de visão extensa, e isso primeiro pelo sentimento e pelo pressentimento. Portanto, leitura, recitação, ditado, sendo tudo tirado dos grandes mortos, escolha da humanidade. Imortalidade comum.

---

[1] Trecho antológico da tragédia de Jean Racine, *Athalie*.

DOCUMENTOS

Aviso ao Leitor

 Documentos, eis o que são estas poucas páginas recortadas da prosa familiar dos últimos escritos de Alain, Journal *[Diário] (1938-1951) e* Souvenirs sans Égards *[Lembranças sem Condescendência] (março-abril de 1947).*

 Neles se perceberá o peculiar retraimento de Alain diante do uso polêmico do Propos *[Considerações] e sua vigilância quanto a todo e qualquer enrijecimento doutrinário, que geralmente se costuma confundir com a determinação do espírito. O pensamento de Alain não sofreu variações; ele se abriu à contradição do real, aos dissabores da experiência e às provações da história. No decorrer desses derradeiros pensamentos se entremeiam a reflexão sobre a educação e a reflexão política.*

 Os títulos dos fragmentos se devem ao editor.

Robert Bourgne

1. O QUE IMPORTA

Persegui com meus sarcasmos o ensino dito vivo; isso resultou numa coletânea de *Propos sur l'Éducation* [Considerações sobre a Educação]. Vi que de Monzie[1] os mantinha em sua gaveta e os lia continuamente. Isso me chocava, pois acho que essas altercações não têm muita importância. Que se ensine como for possível; o que importa é que se tenha boas noções. Acho que é ruim a criança não sentir a oposição entre suas brincadeiras e seu trabalho; que é ruim ela não acreditar que está se instruindo quando assiste; que é ruim que o sino que soa chamando para o estudo não mude o estado de espírito e os pensamentos. Eu poderia ter escrito muito mais sobre isso.

Journal, 8 de junho de 1938

2. O DIREITO DO ESTADO

Li o terceiro volume de Jaurès. Assinalo nesse volume um vastíssimo desenvolvimento sobre o problema do Ensino público (isto é, controlado e regulamentado pelos poderes). Sobre isso há dois documentos políticos. Um é um projeto de Talleyrand muito completo, pouco explícito sobre o primário, mas, em compensação, bastante amplo sobre o Secundário e o Superior. Encontra-se ali um amigo da República aristocrática tal como se podia esperar desse Fidalgo.

Totalmente diverso, e bem mais interessante para nós, é o projeto de *Condorcet* que, por seu lado, expõe os princípios e pensa acima de tudo no ensino primário, aquele cuja intenção é substituir ao ensinamento do pai e da mãe. Não que ele julgue esse ensino obrigatório. Ninguém na época julgava que fosse. Temia-se sempre a intervenção do Estado nesse setor evidentemente privado. Todavia Condorcet não deixa de entrever aqui o direito do Estado, que é o direito de velar pela Unidade da Nação, isto é, pela supressão, tanto quanto

---

[1] Ministro da Educação Nacional em 1933.

possível, das divergências de opinião, segundo a ideia de que todos os homens são irmãos pelo pensamento. Essa ideia deve estar fundamentada no ensino das ciências que, efetivamente, supõe uma comunidade de espírito.

Assim a ideia não fica diminuída; ao contrário, afirmada como essencial à Nação. Não se deve permitir a preguiça, nem a ignorância, nem a indiferença diante da Fraternidade. Obviamente uma das consequências era proibir todo ensinamento religioso. Isso funcionava numa época em que os dogmas eram vistos como superstições e quase como loucuras. Na realidade, como se sabe, os Jesuítas sempre tiveram gosto pelas demonstrações científicas e pelo exato conhecimento das ciências. Mas isso não se opunha de modo algum à desconfiança de Condorcet e da Assembleia. Pelo contrário, isso definia o bom-senso e o espírito crítico como o fundamento das ciências. O que colocava a experiência de volta em seu lugar (pois ela é frequentemente ambígua) e assim o *espírito* dava um grande passo. Ele acrescentava a esse motivo principal outras razões: por exemplo, que havia com certeza, em meio às crianças do povo, gênios que não se poderia desperdiçar. É preciso convir que a esse respeito se formou uma espécie de unanimidade, e que a questão era saber o que se deve ensinar *em primeiro lugar*. Teologia ou Física? Mesmo aos olhos de um papa a resposta não era dúbia, pois a teologia absolutamente não fica excluída pela física. Assim a República se constituía ao mesmo tempo que a guerra ameaçava irromper. Vê-se claramente como os Girondinos, guerreiros temerários, inspiravam desconfiança, e que antes da guerra era preciso pensar em todos os tipos de progresso. Sobre essa questão do ensino, Jaurès não tinha de procurar o proletariado, como ele sempre faz, pois nenhuma criança dos homens devia ser privada do ensino, tampouco do secundário e do superior, se fosse digna dele. Assim, nenhuma criança proletária ficava separada das outras e a assembleia revolucionária era tão socialista quanto se podia sê-lo. Desse ponto de vista a propaganda socialista não precisou fazer nada. A não ser que ela sempre desconfiou dos intelectuais, como se viu nas Universidades populares. E na realidade o socialismo não estava completamente equivocado. Enfim a conclusão que se deve instruir o povo estava acatada e de prontidão como um exército de reserva. É necessário mencionar também que os nossos generais eram frequentemente muito instruídos e que a formação militar encerra em si mesma uma instrução, e das eficientes. Por exemplo, em artilharia o instrutor é obrigado a de qualquer maneira dar uma ideia do que é uma trajetória, e os que conheci não começavam nada mal, utilizando o exemplo do lançador de jatos d'água que, efetivamente, torna todos os casos compreensíveis. Daí um fundo de bom-senso que permitia não abordar outras noções, por exemplo, o desvio das peças com sulcos. Da mesma forma a telemetria é baseada no bom-senso; todos os homens entendem que a dimensão aparente diminui quando a distância aumenta. Daí não ser absurdo tirar da aparência a distância de um objeto de que se conheça previamente o tamanho. Ainda mais na marinha um tal ensinamento é necessário. Mas por que insistir? O *que é história* no ensino, é exatamente o que não é ensinamento no ensino.

Journal, 31 de outubro de 1949

3. "INSTRUIR O POVO"

As coisas e os homens sendo assim, o que se há de esperar? Não há nada a esperar enquanto socialistas e comunistas agirem em concordância sem a menor concordância. São necessárias pelo menos opiniões sinceras para que a liberdade tenha seu valor. Expliquei num outro artigo que a condição para uma mudança, segundo esse aspecto, é a reforma do Ensino público, e me deparei então com as verdadeiras dificuldades, que são que *ninguém quer que o povo seja instruído*. Decorre daí que fica difícil instruir sobretudo se se pensar que o povo não deseja absolutamente ser instruído. O que o povo chama ser instruído é poder escutar uma conferência sobre a bomba atômica, ao passo que é evidente que seriam necessários vinte anos de estudos para compreender uma só palavra desse assunto.

Não há nada mais obscuro do que essas descobertas da química sobre os elementos. É preciso um grande juízo para distinguir a hipótese e o fato, e vejo que especialistas como Perrin e Langevin são incapazes disso. Os elementos, nos limitamos a *falar deles* acompanhando os acontecimentos rápidos que chegam prontamente até a explosão. Tomo esse exemplo porque se *fala* muito dele. Mas eu teria ainda muito mais a dizer do Ensino do molinete ou da roldana.

Há um modo de falar dela sem entender nada que ameaça toda a nossa política. As dificuldades que eu mencionava referentes aos lucros e aos salários são inteiramente do mesmo tipo; não espero, portanto, que o operário *compreenda* sem uma profunda reforma do Ensino. Posso apenas preparar essa reforma redigindo lições sobre o molinete e a roldana. Sobre o parafuso e sobre a alavanca. Sobre o motor e os produtores de corrente elétrica; pois aqui é deplorável que a instrução consista em olhar motores e dínamos girando; nem que se ficasse fazendo isso durante um ano isso não daria o menor sinal de uma luz acerca da indução e dos ímãs. Raros são aqueles que compreendem o enrolamento em anel de Gramme; não estou querendo dizer que eles compreendem a natureza da eletricidade, a natureza do ímã e de outros mistérios. Absolutamente não há mistério na física, não mais do que na famosa bomba. E a inteligência consiste precisamente em eliminar o mistério, em não pensar mais nele. Não há um só grande eletricista que se interesse em saber *o que é a eletricidade*; na realidade essa pergunta não faz sentido. O que digo aqui a esse respeito é para mostrar que os operários-técnicos de eletricidade são profundamente ignorantes. Eles jamais sairão de sua ignorância; sei disso pois vi sua tristeza estampada no rosto assim que a física se tornava difícil; não se pode ficar chateado com eles por não terem gênio científico. O que deve ser feito, portanto, e que eu, do meu lado, faço, é pegar um copo, água acidulada, zinco e um pedaço de carvão condutor (carvão de retorta) e por esses meios tão simples produzir uma corrente; fazer ver quais são os sinais da corrente, o sentido da corrente e coisas desse tipo. Em seguida construir um galvanômetro simples, com um fio de cobre isolado e uma agulha imantada. Então se está apto a perceber as mudanças de sentido de uma corrente; o que permite descrever a *indução elétrica*, e, quero dizer, sem a explicar em nada, sem fazer nada que excite a antiga curiosidade acerca da substância das coisas. "O que é?" pergunta o homem. Brunetière repetia: "Contudo há *algo* por trás da árvore". Não e não, raspe, corte, é sempre árvore, é sempre a mesma aparência. É preciso trazer a curiosidade de volta a esses exemplos que nada têm de assustador. Ao contrário, uma *garrafa de Leyde* dá medo aos mais decididos, *torcendo os punhos* com uma brutalidade impossível de se prever. Então o medo, por antecipação, nos faz imaginar algo que não se parece nem um pouco com um vidro cheio de folhas de estanho. Nossa ignorância vem da paixão, como se diz, mas sem entender muito bem o papel do terror na nossa *física divertida*.

Sou levado de volta à famosa bomba, e não há como evitá-la. A explicação para esse milagre faz desaparecer o fantasma imaginário; pois no urânio, no polônio, não há nada de trágico. Eis como o ensino destrói a diversão do povo, que aceita de bom grado que o explodam, mas que não quer *ter de fazer esforço*. Ora, a física é um prazer, se comparada com a versão latina; e acho que sem versão não há cultura para ninguém.

É muito surpreendente o fato de haver uma Comissão da Reforma do Ensino. Conforme tudo que acaba de ser dito, vocês hão de compreender que essa comissão não faça nada; mas a realidade é ainda mais cômica; é que essa comissão não existe; seus membros não são conhecidos. Ela nunca se reúne. Isso, esse vazio, é o triunfo da administração que, naturalmente, se limitou a enviar a cada um dos membros sua nomeação, e a convidá-lo a comparecer a toda eventual convocação.

Estamos nessa dificuldade preliminar; assim, não há esperança? Digo-lhes que sim, que há esperança; mas é preciso primeiro uma grande revolução na administração, nos exames, nos graus, etc. Estou lhe explicando, meu caro leitor, em que sou revolucionário e por quê, nessa qualidade, me encontro em oposição aos socialistas e aos comunistas. Pois de fato é essa a situação e quando vejo que um reacionário vota para os socialistas ou para os comunistas, posso compreender isso com certa facilidade. O reacionário se entende bem com o comunista nesse ponto, eles absolutamente não querem que se instrua o povo. Obviamente eles dizem o contrário. É sempre a mesma coisa, é necessário primeiro entender o que está ocorrendo.

Souvenirs sans égards (março-abril de 1947)

4. O DIREITO À TEORIA

Meus novos pensamentos, nos últimos meses, tiveram por objeto a teoria das máquinas simples, alavanca, roldana, macaco, roda e outras desse tipo. O que resultou disso? Cada vez mais, a prova que o povo recusará esse tipo de instrução, que não se parece em nada com o que lhe disseram sobre esse assunto. Eu próprio estou espantado com essas ideias e não sei de onde as tirei. Muito em Maxwell. Muito em lorde Kelvin. Pois as especulações desses ousados pensadores acabam sempre fora daquilo que a curiosidade espera. Desisto de reconstituir a história dessa longa confusão entre o conhecimento das ciências e a familiaridade dos aparelhos e máquinas. Talvez seja uma necessidade. Pois é raro que as pesquisas que afastam os aparelhos do campo de visão tenham produzido inventos.

Todavia a história das invenções é feita de pensamentos que têm por objeto as relações essenciais e não os seres. Eu lia ontem a vida do maior inventor deste tempo, aquele que concebeu a asa voadora, invenção efetivamente muito audaciosa e que antecedeu de longe as tentativas práticas. De resto, vi uma vez mais que essas tentativas não ensinam nada a um inventor; ele concebe apenas a *asa espessa* e na espessura ele coloca o equipamento e os motores. É como um sonho que ele persegue; e, assim que ele tem a oportunidade de experimentar, ele pode experimentar; constrói um avião que não consiste em nada mais do que uma asa espessa; sem medo ele o carrega e prova assim que se lucra suprimindo a fuselagem.

Outro inventor dará à fuselagem a forma de uma asa, certo de obter assim maior potência de transporte. Conheci e conheço ainda um homem que chamo o Aviador e *se faz* todas essas invenções através de conversas consigo mesmo; algumas comigo. A asa espessa estava há muito presente em seus devaneios, e ele dizia que um dia, quando se quisesse transportar pedras de talhe, a asa espessa seria o meio de transporte mais econômico. Ele havia chegado a essa conclusão por um exame rigoroso das forças que estão em jogo no avião; ele havia sobretudo notado, contra as minhas ideias sobre a velocidade, que a velocidade do avião é que era exatamente o meio de transporte; não se tinha portanto o direito de considerar a velocidade como uma coisa que em si gera prejuízo, e que, por fim, não se devia temê-la. Insisto aqui para deixar claro o que eu entendo por teoria, quando disse em outra ocasião que todo cidadão *tem direito à sua cota de teoria*. Vê-se que não se trata nunca de fazer um avião voar, quando se quer instruir. Da mesma maneira que, para os casos de igualdade dos triângulos, nunca se trata de movê-los um para cima do outro, embora se diga isso frequentemente, nas demonstrações. Demonstrar é justamente fazer ver que não é necessário mover, e é isso mesmo que constitui a prova.

As coisas foram mal compreendidas pelo efeito de uma ideia correta, que é a experiência que decide sempre; e porque se esquece que a experiência pode ser imaginária, como no momento em que provo a mim mesmo que triedros opostos pelo cume têm todos os seus elementos iguais, mas que esses elementos estão numa ordem que impede a superposição. Quando se chegou até aí, é a imaginação que fornece a prova; pois não é o caso de tentar superpor de modo factual, mas apenas de perceber que não se pode superpor. Um exemplo mais simples; como se sabe que uma orelha direita e uma orelha esquerda não podem ser superpostas? (exemplo de Kant). E, ainda melhor, como se sabe que uma orelha *e sua imagem no espelho* não podem ser superpostas? Essa descoberta poderá ser chamada experiência? Não. Não é uma experiência; é *uma necessidade que se vê*. Acho que todas as demonstrações geométricas supõem constatações desse tipo. A dificuldade da geometria espacial (teorema das três retas perpendiculares) é *ver* do que se trata. Sem isso o raciocínio é penoso e sem efeito. Se há de notar que não saí do meu tema; pois se quero instruir um operário, não tenho direito de poupá-lo das demonstrações difíceis. Mas bem sei que por seu lado ele não conseguirá me acompanhar. O que isso quer dizer? Que não o reconheço *como meu semelhante, como um homem*. A ideia não é pequena, trata-se da única fraternidade que conta; trata-se da *República* possível ou impossível. Os partidos não podem fazer nada quanto a isso, e eu me rio dos raciocínios deles.

Souvenirs sans égards

5. ACORDAR INDIVÍDUOS

Estão curiosos em saber se pode existir a República entre homens que não se reconhecem como homens? Platão diria que então uma injustiça de princípio comandaria tudo. Mas o que seria uma República que, em sua essência, fosse injusta. Eis a verdadeira questão. É preciso fundar uma República que seja justa.

Por definição, uma República é justa. Então não vale a pena recorrer à economia de meios. Uma República tem de ser uma República. Inquiram seus pensamentos políticos secretos. Lá sempre encontrarão Fraternidade para com um homem desconhecido, em local muito distante. Tal é o princípio da política com o anamita ou com Dakar. O que temos de fazer não deixa dúvida. Tem-se de tratar o homem como homem, mesmo que ele não seja digno disso. Vocês veem que a geometria é a prova decisiva quando se quer saber se um ser é um homem, ou apenas um macaco vestido. Nossa ideia é que o homem absolutamente não tem o direito de *se fazer de bicho*. Entretanto, não é uma ideia maluca. Em todo caso, tenham bem claro na mente que é impossível construir a República entre homens que não se reconhecem como tais. De preferência digam então que vocês vão considerar os homens como animais domésticos muito valiosos. Significa que se deve *solenemente restaurar a escravidão*.

Mas pensemos na forte dialética de Hegel. Se há um amo e um servidor, necessariamente o escravo se tornará o amo do amo, e o amo, o escravo do escravo. Assim a República se reverterá por si através de uma revolução operária. O que equivale ao nosso princípio, que só há República entre homens que se reconhecem mutuamente como homens. Tudo depende disso. Um militar humorista dizia (ver *Les silences du Colonel Bramble* [Os Silêncios do Coronel Bramble][2]) que bem se pode matar o inimigo, posto que o inimigo não é nosso semelhante. Ideias assim estão num ponto em que se fica forçado a refletir. Deve-se deixá-las como estão; se descobrirá então que os mais antigos refrãos da política não são nada mais, nada menos, do que verdades.

O individualismo é efetivamente o princípio das democracias; mas isso não implica contradição; é ridículo pensar que o individualismo é contrário à cooperação; pelo contrário, é seu propulsor. E essas declamações contra o individualismo são tolices; isso não faz sentido. Pode-se até dizer que o espírito Republicano se baseia no sentimento de um indivíduo por outros indivíduos, que ele deseja tão resistentes, tão indivíduos quanto ele próprio. O partido oposto, clerical no fundo, é pelo contrário individualista no mau sentido; quer

---

[2] Obra de André Maurois. (N. T.)

dizer que nunca se pensa senão com fúria em gente diferente, e que se admite muito bem que essa gente não tenha uma posição. A confusão está no auge; lembrem que nesse partido o indivíduo é imortal e reza de bom grado por si mesmo exclusivamente. O indivíduo é deus para eles, como ele é deus para o operário materialista; enquanto não se chegar a um acordo acerca dessas ideias, a política ficará boiando na noite. Penso num personagem de Balzac (em *Le Curé de village* [O Cura da Aldeia]) que declama: "O individualismo é o nosso vício que torna a sociedade impossível...". E ele próprio, que não abre mão de nada nas suas ideias, será então que ele não está sendo individualista nesse ponto? Balzac atirou-se a esse tema monárquico. Não é difícil de entender que todos os heróis desse belo romance são individualistas. É por isso mesmo que inspiram confiança. Que confiança se pode ter em um homem que não acredita em si próprio? Não é Véronique que pode superar esses chavões; mas tenho certeza de que o grande prelado Dutheil que a salva despreza esses chavões; ou melhor, os ignora. Só o que ele faz é acordar indivíduos e reconciliá-los consigo mesmos. Pois o que mais se pode fazer?

Concluo que também a esse respeito o operário está mal-instruído. Por conseguinte, não evoluirá. Cada um penará primeiro em se salvar, como fazem os católicos, e aí está a origem de novos discursos, entusiastas e jesuíticos, exatamente da mesma espécie que os discursos militares e patrióticos. O operário aclama; seria preciso uma análise direta, e não esses latidos selvagens que eles chamam pensamentos. Estou dizendo que seria preciso retomar as ideias desde o começo, e dei uma ideia do começo. Estou bem longe no antigo; ontem o que eu lia Platão. Se continuarmos a viver em dois mundos separados, nunca chegaremos a nos entender.

Souvenirs sans égards

6. LOUCURA DE HUMANIDADES

"A geometria e o latim", expressão sobre-humana, pois diz tudo. Cada um pôde reconhecer nas minhas lições elementares de mecânica a própria geometria.

E quanto ao *latim*, vamos a ele. Como fazer? Faz-se necessária aqui uma espécie de *Loucura de Humanidades*. É preciso amar todos os povos e sua linguagem como começos de República. Aqui não terei mais contraditores, pois os comunistas não conhecem a questão e seu estilo, infelizmente, o mostra com clareza suficiente.

Aqui, limito-me a fazer ler. Ler o quê? O quê? Ora, Tudo! Encantar-se com a linguagem humana, tocá-la feito música, é a condição de toda cultura. Pelos poetas sobretudo, pois *são os únicos que conhecem as línguas*. Bom! Então fazer recitar todos os poemas; se terá então todas as ideias reais do Homem. Falar-se-á então a linguagem dos deuses. Que civilização, então! Que elevação de contemplação. Que majestade do homem!

Não digam que é difícil demais. É preciso! É preciso! Se não formos dignos de Homero, não se poderá fazer nada de nós. E não digam que vocês não podem fazer nada quanto a isso, quando está claro que o dever do homem é ser um homem. Se vocês renunciam, eu me pergunto o que esperam da política. Uma sociedade animal? Isto é, uma cooperativa?

Uma sociedade animal será injusta por natureza. Ela fará toda a guerra possível. Eis algo que me parece não deixar dúvida. E agora, meus meninos, às suas versões. Torno a dizer: "O que é bom para Jaurès é bom para vocês todos".

Souvenirs sans égards

Nota Bibliográfica

Indicamos aqui para cada uma das Considerações sobre a Educação, *conforme a numeração da presente edição, a publicação original em periódicos e a publicação nas coletâneas ulteriores.*[1]

I	*Dépêche de Rouen et de Normandie*, 16 ago. 1913.
	Propos II (224). Pléiade, 1970.
II	*La Lumière*, 8 ago. 1931.
	Libres Propos (LXX), set. 1931.
	Propos II (528). Pléiade, 1970.
III	*Libres Propos* (LXXIV), out. 1931.
	Propos II (533). Pléiade, 1970.
IV	*L'École Libératrice*, 4 jan. 1930.
	Libres Propos (CCCIX), maio 1930.
	Propos II (500). Pléiade, 1970.
V	*Dépêche de Rouen et de Normandie*, 8 jan. 1914.
	L'École Libératrice, 10 maio 1930.
	Propos II (235). Pléiade, 1970.
VI	*La Lumière*, 14 set. 1929.
	Libres Propos (CCLVI), 20 out. 1929.
	Propos I, "L'art de vouloir". Pléiade, 1956.
VII	*Libres Propos* (CXXI), 6 ago. 1921.
	Propos I, "Qu'est-ce que l'école". Pléiade, 1956.
VIII	*Libres Propos* (XL), 15 ago. 1924.
	Propos I, "Le salut personnel". Pléiade, 1956.
IX	*Dépêche de Rouen et de Normandie*, 4 jun. 1914.
	L'École Libératrice, 21 jun. 1930.
X	*La Psychologie et la Vie*, mar. 1928.
	Libres Propos (CIX), 20 abr. 1928.
	Propos II (467). Pléiade, 1970.

---

[1] *Propos*: Considerações (às vezes o termo é traduzido por reflexões); *Libres Propos*: Considerações livres, sem censura, críticas. (N.T.)

XI	*L'École Libératrice*, 18 jan. 1930.
	Libres Propos (XXVI), 30 abr. 1921.
	Sentiments, passions et signes (29), "Père et fils". Marcelle Lesage, 1926.
	Propos I, "Père et fils". Pléiade, 1956.
XII	*Libres Propos* (LXII), 20 nov. 1927.
	Propos II (459). Pléiade, 1970.
XIII	*Libres Propos* (CCCXXXVII), 4 mar. 1922.
	Propos I, "Un peuple étranger". Pléiade, 1956.
XIV	*Libres Propos* (XCII), 14 out. 1922.
	Cent un propos d'Alain – V (77). Marcelle Lesage, 1928.
XV	*L'Émancipation*, ago. 1925.
	Propos I, "Panique d'enfants". Pléiade, 1956.
XVI	*Libres Propos* (CCVIII), 29 out. 1921.
XVII	*Libres Propos* (XXXII), 15 ago. 1924.
	Propos II (410). Pléiade, 1970.
XVIII	*Libres Propos* (CCXLV), 3 dez.1921.
XIX	*L'Émancipation*, 15 jun. 1925. *Propos I*, "Géométrie et latin". Pléiade, 1956.
XX	*Libres Propos* (XXXVIII), 15 ago. 1924. *Propos II* (413). Pléiade, 1970.
XXI	*Libres Propos* (LXXVI), 18 jun. 1921. *Propos II* (269). Pléiade, 1970.
XXII	*Libres Propos* (CXXI), 9 dez. 1922. *Propos II* (346). Pléiade, 1970.
XXIII	*L'Émancipation*, 10 abr. 1925.
	Sentiments, passions et signes (31), "Jean Valjean". Marcelle Lesage, 1926.
	Propos I, "Jean Valjean". Pléiade, 1956.
XXIV	*Libres Propos* (XXXIII), 7 maio 1921.
	Propos I, "Épreuves pour le caractère". Pléiade, 1956.
XXV	*L'Émancipation*, dez. 1924.
	Propos sur des Philosophes (106).
	Propos II (423). Pléiade, 1970.
XXVI	*Libres Propos* (XIII), 5 maio 1923.
XXVII	*La Lumière*, 25 abr. 1931.
	Libres Propos (XXXVIII), maio 1931.
	Propos I, "Leçons de choses". Pléiade, 1956.
XXVIII	*Libres Propos* (XXX), 16 jun. 1923.
XXIX	*L'Émancipation*, 5 fev. 1925.
	Propos I, "L'apprentissage". Pléiade, 1956.
XXX	*Libres Propos* (XXII), 27 maio 1922.
	Propos I, "Définir les formes". Pléiade, 1956.

XXXI	*Libres Propos* (CLXIV), 17 set. 1921.
	Propos II (285). Pléiade, 1970.
XXXII	*La Psychologie et la Vie*, maio 1928.
	Libres Propos (CXXXIV), 20 jul. 1928.
XXXIII	*Libres Propos* (CXVII), 1º dez. 1923.
XXXIV	*Libres Propos* (CII), 28 out. 1922.
XXXV	*Libres Propos* (CCCVII), 4 fev. 1922.
XXXVI	*Libres Propos* (CXV), 25 nov. 1922.
	Propos II (342). Pléiade, 1970.
XXXVII	*La Lumière*, 17 out. 1931.
	Libres Propos (LXXXVI), nov. 1931.
	Propos I, "Les cours et l'enseignement". Pléiade, 1956.
XXXVIII	*L'École Libératrice*, n. 23, 1929-1930.
	Libres Propos (LXIX), set. 1931.
	Propos II (531). Pléiade, 1970.
XXXIX	*Libres Propos* (LXX), 20 dez. 1927.
	Propos II (455). Pléiade, 1970.
XL	*La Lumière*, 9 fev. 1929.
	Libres Propos (CCI), 20 mar. 1929.
	Propos I, "Lire". Pléiade, 1956.
XLI	*Libres Propos* (LXI), 20 nov. 1927.
	Propos II (451). Pléiade, 1970.
XLII	*L'Émancipation*, n. 100, fev. 1927.
XLIII	*La Lumière*, 10 mar. 1928.
	Libres Propos (CX), 20 abr. 1928.
XLIV	*Dépêche de Rouen*, 14 maio 1914.
	L'École Libératrice, 8 fev. 1930.
XLV	*Libres Propos* (LIII), 28 maio 1921.
	Cent un propos d'Alain – V (30). Marcelle Lesage, 1928.
	Propos I, "Une Bibliothèque". Pléiade, 1956.
XLVI	*Libres Propos* (CLXXV), 24 set. 1921.
	Cent un propos d'Alain – V (45). Marcelle Lesage, 1928.
	L'École Libératrice, 28 set. 1929.
	Propos I, "Les aventures de Télémaque". Pléiade, 1956.
XLVII	*Propos sur le Christianisme* (I), "Chateaubriand". Rieder, 1924.
	Libres Propos (CXCII), 15 out. 1921.
	Propos I, "Les martyrs". Pléiade, 1956.

XLVIII	*Dépêche de Rouen*, 31 ago. 1910.
	Cent un propos d'Alain – IV (19). Wolf, 1914.
	L'École Libératrice, 3 maio 1930.
	Propos I, "L'almanach". Pléiade, 1956.
XLIX	*Libres Propos* (CCXXIV), 12 nov. 1921.
	Cent un propos d'Alain – V (50). Marcelle Lesage, 1928.
	Propos II (295). Pléiade, 1970.
L	*Libres Propos* (LXVII), 19 ago. 1922.
LI	*Libres Propos* (CI), 16 jul. 1921.
LII	*Libres Propos* (LXXXVI), 2 jul. 1921.
	Cent un propos d'Alain – V (32). Marcelle Lesage, 1928.
	Propos II (271). Pléiade, 1970.
LIII	*Libres Propos* (LXXXIX), 23 jun. 1921.
	Cent un propos d'Alain – V (33). Marcelle Lesage, 1928.
	Propos I, "Le pinson". Pléiade, 1956.
LIV	*Libres Propos* (CLXVII), 3 mar. 1923.
	Propos II (356). Pléiade, 1970.
LV	*Libres Propos* (XLII), 14 maio 1921.
	Propos II (263). Pléiade, 1970.
LVI	*L'Émancipation*, 15 jul. 1925.
LVII	*Libres Propos* (XLV), 21 maio 1921.
	Sentiments, passions et signes (33), "Individus". Gallimard, 1926.
	Propos sur des Philosophes (77). PUF, 1961.
	Propos II (264). Pléiade, 1970.
LVIII	*La Psychologie et la Vie*, maio 1930.
	Libres Propos (CCCXVIII), jun. 1930.
	Propos I, "Se penser soi-même", Pléiade, 1956.
	Propos sur des philosophes (72). PUF, 1961.
LIX	*Dépêche de Rouen et de Normandie*, 9 jun. 1910.
	L'École Libératrice, 29 mar. 1930.
LX	*Dépêche de Rouen et de Normandie*, 5 maio 1911.
	Propos d'Alain – II (30). NRF, 1920.
	L'École Libératrice, 14 dez. 1929.
	Propos II (155). Pléiade, 1970.
LXI	*Dépêche de Rouen et de Normandie*, 21 jan. 1914.
	L'École Libératrice, 31 maio 1930.
	Propos I, "Leçons de choses pour adultes". Pléiade, 1956.

LXII	*Libres Propos* (CCCXXVII), 25 fev. 1922.
	Propos II (310). Pléiade, 1970.
LXIII	*Libres Propos* (CCXXXVII), 26 nov. 1921.
	Propos I, "La méthode concrète. Pléiade, 1956.
LXIV	*Libres Propos* (XXV), 15 jul. 1924.
	Propos I, "Savoir ou pouvoir". Pléiade, 1956.
	Propos sur des Philosophes (24). PUF, 1961.
LXV	*Libres Propos* (XLIV), 20 set. 1927.
	Propos I, "Algèbre". Pléiade, 1956.
LXVI	*Libres Propos* (LX), 11 ago. 1923.
LXVII	*Libres Propos* (LVIII), 15 out. 1924.
	Propos II (420). Pléiade 1970.
LXVIII	*Libres Propos* (XXII), 2 jun. 1923.
	Propos sur le Christianisme (6), "Humanités". Rieder, 1924.
	Propos I, "Humanités". Pléiade, 1956.
LXIX	*La Lumière*, 12 mar. 1932.
	Libres Propos (XX), mar. 1932.
	Propos I, "Pour le grec". Pléiade, 1956.
	Propos sur des Philosophes (94). PUF, 1961.
LXX	*Libres Propos* (LXXXI), 20 jan. 1928.
	Propos II (460). Pléiade, 1970.
LXXI	*Libres Propos* (XLVI), 8 jul. 1922.
	Propos II (324). Pléiade. 1970.
LXXII	*Libres Propos* (CLX), 20 out. 1928.
	La Lumière, 25 ago. 1928.
LXXIII	*Libres Propos* (CXXIV), 6 ago. 1921.
	Propos I, "Les bonnets à sornettes". Pléiade.
LXXIV	*Libres Propos* (CC), 22 out. 1921.
	Propos II (288). Pléiade, 1970.
LXXV	*Libres Propos* (XCIX), 28 out. 1922.
LXXVI	*Libres Propos* (XLIII), 20 set. 1927.
	Propos sur des Philosophes (101). PUF, 1961.
	Propos II (447). Pléiade, 1970.
LXXVII	*L'École Libératrice*, 24 maio 1930.
	Libres Propos (XXI), mar. 1932.
	Propos sur des Philosophes (99). PUF. 1961.
	Propos II (507). Pléiade, 1970.

LXXVIII	*L'Émancipation*, 20 jul. 1926.
	Propos I, "Exercices de volonté". Pléiade, 1956.
LXXIX	*Libres Propos* (CXVIII), 30 jul. 1921.
LXXX	*La Lumière*, 30 jul. 1927.
	Propos I, "Ciguë infinitésimale". Pléiade, 1956.
	Libres Propos (XLII), 20 ago. 1927.
	Propos sur les pouvoirs (136). Folio-essai, 1985.
LXXXI	*L'École Libératrice*, 17 maio 1930.
LXXXII	*L'École Libératrice*, 7 jun. 1930.
LXXXIII	*L'École Libératrice*, 12 jul. 1930.
	Libres Propos (CCCXXXV), ago. 1930.
	Politique (60). PUF, 1950.
	Propos I, "Obéissance". Pléiade, 1956.
	Propos sur les pouvoirs (56). Folio-essai, 1985.
LXXXIV	*La Lumière*, 10 dez. 1927.
	Libres Propos (LXXXV), 20 jan. 1928.
	Politique (100). PUF, 1951.
	Propos sur des Philosophes (53). PUF, 1961.
	Propos I, "L'union fair la force". Pléiade, 1956.
	Propos sur les pouvoirs. Folio-essai, 1985.
LXXXV	*Libres Propos* (CXCIX), 22 out. 1921.
	Éléments d'une doctrine radicale, "La culture". NRF, 1925.
LXXXVI	*La Lumière*, 6 jun. 1931.
	Libres Propos (XLVIII), jun. 1931.
	Propos II (525). Pléiade, 1970.
LXXXVII	*La Lumière*, 24 set. 1927.
	Libres Propos (LX), 20 out. 1927.
	Propos II (448). Pléiade, 1970.

ÍNDICE ANALÍTICO DE CONSIDERAÇÕES SOBRE A EDUCAÇÃO

Abstrato, XXX, XXXI, LXI, LXIII.
Acidente, XXVIII.
Acostumamento, II.
Acrobatas, III.
Administração, XLIII.
Admiração, V, XX, LXXIX.
Afeição, IX.
Agrados (ver Lisonja).
Ajudar, III, XX.
Álgebra, LXV.
Almanaque, XLVIII.
Aluno de escola, XIV, LXXIX.
Amálgama, XLIII.
Amar, VII, IX, X, XII.
Amas, XXV.
Amizade, XX.
Amor, IX, X, XII, XXIII, LVI, LXXXII (ver Coração, Sentimento).
Animador, IV, V, XLI.
Anormais, LXXV.
Antenne, LXIV.
Antigos, LXVIII.
Aparência, XVIII, LXII.
Aprender, V, VI.
Aprendiz, V, XXIX.
Aprendizagem, XXIX.
Aptidões, XX, XXI, XXII, XXIV, XXXII.
Aritmética, LXII, LXIII.
Aristóteles, IX.

Arquimedes, XVII, XXX.
Associação, LXXXIV.
Astronomia, XVI, XVIII, XXX, XLVIII, LXIV.
Atenção, I, II, XXVII, XXXV, XXXVIII, XXXIX, XLII, L, LII, LV, LIX, LXI.
Ator, IV.
Aulas, XXV, XXXIV, XXXVII, LV.
Autores, XXI, XLV (ver Belas-letras, Humanidades).
Autoridade, IX.
Avarento, XXIII.

Balzac, XLIV, LVIII.
Barbárie, II.
Batismo, XIX.
Beethoven, VI.
Belas-letras, XVII, XXV (ver Autores, Humanidades).
Belo, V, XXI, XLV, LVII.
Bergson, LXIV.
Bíblia, XVII.
Biologia, VIII.
Bolsistas, XX.
Brincadeira, I (ver Jogo).

Cadernos, XXXIII, LI, LII.
Cães, II, IV.
Cálculo mental, XXXVIII.

Calendário, LXXVI.
Cândido (*Cândido ou o Otimismo*), LXXXI.
Caráter, XXIII, XXIV.
Careta, LXVI.
Caridade, XXIII.
Castigo (ver Punição).
Catecismo, XIX.
Catolicismo, XLVI, XLVII, LXXXVI, LXXXVII.
Cerimônia, XIII.
Chateaubriand, XLVII.
Ciências, XVII, XXX, XLV, LIX, LX, LXIV, LXXVI.
Classificações, LXXIX.
Comemoração, LXX.
Comentários, LII.
Companheiros, XIII.
Compêndios, XVII, LXIII, LXIV.
Composição francesa, LIII.
Comte, XXV, LXX, LXXII, LXXIV, LXXVII.
Concreto, XXXI.
Concurso, LXXIX.
Condenação, XXXII.
Contador, XXVI, XXIX.
Copérnico, XVIII.
Copiar, XXXIII, LV.
Coquetismo, X.
Coração, VII (ver Amor, Sentimento).
Crescimento, XXVIII.
Criança (a ambição da) I, III, V. (a experiência da) XXXI. (mimada) IV. (o povo-criança) XII, XIII, XIV. (protegida) XV. (selvagem) II. (a seriedade da) V. (teimosa) XXXII. (terrível) XI, XIII.
Criar (ver Educação, Elevar).
Cristãos, VIII, XVII.
Cronologia, LI.

Cru (Jean Norton), LXXXI.
Cubos, LXIII.
Culto, LXX.
Cultura, XXII, XLV, LIV, LXVII, LXVIII, LXXXIV.
Curiosidade, V, LXI, LXIV.

Darwin, XXX.
Dedicação, X.
Democracia, XIX, XX, LX.
Desagradar, III.
Descartes, XVII, XVIII, XXIV, XXVII, XXX, LVII, LVIII.
Descrever, LIII.
Desejo, VI.
Desenho, XXI.
Deslocados, XX.
Desordem, XII, XLIII, LIX.
Deus, LXXXVII.
Devoção, V.
Dificuldade, II, IV, LXXV.
Dinâmica, LXXII.
Direito, XVII, XXIII.
Disciplina, XII, XLIII, LIX.
Discussões, XLIV.
Ditado, XLIX.
Dogma, LXXXV.
Dreyfus, LXXXIII.
Duvidar, XVIII, LXIV.

Educação, XXI, XXV (ver Elevar).
Egito, XXIX.
Egoísmo, LVII, LVIII.
Einstein, XVIII, LXXII.
Elefante, XIII.
Elevar, IV, V, XXI (ver Educação).
Elite, XX, LX.

Eloquência, XXXVIII, XLI, XLII, XLIV, LV (ver Falar, Orador).
Energia, LXIV.
Erro, VIII, IX, XII, XVII, XXIX, XXXII, LVI.
Escola, VI, VII, VIII, IX, XIV, XV, XXIX, LXXXVI. (Escola normal), XXXIII.
Escrever, XXXIII, XXXIV, LIV, LV.
Escrita, LII, LIV.
Esopo, XX.
Espectador, LXI.
Espírito (justo), LXXVIII. (de conjunto) XXXIX.
Espontaneidade, XXI.
Esquecimento, XXVIII.
Estado-maior, LXXXI.
Estática, LXXII.
Estenografia, XXXV.
Estilo, LIV.
Estoicos, XXX.
Estudos, XIV, LI, LVI.
Euclides, XXVI.
Exames, LXXVIII, LXXX.
Exercícios, XXXIII, XXXVII, XXXVIII, LI.
Expectativa, LV.
Experiência, XIV, XVI, XXXI, LIX, LXI.
Experimentação, XVI, LXIV.
Extratos, XLV.

Fábulas, XL.
Facilidade, I, II, VI.
Facismo, LXXXIV.
Falação, XL.
Falar (ver Eloquência, Orador).
Falar, XIX, XL, XLII, XLIV, XLIX, LII, LV (ver Eloquência, Orador).
Falta (ver Erro).

Família, VII, VIII, IX, XI, XIII, XIV, LXXII, LXXXII.
Fanatismo, VIII, XVII, XLVII, LXVII, LXXVII, LXXXII.
Fazer, VI.
Fé, XXIII, LXIX.
Feiticeiro, II.
Fénelon, XLVI.
Férias, XIV.
Ferramenta, XXX.
Ferreiro, XXVIII.
Fetichismo, LXXIV.
Física, LX.
Físicos, XLV.
Força, XV, LXXXIV.
Frivolidade, XXIV.

Generosidade, XXIV.
Gênio, XX, LVIII.
Geometria, XIX, XXII, XXIV, XXVI, XXVII, LXII, LXV.
Geral, XXVI.
Ginástica, XXII.
Gramática, XXXVI.
Grego, LXIX, LXXI.
Guerra, LXXXII, LXXXVII.
Guizos, LXXIII.

Hamp, III.
Hegel, I, LXXIX.
Herói, LXXXII.
História, XXXIII, LI, LXVIII, LXXII.
Homero, XIX, LXX.
Horário, LI, LXVIII, LXXII.
Hugo (Os Miseráveis), XXIII.
Humanidades, XX, XXI, XXV, LXVII, LXVIII, LXX (ver Autores, Belas-letras).
Humor, XI, XXII, XXIII.

Idade, VIII, XV.
Ideias, XIV, XVIII, XXX, LXXIV.
Idiota, I.
Ignorantes, XX.
Igualdade, XXVII.
Iletrados, XLII, XLIII.
Imaginação, XXXII.
Imbecil, XXIV.
Imitar, XXI, LIV, LVIII. LXVI.
Imprimir, XL, XLI, XLIX.
Inconsciente, LXXIII.
Incredulidade, LXVIII, LXIX, LXXXIV.
Indivíduo, XXIII.
Infância, LXXIV.
Ingleses, LXVI, LXIX, LXXI.
Injustiça, XX, XXV.
Inorgânico, VII.
Inspetor, XXXV, XXXVI, XLI, XLII, LIII.
Instruir, XVI, XX, XXI.
Inteligência, XX, XXIV, LXXXVII.
Interessar, II, IV, LVI.
Intuição, LXV.
Invejar, LVIII.
Invenções, XXXVII.
Inventar, LIV.
Irmãos, VIII, XIII.

Jardins de infância, V.
Jesus, LXX.
Jogo, I, VIII, XIII, XV, XXIX, XXXII (ver Brincadeira).
Juízo, XLV, LXIII, LXXXIII, LXXXIV (ver Opinião).
Julgamento (ver Juízo, Opinião).
Jurisprudência, XVII.
Jurista, XVII.
Justiça, LXXXII.
Juventude, LXXXVI.

Kipling, XIII.

Ladrão, XXIII.
Latim, XIX, LXVI, LXXI.
Leitura (hesitante), XXXVIII, XLII, XLIV.
Lembrança, XXVIII (ver Memória).
Lentidão, XXXIV, XXXV, XXXVII.
Ler, V, XXV, XXXVI, XXXVIII, XXXIX, XLII, XLIV, XLVIII, XLIX, LXVII, LXXXV.
Letras, LXXI.
Leviatã, LXXXIV.
Liberdade, LXXXVI.
Libertação, XXI, XXII, XXIII.
Lição de coisas, LXI, LXII.
Lições, XXXIII, XXXIV, XXXV, XXXVI, XXXVII, XLI, XLII.
Língua, XXXI, LXVI.
Linguagem, XIX, XXXI, LXVI, LXX.
Lirismo, LIII.
Lisonja, III, IV, V.
Livro, V, XIV, XL, XLI.
Locke, III, XXXI.
Louco, XXX, LXXV.
Lousa, XXXVII, LV.

Macaco, LXVI, LXVII.
Mãe, VII.
Magia, XXXI.
Manuais, LI.
Maravilhas, LX.
Marés, XXVII.
Marionetes, V.
Mártires (Os), XLVII.
Matemática, LXII, LXIII, LXV.
Máximas, LII.
Mecânica, LX.

Mecânicas, XXVII, LX, LXI, LXV.
Médicos, LXXV.
Medo, XV, LXXXII, LXXXV, LXXXVI.
Memória, XXIV, XXVIII, XXXVI (ver Lembrança).
Método, XVIII, LIV (ver Ordem). (severo), II, III, IV, XXXVIII, LIX.
Mitos, LXXIV.
Moda, L.
Moderno, LX, LXIV, LXVIII.
Modéstia, XXIV.
Molinete, LXI.
Montaigne, V, XXVIII, LXVIII.
Moral, LXXXII.
Mosteiro, LXXXVII.
Mulheres, LXXXVII.
Multidão, XII.
Músculo, XXVIII.
Música, V, XLII, LVI.

Napoleão, XIX, LXXXIV.
Natureza, XXI, XXII, XXIII, XXIV, LVII.
Necessidade, XIX, XXIX.
Novidade, XLV.
Número, III, XXVI, XXIX, LXV.

Obediência, LXXXIII.
Observação, XVI, LIII, LXI, LXII, LXIII.
Obstinação, XXIV, XXXII.
Oficina, XXIX, XXXIII.
Ofício, VI, XVI, XXVI.
Operário, XXIX.
Opinião, XL, LXXXIII (ver Juízo).
Orador, LVIII (ver Eloquência, Falar).
Ordem, XII, XXV, XXX, LIX, LXI (ver Método).
Originalidade, LIV.

Ortodoxia, LXXIII.
Ortografia, XXXVI, XLIX, L.

Paciência, VI, XXXVII.
Paganismo, XLVI, XLVII.
Pagãos, XVII.
Pai, IX, X.
Pais, IX, X, XI, XIII.
Paixões, II, IX, XV, XXV, XLIV, LVIII.
Palissy, XXIX.
Pânico, XV.
Pátria, LXX, LXXXII, LXXXV.
Paz, XV.
Pécuchet (*Bouvard e Pécuchet*), LV, LXXV.
Pedagogos, II, XXXV, XXXVI, XLII, LIV.
Pensamentos, XXXIV, XL, LII.
Percepção, XXXI.
Perfeição, LVII, LVIII
Pianista, VI.
Piano, VI, XXXVI.
Pierrefeu, LXXXI.
Pintassilgo, LIII.
Poder, LXIV, LXXXIII.
Poesia, V, XIX.
Poincaré, XVIII.
Polidez, III, XII, L.
Polieucto, VIII.
Politécnico, LXV.
Política, LXXXIII.
Prazer, I, II, V, XXXII, XLI, LVI.
Presunção, XXIV.
Primário, XIV, XXVI, XLII, XLIV.
Professor primário, XXXIII, XXXV, XLIV.
Programas, XIV, XLII.
Progresso, VI.
Proletariado, LXXXV.
Prosa, XL.

Índice Analítico de Considerações sobre a Educação - 293

Provação, II, VI.
Provérbios, XL.
Psicologia, XVI.
Psicólogos, XVI, XXI, LXXIII, LXXIV, LXXV.
Punição, XI, XII.

Quartel, XXXVII.
Queixo, XXIV.

Radicalismo, LXXXIII.
Rapidez (ver Velocidade).
Razão, LXIII.
Recitação, XIX.
Recusa, LXXXV, LXXXVII.
Religião, XLVI, LXVIII, LXXXVI.
Repartições, XLIII.
Resistência, LXXXIII.
Retardados, LXXV.
Retardatário, XVII.
Revolta (de crianças), XII.
Romances, V.
Rotina, XXVI.

Sabedoria, XXI, XXV.
Saber, LXIV.
Salvação, LVIII.
Secundário, XXVI.
Selvagem, II, XII, LXXVI.
Sentimento, VII, IX, LXXXII.
Signos, XXV, XXXI, XXXV, L, LXXI.
Sinais (ver Signos).
Sociedade, XV, XXV, LXX, LXXVII.
Sociologia, VII, LX, LXII, LXIV.
Sociólogos, VII, XII, XV, XVI.
Sócrates, XVII, XX, XXVII, LXXXIV.
Soletrar, XXXVIII, XXXIX.

Solm, XVIII, XXVII.
Sorbonne (Acadêmicos da), XLV.
Spinoza, XXII, XXIII, LVII, LVIII.
Sublime, LXIX, LXX.
Sumários (ver Compêndios).
Superstições, XXXI, LXXXVI.

Tales, XVII, XIX, XXIX.
Tardiamente instruídos, VI.
Técnica, XXVI, XXVII, XXIX.
Técnico, XXVI, LXIV.
Tédio, XXXII.
Telefone, LX.
Telêmaco, XLVI.
Teologia, XXVI, LXXXVII.
Teoria, XXVII.
Testes, LXV.
Timidez, VI, XXXII.
Tolos, XXIV, XXVI, XXXII.
Trabalho, V, VI, VII, XXIV, LVI.
Tradição, LXVIII
Treino, X.
Tumulto, IV.

União, LXXXIV.
Universal, XXVI, LVIII, LXXXVII.
Universidades populares, LXXXV.
Ursa, XLVIII.

Vaidade, LVI, LVIII.
Valores, XIV, LXX, LXXXII.
Velhice, LXXX.
Velocidade, XXXVIII, XXXIX.
Veneração, V, LXX.
Verdade, XVIII, XXX, LXIII, LXXII.
Viajar, LXI.
Vícios, XXII, XXIII.

Violino, VI, XXII.
Virtude, XXII, XXIII, LVII.
Virtuose, III.
Vocabulário, LIII, LIV.
Voltaire, XLVI.
Vontade, VI, XXIV.

Dados Internacionais de Catalogação na Publicação (CIP)
(Câmara Brasileira do Livro, SP, Brasil)

Alain, 1868-1951.
  Considerações sobre a educação *seguidas* de pedagogia infantil / Alain; tradução Lília Ledon da Silva. – São Paulo: É Realizações, 2012. (Coleção Educação Clássica)

  Título original: Propos sur l'education suivi de pédagogie enfantine
  ISBN 978-85-8033-092-2

  1. Educação 2. Educação - Finalidades e objetivos 3. Pedagogia I. Título. II. Série.

12-06963 CDD-370

Índices para catálogo sistemático:
1. Educação 370
2. Pedagogia infantil 370

Este livro foi impresso pela Edições Loyola para É Realizações, em agosto de 2012. Os tipos usados são da família Weiss BT e ITC Oficina Serif. O papel do miolo é pólen bold 90g, e, da capa, cartão supremo 300g.